U1001274

文翰法学文丛

水务特许政府监管法治论

SHUIWU TEXU ZHENGFU JIANGUAN FAZHILUN

康枫翔 著

法律出版社 | LAW PRESS

总　序

以学之盛，助法之成

纵观中外历史上重大的社会变革，即使没有重大理论的创新、突破做先导，但至少也有重大理论与之伴随。因此，重大理论在社会变革中从来没有缺席。古代社会，重大理论的创新突破，多伴随着一个“乱世”——除了古希腊的个别城邦及古罗马的个别时代外，其他地方和时代，大率如此。但近、现代社会则与之不同，因为法治对人们思想自由、学术权利的体制化保障，使学术创新者获得了不惧任何非法干预、免于任何权力恐怖的“护符”。因之，即便天下承平，秩序如常，也不妨碍学者大胆的学术创新和突破。

我们理应处在这样一个时代。学术创新和社会各行各业的创新一样，应当是这个时代的突出特征。这种创新，既应体现于自然科学领域，也应体现在人文社科领域。特别是像市场经济这样的经济经营方式的转型，民主政治这样的政治管理模式的转型，多元思想和行为这样的社会表达和参与模式的转型，以及对这些转型及其成果进行加总调控的法治这种社会-国家治理方式的转型等，都需要人文社科领域，特别是社科领域学术研究的重大创新和突破。

或以为，这样的社会转型，在西方已经完成，且已然有西方学者所提供的重要理论根据，因此，后发达国家学者的任务，只须眼睛向外，虚心学习，大胆拿来以为我用就可以了——就像我们的立法拿来法人制度、股份制度、物权制度、听证制度、律师制度、控辩式审判制度等一样。此种观点，看似在理，但不可否认，它严重忽视了纳入结构中的具体要素之特征。即便我国当下和西方国家一样，处在一个共时性结构中，但任何结构，都是由要素构成的，要素和要素之间的不同和互需，才是将其结构在一起的逻辑前提。对要素特征的忽视，必然影响要素被结构后的功能。

毫无疑问，在当代世界的结构体系中，无论从地缘政治考量，还是从制度模式观察；无论从经济体量思忖，还是从文化传统审视，我国都是世界结构体系中最重要的要素之一。既然如此，学术研究就不能仅仅大而化之地一味关注我们被结构其中的结构本身——尽管对它的研究是十分重要且必要的，甚至还是主要的。但与此同时，如果我们忽略了对作为结构要素的我们自身的研究、了解和把握，那么，我们被结构其中本身或者是被裹挟的，或者是盲目的。

可见，在眼睛向外的同时，时刻不忘向内，对国情本身深耕细作——“认识你自己”，发现蕴涵在这个国度的独特的政治、经济、文化以及法治智慧，并把其结构于全球化的规范交往体系中，这才是我们作为一个大国参与国际结构的用意所在，也是彰显我们这一要素在世界结构体系中不可或缺的根据所在，进而，我们不但知道自身需要被结构，而且懂得如何去参与结构，在结构中去弊兴利，去劣存优；否则，我们就不是国际结构体系的参与者、游戏者，而仅仅是被裹挟着，或者事不关己、纯凑热闹的“看客”。

陈述如上管见，是说学术研究和创新，对我国目前正在推进的各项社会制度变革而言，不是点缀装饰，不是附庸风雅，更不是可有可无的事体，而是社会变革必须倚赖的思想资源、路径设计、对策思路，或者说是社会变革不可或缺的图纸和蓝图。有了图纸或蓝图，未必就一定能建起凌云大厦，但可以肯定，没有图纸或蓝图，凌云大厦就永远是可望而不可即的海市蜃楼。回想近代以来我国的诸次重大社会变革，像孙中山先生《建国大纲》那样高屋建瓴、立论详致、作业系统的论述，尚不多见。因此，不少社会变革措施，所遵循的是一条“摸着石头过河”的路数，纯粹凭借经验。尽管这种情形在体制变革的初期收到了很好的效果，但当体制变革进入到关键期、深水期、阵痛期时，人们深感理论准备不足所带来的种种问题和困惑。

正因如此，推动学术研究的繁荣，以资法治国家的建设，是法学学术研究和国家法治建设之间的一种必然逻辑关系。有一种观点强调学术研究只管学术本身，勿问社会实际效果；否则，既影响学术研究者的专心致志，也因为功利因素影响，导致学术研究往往功败垂成。对这样的观点，我基本是赞同的，学术研究者就是要以学术为业。但这一观点是有适用的主体范围的。对于专门从事学术研究的学者而言，心无旁骛、专心致志地搞学术，对学术之外的一切保持淡定态度，自无不可，且必须如此。但对社会其他主体而言，期待学术研究能够带来实际的社会功用，不但无可厚非，而且理所当然。学术研究不是不参与社会事务的；反之，学术研究作为社会分工的一部分，只有以分工之成果参与社会中，才能彰显其价值。即使学术研究者们自身对参与社会分工不以为意，但从整个社会的需要和供给而言，一切学术研究，都是为了满足社会需要而予以供给的；否则，学术研究及其成果尽管可以实现满足研究者好奇、探索、愿望等精神需要的功能，但对整个社会需要和社会发展而言，则功用甚微。

法学研究自来就是或主要是一种致功的学术产业。即使一位法学者不太看重这一点，但就整个社会而言，对法学的基本需要，就是期待它能够在国家法治——立法、执法、司法以及法律运用和遵守的实践中发挥指导性的、证成性的或说明性的功用。法学研究毕竟不是文学、戏曲或其他艺术，以直接满足人们的精神需要为旨趣。因此，抛弃了对致功的关注，其纯粹精神享验的作用就主要存在于极个别的专业研究者身上，就无以由此出发，辐射推演到更广泛的社会主体。可见，法学者对其学术研究之于法治发展的可能贡献，即使不去刻意关注，但也不能漠不关心。在此意义上，法学之隆盛，其目的就是资助法治之成长。

职是之故，甘肃政法学院和法律出版社联袂决定出版《文翰法学文丛》。丛书之所以如此命名，盖有如下数因：一是纪念为我国特别是为当代甘肃法学作出过奠基作用和卓越贡献，并大半生扎根甘肃高校，奉献陇右学坛的著名法学家吴文瀚先生。二是陇右虽僻且贫，但当代中国法律学坛活跃着颇值得关注的一批陇右学者，从法学理论、法律史学、国家法学、国际法学，到民商事法学、经济法学、刑事法学、诉讼法学等，陇右都有相关学术领域堪称代表性的人物。此种情形，正是曾生活在偏僻且贫瘠的陇右儿女对“文翰精神”之追求在法学领域的写照。三是甘肃政法学院，乃共和国成立以来第一所省属专门政法大学，开启了我国专门政法大学在“五大”之外，再加“三小”（甘肃政法学院、山东政法学院和上海政法学院）的成长格局。文翰先生生前对甘肃政法学院关心有加，这所大学的师生们也时刻以践行“文翰精神”为尚。

甘肃政法学院自从1984年成立以来，不仅为西部地区也为全国培养了七万余名法学和公安学(警察)人才,而且不少师生一直崇尚并致力于学术研究,有些学者的学术研究,不但在陇上法学界颇有影响,而且在国内法学界也占有一席之地。从甘肃政法学院走出的学子和学者,已在复旦大学、吉林大学、华中科技大学等著名高校贡献其学术智慧。近年来,学校本着科研、教学相互发明、相互促进的精神,在政策上鼓励师生们积极从事科研,而工作在这所大学的法学老师们,也在繁重的教学任务之余,自觉投入精力,认真从事学术研究。

为了集中展示本校师生的科研成果,并为推进学校科研工作更上层楼,学校在法律出版社的大力支持下,决定出版这套文丛。文丛的收入对象,为甘肃政法学院在校师生的法学学术作品;收入的基本条件,是首次出版,或者之前在法律出版社出版,且经过学校和出版社审定学术规范可靠、学术视角独特、学术质量过关的作品。

写书难,出书也难。感谢法律出版社,特别是周丽君编辑在出版资源十分紧张的情况下,对甘肃政法学院也是对西部法学研究的鼎力支持。这套丛书之序,本应由甘肃政法学院校领导来书写,我和法学院王宏璎院长曾多次请求李玉基或焦盛荣两位领导赐序,但他们都谦虚地让我直接作序。如此耽搁快一年时间,法律出版社一直在催促此事,故只好恭敬不如从命。在此,我也对甘肃政法学院校领导们如此礼贤下士,尊重一位外聘学者的精神诚表谢意!

但愿此文丛之出版,能够进一步激发甘肃政法学院法学学子投入学术研究的热情和信心,凝聚全校教师对教学、科研同等重视的共识,并借之助推甘肃政法学院学子的法学学术研究成果对我国,特别是对我国西部法治事业的可能贡献。

是为序。

陇右天水学士　谢　晖

2018 年 9 月于广州

序

行政法治视野中的水务特许监管法律体系

水资源是人类社会生存发展不可替代的重要条件，古往今来许多人类社会冲突和战争都是为争夺管控水资源而发生，对于水资源的依法监督管理一直都是当今政府的重要职能，水务特许政府监管乃是其中的疑难重点工程。在新时代中国特色社会主义建设的大背景下，按照行政法治要求来建立健全水务特许监管法律体系，这是深入推进依法行政、加快建设法治政府的题中应有之义。康枫翔副教授撰写出版的学术专著《水务特许政府监管法治论》，及时回应了行政实务和学术发展的需要，所做的实践总结和理论探索体现了创新勇气和学术功力，值得高度重视和充分肯定。

我国改革开放40年来，随着经济体制改革目标的确立和政治体制改革的推进，行政法治建设取得显著进步，经过起步发展、规范发展、全面发展三个发展时期的中国特色行政法治，发生了八个方面的重要变化：第一，法治观念逐步强化。改革开放以来在反思传统人治观念的基础上，我国行政法治建设逐步确立起依法行政观念，进入20世纪末期又把“依法治国”确立为基本治国方略并上升为宪法原则。第二，行政法治体系的权力结构从重权力、轻权利向权力和权利并重转变。《行政诉讼法》的颁布，使权力结构的重心开始发生移转，《国家赔偿法》《行政处罚法》《行政复议法》《行政许可法》《行政强制法》的出台促进了这一转变，开始形成权力和权利走向良性互动的局面。第三，政府职能从全能型政府、管制型政府向有限政府、服务型政府转变。随着对政府与市场关系认识的不断深化，政府开始转变职能，将部分职能归还社会，发生了公共事务民营化的转变，同时也增加了一些新的职能，如鼓励、支持非公有制经济发展的职能。第四,行政法治机制从单纯的制约机制转变为制约和激励的兼顾协调。第五,行政行为方式从纯粹的命令—服从模式发展成为指导—选择模式或曰刚柔并济以柔为主的多样化局面。第六,在条理、实体、程序的关系上,从重实体、轻程序、无条理,重结果、轻过程、忘方向,逐步走向条理和实体、程序并重,方向和结果、过程并重。第七,在对行政的监督上,从单纯的权力监督、内部监督,发展到权利救济和权力监督并重、注重完善外部监督体系和机制建设。第八,行政法律制度体系从单纯依靠政策行政到依法行政再到兼顾法律政策规范行政,再到法治国家、法治政府、法治社会一体建设。这些变化是广泛和深刻的,对于行政法治建设具有革命性的影响。

我国改革开放40年来,随着经济改革不断深入和政治改革稳步推进,行政管理体制改革逐步提上日程乃至优先推进,行政管理方式和行政法律制度开始了走向民主化、科学化、法治化的革新进程,政府角色由管制者、司令员、传统家长正逐渐转变为指导者、服务员、合作伙伴,政府职能正逐渐由简单片面(或全能无限)转变为适度有限,政府规模正逐渐由庞大(或极小)转变为适中,政企关系正逐渐由对立、疏远或者胶着转变为指导、服务与合作,行政方式正逐渐由单一、单向、强制转变为多样、互动、柔性,行政法制正逐渐由管制型、秩序型、命令型、一味赋权型或一味控权型,转变为服务型、给付型、指导型、权力与权利平衡兼顾型,行政法学也逐渐由机械行政法学、静态行政法学、单纯工具行政法学,转向能动行政法学、动态行政法学、综合功能行政法学。由于对政府角色调整、政府职能转变、政府管理方式创新,人们逐渐有了新的认识和日益迫切的革新愿望,许多地方和领域结合实际大胆探索,取得了积极成效和创新经验。

过去很长时期里,我国行政规制领域存在高权性、单方性、简单化、低效率、不透明、不规范、不便民等问题,诸多弊端一直为人诟病,上述问题在行政许可(审批)制度运行过程中表现得尤为突出,在某种程度上已成为深化经政改革、建设法治政府的突出障碍。因此,“放管服”改革快速走向前台,许多地方和领域尝试推行的行政规制改革举措,顺应时代潮流,学习他人长处,结合本地实际,探索创新特色,实际效果显著,值得充分肯定、高度重视：一是简化了申请手续，方便了群众办事。通过体现以人为本、行政为民的理念，强化了服务意识。二是增加了行政透明度，规范了行政服务工作。通过实施许可预告、限时办结等措施，行政审批的各项要素均向社会公示，审批进程可随时、多路径查询，大大增加了行政审批的透明度，各部门有关的审批工作能够及时受到上级监督和社会监督；而且一般情况下审批部门不再与申请人见面接触，实现了规范、阳光操作，能够有效地防范和减少“寻租”腐败现象发生。三是体现服务精神，走向建设服务型政府的改革方向。中国共产党第十九次代表大会政治报告结合进入新时代的主客观情况提出具体要求：加快要素价格市场化改革，放宽服务业准入限制，完善市场监管体制，转变政府职能，深化简政放权，创新监管方式，增强政府公信力和执行力，建设人民满意的服务型政府。

从当今一些重要法治国家的情况来看，21世纪行政法治建设的总趋势为：因行政机关承担更多的职能，故依法赋予其更多的职权、职责特别是行政指导和公共服务的职能；因世界性民主潮流的深刻持续影响，而赋予行政相对人更多的自主参与行政过程的选择机会；同时，采取科学合理的方法，包括多渠道监督和程序约束、公开透明的方法，增强对行政权力行使过程的监督约束效果和追究责任效果，以及对行政相对人的救济效果和信赖保护效果，从而逐步建立起民主法治政府，也即体现出民主精神、科学精神和法治精神的行政法治体系，实现广义的行政法治文化革新，这是法治国家、法治政府、法治社会一体建设的基础条件。

正是在上述背景下，本书从现代行政法治视角专题研究、深入分析、系统介绍了水务特许政府监管法治体系和运行机制，涵括水务特许政府监管的基础理论、运行现状、目标定位、基本原则、主体范围、基础内容、纠纷解决等诸多要素和环节，作出勇于创新、学风严谨的理论探索和研究结论，奉献出一本富有特色、易懂易行的专题行政法学著作。

本书作者康枫翔博士是秀外慧中的甘肃才女，在法学重镇西南政法大学完成本科和硕士生阶段学业后，考入中国人民大学法学院攻读宪法学与行政法学专业博士学位，在国家重点学科点中国人民大学宪政与行政法治研究中心接受系统深入的专业训练后，自愿回到家乡推动西部法治建设，在甘肃政法学院工作多年取得了突出的教学科研成绩，深受师生们的一致好评，逐渐成为西部法学园林中一棵茁壮成长的新苗，本书的成果原创性、学术规范性和文字可读性值得信赖。

为师欣然，与有荣焉，谨以为序，特作推荐。

莫于川[1]

2018.10

---

[1] 作序者莫于川系中国人民大学二级教授、博士生导师，中国行政法研究所所长，中国法学会行政法学研究会副会长。

目　录

导 论

> 当公共服务由外部而不是由内部完成时,会产生严重的伦理、管理和责任问题,因为对公共服务的承包商来说,他关注的是标底、是利润,而不是对公共产品的广泛的道德关注。
>
> ——Stillman[1]

一、问题的提出

(一)方兴未艾的民营化

世界上民营化研究的主要代表人物 E. S. 萨瓦斯认为,广义而言,民营化(Privatization)可界定为更多依靠民间机构,更少依赖政府来满足公众的需求,从而在产品或服务的生产和财产拥有方面减少政府作用,增加社会其他机构作用的行动。[2] 我国台湾地区学者许宗力则认为,若从国家的角度观察,民营化指涉的是国家利用或结合民间资源履行行政任务的现象。[3]

"民营化(Privatization)并不是一个严密的术语;学者们用它来描述迥异的现象,从出售政府资产,到放松规制,到商品和服务供应的合同外包。"[4]可见,民营化的复杂内涵难以准确界定,但其实质核心是明确的,即利用民间组织提供公共服务,其目的在于通过加强社会参与功能,减少政府管制而促进公用事业的经营绩效以提升公共服务品质。

---

〔1〕 Richard Stillman, *Public Administration: Concepts and Cases*, 7th ed., Houghton Mifflin Company(2004), p. 304.

〔2〕 [美]E. S. 萨瓦斯:《民营化与公私部门的伙伴关系》,周至忍等译,中国人民大学出版社2002年版,第4页。

〔3〕 许宗力:《论行政任务民营化》,载翁岳生教授祝寿论文编辑委员会编:《当代公法新论》,台北元照出版有限公司2002年版,第582~585页。

〔4〕 Jody Freeman, "Private Parties, Public Functions and the Newadministrative Law", *Administrative Law Review*, Vol. 52, 2000, p. 822.

公用事业的民营化正是始于公众对于高效高质公共服务的需求。由于供水、供热、供电、交通、污水处理、通信等行业都是关系国计民生的公共性行业，一般由国有企业进行独家经营，而这种传统模式普遍遭遇了资金不足、效率低下、缺乏改善技术和成本的压力等问题。从其他国家和地区的经验来看，解决此类问题的有效途径在于公用事业民营化。自20世纪80年代以降，欧美先进国家，在面临国家财政日益困窘、公共事业又不得不进行的情境下，纷纷擎起公用事业的民营化之大旗。特别是自1989年以来，英国政府对电信、邮政、铁路、燃气供应和自来水产业实施较为彻底的市场化改革，在公用事业的民营化供给、产业内竞争的引入、价格和质量管制等方面进行了创造性的探索，刺激了公用事业的民营投资，提高了公用事业经营企业的运营效率，促进了城市环境的改善和经济的发展，成为公用事业民营化改革的典范。随后，许多国家和地区纷纷效仿，其中发展中国家公用事业民营化所涉及金额达到上千亿美元。[1] 我国台湾地区也分别于2001年、2002年颁布"促进民间参与公共建设法"和"奖励民间参与交通建设条例"，以进一步推动民间参与公共建设的进程。

在我国，突飞猛进的城镇化进程使市政公用事业的重要地位迅速突显，这是由于市政公用事业不仅是城镇经济和社会发展的物质基础，更与民众生活息息相关。而与此同时，国有公营企业的低效问题尤为突出，加之经济的快速发展需要大量的资本注入公用事业，故自20世纪90年代以降，各地政府逐渐向公用事业引入民间资本。建设部于2002年12月27日颁布的《关于加快市政公用行业市场化进程的意见》(以下简称《意见》)提出放开公用事业领域，并于2004年颁行《市政公用事业特许经营管理办法》(以下简称2004年《办法》)，在此之后，各地也陆续出台关于公用事业特许经营的法规或规章。公用事业便在我国开始了如火如荼的民营化改革。国家发展改革委21世纪初便开始PPP立法前期研究工作，并多次向全国人大和国务院提出立法建议，最终列入第十二届全国人大常委会五年立法规划，并连续三年列入国务院年度立法计划。2015年国家发展和改革委员会、财政部、住房和城乡建设部、交通运输部、水利部以

---

〔1〕[美]尼古拉斯·施普尔伯：《国家职能的变迁：在工业化经济体和过渡性经济体中的私有化和福利改革》，杨俊峰等译，辽宁教育出版社2004年版，第99页。

及中国人民银行联合发布《基础设施和公用事业特许经营管理办法》(以下简称2015年《办法》)。2017年7月,在国务院的统一协调下,为落实国务院关于加快推进政府和社会资本合作立法的部署和要求,由国务院法制办主导会同国家发展改革委、财政部,研究起草了《基础设施和公共服务领域政府和社会资本合作条例》(征求意见稿)[以下简称《PPP条例》(征求意见稿)],如果该征求意见稿顺利通过,则会成为PPP领域的首个行政法规。公用事业民营化的法律规范无论在立法层级还是在规范内容上都日趋完善。

可见,公用事业民营化已经成为一个被普遍认可的"不容改变的方向"。既然城市公用事业民营化已经获得社会共识,那么民营化路径的比较分析和制度构建就尤其重要,其中的现实困境作为"不能回避的问题"直接关系民营化的成败。

(二)公用事业特许经营的现实问题

作为"计划经济最后堡垒"的公用事业自20世纪90年代以来打破垄断,开始了如火如荼的公用事业民营化改革。特许经营作为其中的重要方式,被我国各地政府普遍采用。在特许经营中,由政府通过公开、透明的市场竞争机制选择合格的投资者或经营者参与公用事业的兴建或运营,经特许后的企业被授权在一定期限和范围内从事特定公用事业运营。然而,实践中,特许经营的进程却不尽顺利。自2005年起,公用事业特许经营的各种问题集中爆发,突出表现为:(1)被授予特许经营权的企业通过提高价格或降低服务质量追求企业利润最大化,水务行业特许经营后自来水价格"涨"声四起引发大量质疑,[1]湖南南漳水务特许后的"浊水事件"、内蒙古赤峰水务特许后的污染事件更凸显薄弱的水质监管。(2)特许项目失败而被回购,如2008年4月湖北十堰公共交通特许经营运转不良而最终被收回特许经营权;2009年沈阳停止水务民营化改革,回购BOT项目,成立国有独资性质的水务集团公司。(3)公共服务中断的现象频频发生,如2006年9月,济南市民营化后的自来水厂因"三角债"问题而导致四个中心区大面积停水,使居民日常生活受到较大影响;

---

[1] 据笔者对各地水价的统计,2007年至2017年间中国重要城市的水价增幅平均为40%左右,甚至有的城市达到94%。参见本书第二章。

2008年1月湖北十堰市公交特许经营项目运转不良而导致公交车停运，全城70多万市民出行困难；2009年8月，黑龙江方正供热特许经营纠纷引发供热中断。[1]

公用事业特许经营为何屡屡受挫，有学者将其归纳为“市场失灵”、“政府失灵”和“规制失灵”。[2] 市场失灵导致公共利益严重受损；管制俘获等政府失灵现象使政府不再是公共利益的代言人；而规制政策过多强调融资、竞争、产业发展导向，偏重于经济性规制而忽略社会性规制，导致“跛脚的规制”，加之规制方法和手段不当导致规制目标的偏离。

（三）水务特许的深入考察：论域的界定

民以食为天，食以水为先。城市水务行业关系着国计民生，其运营一般包括供水、管道网络输送及排水三个环节，供水环节的载体是自来水厂；管道网络输送环节的载体是城市自来水管道和下水管道；排水环节的载体是污水处理厂。[3]

作为重要的公用事业之一，水务行业的民营化在全世界早已展开，以美国为例，水务行业由政府所有转向私人所有或私人经营可以追溯到至少三十年前。[4] 一份由美国的全国城市联盟、美国市长会议以及国际市/郡管理协会的近期调查研究发现，“大多数地方政府在近年来一直在不断地运用民营化，并计划在未来几年进一步加强民营化”。水务行业的民营化同样遵循着这一趋势，40%以上的饮用水系统在美国全国范围内实行民营化，而在其余由地方政府所有的60%中，为了运营和管理而以签订合同方式进行的民营化已经迅速增加。直至2001年年末，将近1300个地方政府开始在污水处理系统运用民营化，而超过1100个地方政府在

---

〔1〕 更多事例分析，参见章志远、朱志杰：《我国公用事业特许经营制度运作之评估与展望——基于四十起典型事例的考察》，载《行政法学研究》2011年第2期。

〔2〕 马怀德、喻文光：《基于公共利益保护的公用事业规制研究》，载《中德规制法学术研讨会论文集》2013年9月（未刊）。

〔3〕 宋华琳：《公用事业特许与政府规制——中国水务民营化实践的初步观察》，载《政法论坛》第24卷第1期。

〔4〕 Janice Beecher, *Regulatory Implications of Water and Wastewater Utility Privatization*, National Regulatory Research Institute, 1995.

供水系统运用民营化。[1]

在我国,目前城市供水规模每年 540 亿吨,供水服务人口接近 4 亿人。据有关部门预测,到 2030 年和 2050 年,相应的城市需水量将分别增加到 1200 亿立方米和 1500 亿立方米左右,[2]其中生活用水与工业用水相比增加幅度更大。在"十二五"期间,水务领域的投资规模预计将超过 1 万亿元。[3] 因此,需要巨额资金投入供水设施、排水设施和污水处理设施及相应的管网系统建设,如此巨额资金,仅靠政府投入难以为继,要从根本上解决这些问题,市场化改革是必然选择。

2006 年,时任建设部部长仇保兴便表示,城市供排水、污水处理作为国务院公用事业改革的重点领域,其市场化改革初期的工作重点在于开放公用事业市场、打破政府垄断、规范企业经营行为,而在此阶段之后,城市水务的公用事业改革需要重点关注水质、水价、服务等各方面的监管,这就需要建立完备的政府监管体系,由政府代表公共利益进行监管。水务行业的政府监管目的在于兼顾投资者和消费者的利益、完善市场竞争机制、提高服务质量等。[4]

然而,就目前来看,这样的监管体系仍未建成。从以下案例便可见一斑:

案例一:"湖北南漳浊水事件"体现出质量监管的薄弱[5]

2002 年 9 月 8 日,由于南漳县自来水公司负债累累而无法维持基本经营,浙江浦峰集团以 1158 万元的价格一次性买断了南漳县自来水公司。在浙江浦峰集团接手后的几年内,南漳县水价经过了 2003 年、2005 年、2006 年数次涨价,从每吨 0.79 元涨到 1.25 元。2009 年 5 月 28 日,

---

〔1〕 Geoffrey F. Segal and Adrian T. Moore, *Frequently Asked Questions About Water/Wastewater Privatization*, Reason Public Policy Institute, 2003.

〔2〕 敬正书:《2005 中国水利发展报告》,中国水利水电出版社 2005 年版,第 353 ~ 364 页。

〔3〕 据中国水网预测,2011 ~ 2015 年,我国城市供水行业的投资需求为 2200 亿元,平均每年新增投资约 360 亿元;我国城市污水处理行业的投资需求为 7000 亿元,包括污泥处理处置投资 1500 亿元,平均每年新增投资 1100 亿元;污水再生利用投资为 300 亿元。

〔4〕《建设部就城镇水务及第 5 届世界水大会答问(实录)》,载 http://news.enorth.com.cn/system/2006/08/22/001390664_01.shtml,最后访问日期:2012 年 10 月 1 日。

〔5〕 左志英:《湖北南漳"泥水门"供水公司私有化惹的祸?》,载《南方都市报》2009 年 6 月 8 日;郑燕峰:《湖北南漳浊水事件凸显供水改革中政府责任缺位》,载《中国青年报》2009 年 6 月 9 日。

南漳县居民家中的水龙头流出了水质浊度高达5200度的泥浆，而国家规定生活饮用水浊度最高为3度，该水严重超标。据调查，导致此次浊水事件的直接原因是，当日的暴雨洪水冲击将城区供水水源三道河水库底层的泥沙翻起。

南漳县"自来水水质问题调查组"发布的调查报告认为该次事故尽管有突发的天灾因素，但不可否认民营化后的南漳县自来水公司漠视其所担负的供水安全职责，片面追求利益最大化，当水质恶化后并未及时监测且采取措施，使浊水直接输入管网供居民使用。

这其中暴露出的更为重要的问题是政府的软弱监管。时任住房和城乡建设部法规司副司长徐宗威认为该事件与政府监管薄弱有关系。清华大学水业政策研究中心主任傅涛也认为，政府选择没有相应经验的企业进入自来水行业，"一卖了之"是值得批评的，是对公共服务的不负责任。首先，是对经营者资质考察的失职。原自来水公司由于负债无法正常经营，政府急于甩掉包袱的思想作祟，使其在授予特许经营权时"一卖了之"，对浙江浦峰集团的专业能力和经验缺乏考察、评估。实际上以水泥生产为主的浙江浦峰集团并不具备自来水供应的技术和能力，该公司制水工艺存在不足，单纯依靠水库的自然沉淀而并未建设絮凝反应沉淀池，从而将公众置于巨大的风险之中。其次，水质监管薄弱。发生浊水严重超标是一个循序渐进的过程，南漳县政府在水质浊度达到如此之高的时候才发现问题的严重，可见其水质监测系统和应急处置能力的欠缺。

案例二：兰州威立雅水务集团特许项目失败案例[1]

2006年年底，法国威立雅水务集团以17.1亿元的高价竞标获得了兰州供水集团45%的股权，特许经营期限为30年。兰州供水集团原副总经理李森认为，按照当时的水价和供水状况，30年内威立雅很难收回其投资。高价收购最终使水价上涨成为必然，兰州市民认为他们的水价遭到了"暗算"。自2000年至2009年的5年内水价5次上涨，在整个关于水价涨幅的争议中，兰州威立雅的企业亏损及成本预算成了最大的关键

〔1〕 包锐：《兰州水价9年5次上调，水企亏损遭质疑》，载《中国经济周刊》2009年8月17日；梁彩恒：《威立雅"暗算"兰州水价?》，载 http://www.022net.com/2009/10-25/483018353161470.html，最后访问日期：2013年11月13日。

词,公众对此严重质疑。

此案件暴露出政府水价监管的问题所在,政府在特许招标之初将该水务项目以高溢价出售给威立雅水务集团,在该集团运营期间,由于水价监管制度的缺陷,加之成本信息不透明,致使兰州威立雅水务集团的企业亏损具体状况无从考证。高收购价最终将成本转嫁给了消费者,政府在出售后监管责任缺失,是引起该项目失败的根本原因。

2014 年,兰州自来水苯超标事件又一次将威立雅水务集团推入了舆论的风口浪尖。2014 年 4 月 11 日中午时分,兰州市自来水被报苯含量严重超标,兰州城内一度严重停水,矿泉水被市民疯狂抢购。虽然事故原因最终查明为石油管道泄漏,但供水企业威立雅水务集团因延迟报道,受到民众的广泛质疑和强烈抗议,同时引发人们对水务私有化改革的反思,甚至有人质疑兰州市国资委对于威立雅水务集团的控股权和董事长职位由于威立雅水务集团拥有一票否决权而毫无意义,并"呼吁收回自来水控制权"。[1] 在地方政府以高溢价向国际水务巨头出让水业资产的背后,隐藏的是公众将要长期为高额水价买单以及不可预料的水质危机。由于我国一直以来公益诉讼制度的缺失而导致公众因水质原因起诉求偿一度受限。虽然新民事诉讼法及其司法解释对于公益诉讼有了明确的规定,但供水企业承担侵权责任的标准、方式等相关规则仍未建立。在 2014 年市民诉威立雅水务集团案中,法院判决驳回了原告的诉讼请求。[2]

案例三:固定回报问题引起的长春汇津污水处理特许经营案

2000 年 3 月 8 日长春市排水公司和香港汇津公司签订了合作合同,合资组建汇津(长春)污水处理有限公司,共同经营长春市北郊污水处理厂。同年 7 月,长春市政府签发《长春汇津污水处理专营管理办法》(以下简称《专营管理办法》)以保证合作合同的实施。2003 年 2 月,长春市

---

〔1〕 林治波:《人民日报记者论甘肃发展之二十三:如何根本解决兰州自来水问题?》,载 http://gs.people.com.cn/n/2014/0414/c361903-20984771-2.html,最后访问日期:2014 年 4 月 15 日。

〔2〕 王衡:《市民起诉兰州威立雅案一审宣判,原告诉讼请求被驳回》,载 http://news.xinhuanet.com/local/2015-11/27/c_1117288313.htm,最后访问日期:2015 年 11 月 30 日;赵志锋:《兰州市民诉自来水苯超标侵权请求被驳回权威专家解读》,载《法制日报》2015 年 11 月 28 日。

政府以根据国务院43号文件规定清理固定回报项目为由，作出了关于废止《专营管理办法》的决定。香港汇津公司认为长春市人民政府取消了其企业赖以生存的《专营管理办法》，导致其生产经营陷入困境，取消《专营管理办法》缺乏事实和法律依据，是违法的具体行政行为，应予撤销，并且给合作公司所造成的实际损失应予赔偿。因此，以长春市人民政府为被告向长春市中级人民法院提起行政诉讼。长春市中级人民法院一审判决认定被告废止《专营管理办法》合法有效。

清华大学傅涛教授认为，该案中政府承诺缺失的问题将在中国水业引发后续影响：(1)可能出现更多纠纷。中国许多城市为了获得水务行业建设资金，目前绝大部分以BOT方式进行的项目协议均承诺了间接的投资回报，与本案类似具有政府可能反悔的政策风险，实际中也存在大量的政府变相违约事件。(2)城市政府的决策信誉陷入危机。地方城市政府为实现短期业绩的不合理签约应该承担什么相应责任，须进行界定和明确。[1]

层出不穷的失败案例揭示出我国公用事业特许经营的现实困境，不少特许经营项目最终仍走投无路被收归国有，由此难免引发疑问：公用事业特许经营真的是"一卖了之"吗，其中政府职责如何界定？公用事业特许经营真的是灵丹妙药吗？对照成功的民营化案例，我国公用事业特许经营滞碍难行之关键因素究竟为何？有学者将其归因为改革定位不当、政府诚信意识缺失、监管能力低下、利益衡量不当。[2] 沈阳水务集团有限公司董事长张国祥形象地将其比喻为"渠没挖好"，即监管机制还没有建立和完善的时候，急于市场化改革，必然会产生种种不良后果。[3]

民营化能否成功在很大程度上取决于政府功能是否健全、监管制度是否完备，政府在民营化中的责任并不随着公共服务供给主体的改变而转移。由于水务行业关系国计民生，关涉公民对于供水所应享有的基本

---

[1] 傅涛：《汇津与长春市人民政府的法律纠纷引起的思考》，载《水业投资资讯》2004年1月15日，总第37期。

[2] 参见章志远、朱志杰：《我国公用事业特许经营制度运作之评估与展望——基于四十起典型事例的考察》，载《行政法学研究》2011年第2期。

[3] 孙晓胜：《多个城市水价上涨，地方政府被指退出公用事业》，载 http://www.chinacitywater.org/zwdt/swyw/71771.shtml，最后访问日期：2013年9月1日。

权利,其中的政府监管责任以及政府监管的规范化与法治化等问题显然是这一议题下不可或缺的构成部分,是行政法不得不予回应的现实问题,对其深入研究有重大的理论和现实价值。

二、研究综述

(一)国外研究现状

20 世纪 70 年代以来,西方各国在公用事业领域内掀起了一股民营化风潮,各国在城市供水、供热、供电、交通、通信、垃圾处理、有线电话等领域广泛应用特许经营的方式,与此相伴的是这方面的理论研究成果也较为丰富。

1. 特许经营与政府监管

E. S. 萨瓦斯认为:“在特许制下,政府授予某一私人组织一种权利(通常是排他性权利)——直接向公众出售其服务或产品。民营部门通常为此向政府付费……特许经营应当在一个开放、透明竞争的环境里进行。”[1] 他同样强调了政府运用管理监督手段的重要性:“合理的民营化需要优良的管理、有效的腐败防范机制和对特许经营者的监督。”[2]

早在 1932 年,乔治·华盛顿大学的法学教授 Charles S. Collier 在其论文“Franchise Contracts and Utility Regulation”(特许契约和公用事业监管)中便阐明了特许契约在公用事业监管中的必要性。他认为,特许契约的监管方式可以保证对公用事业更为深入的监管,并为投资者提供更为稳定持久的投资基础。[3] 1968 年,芝加哥大学德姆塞茨(Demsetz)在其论文“Why Regulate Utilities”(为什么监管公用事业)中提出了特许投标(Franchise Bidding)理论,强调在自然垄断领域引入竞争机制,通过招标等形式在某产业领域内允许多家企业竞争特许经营权。德姆塞茨认为,在自然垄断领域,如果缺乏监管,最终获得特许经营权的企业将基于其最

[1] [美]E. S. 萨瓦斯:《民营化与公私部门的伙伴关系》,周至忍等译,中国人民大学出版社 2002 年版,第 129 ~ 130 页。

[2] 同上书,第 144 页。

[3] See Charles S. Collier, *Franchise Contracts and Utility Regulation*, George Washington Law Review(1923 - 1933), pp. 172 - 196.

大利润设置垄断价格。[1] 可见,由于自然垄断行业的公益特性及市场失灵现象,政府监管显得尤为必要。

2. 监管目标

魏伯乐、奥兰·扬、马塞厄斯·芬格在对全球范围私有化案例进行分析后撰写的报告中归纳了网络产业的五个主要管制目标:(1)对竞争的管制,包括刺激竞争的出现;(2)确保系统完整,避免因自由化导致的分拆,对于水务等以网络一致性为前提的行业来说,这一点尤其重要;(3)确保系统能够适应变革的要求和技术;(4)确保为市民提供的普遍服务能够持续,在让穷人得到基本服务方面尤为如此;(5)对稀缺(公共)资源的使用权和使用进行管制,该类管制仅限于水务部门等涉及稀缺资源的部门。[2]

根据将规制分为经济性规制和社会性规制的分类方法,上述五类管制也可分别归入其中。对于经济性规制,日本经济学家植草益归纳了四大目标:(1)达到资源有效配置(Allocative Efficiency);(2)确保企业内部效率(Internal Efficiency);(3)避免收入再分配(Income Redistribution);(4)企业财务(Corporate Finance)的稳定化。[3] 社会性规制以对付外部性、公共性物品、非价值性物品、信息偏在等市场失灵为目的,是为纠正市场失灵下发生的资源配置的非效率和分配的不公正,具体目标则是确保健康、安全、环境、教育、文化、福利。[4]

可见,经济性规制和社会性规制的目标指向各不相同,应当以效率优先还是公正优先,如何在两者间进行平衡曾有过激烈的观点冲突。C. D. Foster 认为,应当以效率最大化为经济性监管的优先目标,这种标准相对于社会性目标来说,更为明确且便于操作,能够有效地限制监管机构的专断恣意。[5] Richard Stewart 也认为,"如果监管者偏离经济标准,他们将

---

〔1〕 See Harold Demsetz, *Why Regulate Utilities*? Journal of Law and Ecnomics, Vol. 11, No. 1 (Apr., 1968), p. 56.

〔2〕 [德]魏伯乐、[美]奥兰·扬、[瑞士]马塞厄斯·芬格:《私有化的局限》,王小卫、周缨译,刘昶审订,上海三联书店、上海人民出版社 2006 年版,第 448~449 页。

〔3〕 [日]植草益:《微观经济规制学》,朱绍文等译,中国发展出版社 1992 年版,第 60 页。

〔4〕 同上书,第 284~287 页。

〔5〕 C. D. Foster, *Privatization*, *Public Ownership*, *and the Regulation of Natural Monopoly*, Blackwell Publisher(1992), p. 9.

迷失在主观价值的泥潭中”。[1]

这种经济论的观点值得商榷。有学者认为,社会性目标的确定不可能是完全主观的,社会性目标的形成,不仅仅依赖于监管者自身的主观价值判断,而且与效率目标一样受制于法律规范。因此,质疑监管机构不能很好地执行规制的社会面向内容的观点,显然是将规制置于一个法律虚无或者法律只是规定了效率至上原则的情景之中。[2]

3. 监管主体

在监管机构的独立性问题上,Dominique M. Custos 教授认为美国的独立监管委员会独立于总统的权力领域;各委员的任命和免职由法律来予以保障,从而确保其独立地位。[3] 英国学者 MarkThatcher 认为独立监管机构在其产生和运作上均独立于政府部门,也有相对独立的权力和责任。[4] 英国学者安东・奥格斯认为,对于监管机构应当在何种程度上独立于政府,虽然基于各国政治和法律制度的不同,有各种不同的答案,但是它们至少应当独立于受监管者的利益。[5]

在魏伯乐等人所撰的前述报告中列举了监管机构制度安排应当注意的几个问题:[6]一是监管机构与相关组织的关系问题,如部门性监管机构与早已存在的竞争监管机构之间的冲突;二是监管机构的独立性问题,这就涉及监管机构成员的任命、服务期等问题;三是监管机构的权力问题,监管机构仅仅有建议权,还是有决策和执行权;四是管制级别问题,由国家建立还是下移到地方政府。对于这四个问题的不同选择导致了各国监管制度的差异。

虽然采取何种监管主体显然没有固定的普遍模式,但良好的监管制

---

〔1〕 Richard B. Stewart, *Regulation in a Liberal State: The Role of Non-Community Values*, 92 Yale Law Journal 1537(1983).

〔2〕 骆梅英:《基于权利保障的公用事业规制》,浙江大学 2006 年博士学位论文,第 129 页。

〔3〕 See Dominique Custos, *The Rule making Power of Independent Regulatory Agencies*, 54 Am. J. Comp. L. Supplement (Fall, 2006), pp. 615-616.

〔4〕 See Mark Thateher, *Delegation to Independent Regulatory agencies: press, Functions and Contextual Mediation*, West European Politic, 2002, p. 25.

〔5〕 [英]安东・奥格斯:《规制:法律形式与经济学理论》,骆梅英译,中国人民大学出版社 2008 年版,第 282 页。

〔6〕 [德]魏伯乐、[美]奥兰・扬、[瑞士]马塞厄斯・芬格:《私有化的局限》,王小卫、周缨译,刘昶审订,上海三联书店、上海人民出版社 2006 年版,第 450~452 页。

度必然有可评判的标准,魏伯乐等人列举了“全面性、一致性、监管压力、绩效”四项标准,[1]英国学者保罗·L.乔斯科将“独立性、透明性、责任性、专业性和可信性”作为建立监管制度的重要原则,如何具体实施必须谨慎地应对不同国家的法律和政治制度。[2] 同样,我国水务监管体制的构建应当以此为标准,并考虑我国现行体制框架的可接受性。

4. 监管内容和手段

一般而言,根据监管的对象性质,可将政府监管分为经济性监管和社会性监管,日本学者植草益对此有详细的描述。经济性监管首先运用于自然垄断产业运用,通过赋予特定企业法定的垄断权,在保证经济效益的基础上,从制约企业行使垄断的市场控制能力的角度实施规制;社会性监管是在禁止特定的行为时,根据资格制度、审查检验制度以及标准认证制度制定的对特定行为的禁止和营业活动的限制进行补充。[3] 另外,奥格斯的《规制:法律形式与经济学理论》一书也体系化地梳理和探讨了这两种监管方式。

具体而言,根据植草益的概括,经济性规制主要包括进入规制和价格规制,社会性监管关注产品的质量、安全、普遍服务等要求,具体监管手段包括禁止特定行为、对营业活动进行限制、资格制度、检查鉴定制度、基准认证制度等。

在市场准入方面,英国学者马克·阿姆斯特朗认为如何设计合理的准入政策是监管者面临的首要问题,他指明了几种不可取的做法:准入条款相当模糊致使经营者拥有过分的自由处置权,以及缺乏有效的争端解决程序。[4] 可见,准入制度必须明确新进入者和既有经营者之间的关系,并建立经营者权利保障机制。

在价格监管方面,根据传统的经济学理论,政府规制企业定价和利润

---

〔1〕 [德]魏伯乐、[美]奥兰·扬、[瑞士]马塞厄斯·芬格:《私有化的局限》,王小卫、周缨译,刘昶审订,上海三联书店、上海人民出版社2006年版,第452~453页。

〔2〕 [英]保罗·L.乔斯科:《发展中国家基础设施部门改革的监管重点》,载吴敬琏、江平主编:《洪范评论》(第2卷第3辑),中国政法大学出版社2006年版,第72页。

〔3〕 [日]植草益:《微观经济规制学》,朱绍文等译,中国发展出版社1992年版,第22~23页。

〔4〕 [英]马克·阿姆斯特朗、戴维·萨平顿:《监管、竞争与自由化》,载吴敬琏主编:《比较》(第27辑),中信出版社2006年版,第131页。

的最传统和最持久的理据在于"自然垄断"的存在。[1] 美国学者布雷耶详细分析服务成本限价模式和最高限价模式的利与弊。前者可以防止产生过高利润,保持利润的合理性。然而由于成本、回报率、基准年和费率结构的确定极具困难,因此,存在操作层面的难题。而后者能够运用一般的原则确定价格和成本,可以促进经营者降低运营成本,但也有一定缺陷。[2] Marc Allen Eisne 认为,"合理与公平"的价格要求是模糊性,立法者没能对这些模糊的术语提供一个可操作的释义,因此,应授权州际商务委员会享有决定是否公平合理的职责。[3] 该论断对我国的价格规制模式具有重要的指导意义,即规制机构必须享有比较完整的价格规制权力。

在社会性规制方面,奥格斯将规制工具按照干预强度由低到高分为信息规制、标准和事前审批三种规制形式。信息规制仅要求企业披露特定事实,但是并不对行为进行强制。标准可以分目标标准、性能标准和规格标准三类,其中规格标准的干预程度较前两种标准更强;技术标准不存在事前的控制,但要获得批准则必须满足特定条件。事前审批是产品上市前必须获取规制机构的批准,这也是干预程度最强的规制形式。[4] 在安全规制领域这三种规制形式的运用可以综合起来,以标准为基准,以规制机构的许可为门槛来进行控制。

(二)国内研究现状

1. 成果概览

目前国内现有的研究多集中于管理经济学领域,代表性著作主要包括《中国政府管制体制改革研究》(王俊豪,1999 年)、《放松规制与强化规制》(陈富良,2001 年)、《网络产业的重组与规制》(张维迎,2002 年)、《自然垄断与政府规制》(于良春,2003 年)、《中国城市公用事业绿皮书 No. 1 ——公私合作制的中国试验》(余晖、秦虹,2005 年)、《中国城市公

---

[1] [美]史蒂芬·布雷耶:《规制及其改革》,李洪雷等译,北京大学出版社 2008 年版,第 20 页。

[2] See Bill Bradshaw, Henlen Lawston Smith, *Privatization and Deregulation of Transport*, Macmillan Press Ltd., 2000, pp. 55 – 106.

[3] Marc Allen Eisner, Jeff Worshanm, Evan J. Ringquist, *Contemporary Regulatory Policy*, Lynne Rienner Publisher, 2000, p. 36.

[4] [英]安东·奥格斯:《规制:法律形式与经济学理论》,骆梅英译,中国人民大学出版社 2008 年版,第 152 ~ 153 页。

用事业绿皮书 No.2——城市化背景下公用事业改革的中国经验》(张昕竹,2008 年)、《中国公用事业管制改革研究》(周耀东,2005 年)、《中国垄断性产业结构重组分类管制与协调政策》(王俊豪,2006 年)、《公用事业的市场运营与政府规制》(王广起,2008 年)、《中国城市公用事业民营化研究》(陈明,2009 年)、《市政公用事业改革与监管研究》(曹现强、贾玉良、王佃利等,2009 年)等。

相比之下,法学尤其是行政法学的探讨是不够的,成熟的研究成果并不多见。(1)公用事业特许经营合同方面,学术论文成果相对较为丰富,经笔者在中国知网中搜索的相关学术论文有四十余篇。[1] (2)具体制度,苏州大学章志远围绕"公用事业特许经营"的具体制度发表了一系列论文,包含市场准入、市场退出、中期评估、临时接管等方面。(3)综合性著作,周林军的博士学位论文《公用事业管制要论》(2004 年)主要对美国公用事业管制法律制度进行介绍,并从经济学法学的视角探讨了我国公用事业管制改革中的问题及其对策;骆梅英的博士学位论文《基于权利保障的公用事业规制》(2008 年)以民营化后的亲贫规制为背景,着重探讨了英国公用事业改革从效率进路转向权利进路的演进历程及对我国规制改革的启迪;河海大学公用事业法研究所的《公用事业法原论》(2009 年)就"公用事业规制法的一般理论"专设一章,探讨了规制法的内涵与内容、公用事业特许经营合同的法律性质与政府规制绩效评价。李嘉娜所撰写的《市政公用事业监管的行政法研究》以公私合作制背景下市政公用事业监管革新为立足点,对我国公用事业监管的体系进行了简要构筑。

2. 监管主体

对公用事业领域进行政府监管,需要首先确定其行政组织法中的主体模式。目前国内较为深入持续研究政府监管机构的当属上海师范大学的马英娟,她认为政府监管机构的建制均坚持独立性和可问责性的理念,并确定法制化、专业化、代表性、公正性和效率性等五项建制原则。[2]

---

[1] 其中被引用较多的有载于《中国法学》1999 年第 4 期的朱遂斌、林伟民所著《我国 BOT 特许权协议法律性质分析》,《法学家》2000 年第 3 期张晓君所著《略论 BOT 特许权协议的法律性质》,《中国法学》2004 年第 6 期的邢鸿飞所著《政府特许经营协议的行政性》,《行政与法》2006 年第 6 期的宋宗宇、刘婧所著《政府特许经营协议法律性质新探》。

[2] 马英娟:《政府监管机构研究》,北京大学出版社 2007 年版,第 91 ~ 100 页。

《政府监管机构研究》一书详细论述了政府监管机构的设置模式，针对我国监管机构设置和权力配置过程中权力分散的问题，马英娟认为应当采取隶属于行政部门的模式，分别为监管机构隶属于国务院组成部门或隶属于国务院，而前种选择囿于中国政治文化传统，在人事、经费、职权等各方面可能受制于所属部门而无法真正实现独立性；后种选择则可以提高监管机构的独立性。[1]

国务院参事室参事仇保兴对公用事业民营化有着丰富的经验，他曾指出设立监管机构应当保证其相对独立性、职责专业性和监管内容综合性，使富有监管能力的监管机构超脱于地方行政部门，对准入、价格、质量和服务等各方面进行综合监管。[2]

3. 监管目标

浙江大学骆梅英在其博士学位论文《基于权利保障的公用事业规制》中，以英国公用事业规制改革从效率导向转为权利导向为主线，确立了我国公用事业应当以保护消费者利益为监管的统领性义务，并重点关注弱势群体和低收入群体的利益，由此来衡量规制政策是否正当。[3]

李嘉娜认为应当建立以权利保障为核心目标的监管机构。苏州大学章志远也明确了“维护并增进公共利益”为政府监管的首要目标，同时也应当关注“促进有效竞争”。[4]

4. 监管内容和手段

在研究水务民营化的实践中，南开大学法学院宋华琳提出了包括价格规制、质量规制、普遍服务义务、公众参与和知情权保障的要求四个方面的水务规制体制。[5] 在其他的部门行政法领域，有学者通过对公交特许经营进行深入探究，提出了市场准入规制、特许合同规制、价格规制、质

---

〔1〕 马英娟：《政府监管机构研究》，北京大学出版社2007年版，第244～247页。

〔2〕 仇保兴：《市政公用事业改革的理论和实践进展综述》，载《城市发展研究》2007年第1期。

〔3〕 骆梅英：《基于权利保障的公用事业规制》，浙江大学2006年博士学位论文，第131页。

〔4〕 章志远：《公用事业特许经营及其政府规制——兼论公私合作背景下行政法学研究之转变》，载《法商研究》2007年第2期。

〔5〕 宋华琳：《公用事业特许与政府规制——中国水务民营化实践的初步观察》，载《政法论坛》第24卷第1期。

量规制、市场退出规制五个方面的政府监管问题。[1]

李嘉娜更为细致地列举了监管机构享有的具体监管手段，包括标准制定权、许可授权变更终止权、价格控制权、信息调查权、强制惩戒权、临时接管权、纠纷裁决权。[2]

（三）现有研究的不足与发展方向

目前我国行政法学界对于特许经营的研究，虽已取得了一定的成果，但尚处于初级阶段。主要表现为：(1)研究成果较少。当前从行政法角度专文论述特许经营的文献尚少。[3] 对水务行业的研究也多集中于管理学或经济学，专门研究水务行业特许经营及其政府监管的法学论文和著作更是少之又少。(2)研究方法单一。现有研究多重理论研究而轻实证研究，尚未把个案纳入研究视野。行政法要体现时代精神，要及时回应现实社会的变动，要在与现实的互动中不断丰富自身内涵，不断发挥其应有之用。(3)对法律文本及政策研究甚少。当前，学者们对特许经营制度运行依据的研究多停留在建设部所发的规章上，而对各地方省市出台的地方性法规、规章及政策的梳理关注不多。实际上，我国公用事业特许经营的开展，均得益于上述法规及政策的颁行，这些都应当成为研究的第一手立法资料。(4)研究领域狭窄。现有的研究成果多数都是关于公用事业特许经营的宏观描述，但对于特许经营的具体制度和典型行业涉及较少，如针对具体监管制度、纠纷解决等具体问题尚无深入研究。

笔者认为，应当加强公用事业特许经营的实证研究和法规政策分析，同时还要关注公用事业特许经营的微观领域。首先，本书意图收集目前全国各地开展的水务特许案例，通过细致入微的个案分析，透视当前水务特许政府监管制度的缺陷。其次，我国公用事业特许经营的立法文件主要是建设部的规章和各地方的地方性法规、政府规章，水务监管的制度也散见于水务法规体系中，应当对这些文本进行分析和梳理。最后，针对特

[1] 章志远：《民营化、规制改革与新行政法的兴起——从公交民营化的受挫切入》，载《中国法学》2009年第2期。

[2] 李嘉娜：《市政公用事业监管的行政法研究——以公私合作制为背景》，中国政法大学出版社，第180~188页。

[3] 笔者在中国期刊网以“公用事业特许经营”为篇名搜索2000年至2017年的文章，从行政法角度进行论述的仅有30篇。

许经营具体领域研究尚未深入的问题,本书意图将这些研究的成果具体地应用于水务领域,在具体的水务领域展开有效的讨论。

三、研究方法

(一)案例研究法

实践是检验真理的唯一标准,法律实践中出现的问题必然暴露出相关理论的不完善。因此,在具体论证过程中,结合行政活动中一些典型的、有价值的案例,不仅能够使我们对行政实践有更直观和深入的认识,避免在研究中陷于形而上的困局,而且能够使研究更具针对性,促使我们理性看待案例所涉及的理论问题并积极思考继续努力的方向。在业已开展的水务特许实践中,呈现出大量成功或失败的鲜活案例,个案的分析可以促使我们深入挖掘其中的经验和失败原因,为日后的实践提供指示。

(二)规范研究法

目前关于公用事业特许经营已经有部门规章、地方性法规、地方规章等一系列立法文件。本书在探讨具体问题时,对相关规范进行了系统梳理和分析,立足于目前规范的不足探讨水务特许政府监管的完善路径。

(三)比较研究法

部分国家或地区的特许经营制度经历了较长时间的健全与完善,其相应的政府监管制度也较为成熟。为了更充分地汲取相关经验,本书较多运用了比较研究法,如借鉴我国台湾地区公共建设公开招标程序论述准入监管中的招标程序,借鉴英国水务监管体制论述我国水务监管主体及其权限配置,借鉴美国普遍服务基金制度探讨我国自来水普遍服务监管制度的完善。

(四)交叉研究法

特许经营及政府监管均是涉及多学科的问题,因此,本书综合运用了行政法学、行政管理学、经济学等学科知识,对水务特许经营及其中的政府监管问题进行了系统的分析、探讨。

四、研究框架

(一)论域界定

即使民营化被普遍认为是必须要坚持的方向,其可能造成的现实问题仍不可回避,如政府责任的缺失、公共利益的损害。公用事业特许经营作为民营化的方式之一,在我国被普遍运用,而在实际运行中却存在理念和操作上的双重困境。我国近年来的水务改革多采用特许经营的方式，其中失败的案例常有出现，因此，本书将论域进一步限定为水务特许领域。在研究方法上，选择城市水务领域进行深入的部门行政法研究，以丰富的现实案例揭示水务特许经营的现实困境，以清晰的法规梳理说明特许经营的政府监管存在法治化危机。

（二）理论框架

在行政法上，公用事业特许经营以公私协力为实质内涵，以行政特许为行为表现形式。城市水务作为一项关乎公共利益的公用事业，其特许经营是一把“双刃剑”，它虽然有利于减轻地方财政压力、提高水务运营效率、实现政企分离，但同样存在潜在的风险，该风险源于企业和消费者利益的冲突。

若想平衡水务特许经营中的两种利益冲突，则需要有效的政府监管。政府监管必然通过法律规则予以实现，这是现代行政法治的必然要求，因此，法治化、制度化的政府监管对于水务特许经营的顺利进行有不可忽视的作用。

法治化的水务特许政府监管要求在体制上有合理的机构设置和权限分配，在内容上涵盖准入监管、水价监管、水质监管、服务监管、退出监管，还需要对监管行为的监督机制，如行政监督、司法监督和适当的公众参与。

（三）现状分析

对我国水务特许政府监管法治化程度不足的现状分三部分描述：一是在立法方面，现有法律法规合法性缺失，央地立法权限不明且内容矛盾，缺乏水务特许的专项法律法规；二是在监管机构设置方面，政监不分、权力分散、公众参与薄弱；三是在监管途径方面，在准入、价格、质量、服务监管过程中，政府定位不准，对于水务事业通常“一卖了之”，并未很好地履行监督职责，最终导致由公众承担风险。

（四）目标定位

准确的目标定位是建构完善路径的指导方向。在水务特许中，存在企业、公众和政府这三方角色，企业与公众之间存在不可融和的利益冲突，以追逐利益最大化为根本目的的企业可能损害公众获得公共服务的天赋人权。政府监管职责就在于平衡利益冲突，即在不侵犯企业经营自由权的情况下保障公众获得公共服务的权利。进一步分析,利益衡量的选择必然有轻有重,由于水务行业的公用性,政府监管必然应当将公益列为首选,以公益为根本,同时兼顾企业利益。以此为目标,才能准确地定位政府监管职责,进而建构政府监管的完善路径。

(五)监管体制

英国作为水务行业改革的先驱,具有完善的水务行业法律制度、政监分离和职能明确的监管体系、有效的公众参与机制。以英国的有益经验为借鉴,我国的水务监管权配置需要健全水务行业法律制度,建立统一独立的监管体系、水务行业公众监督委员会机制。

(六)完善路径

以前面构建的理论体系为脉络,构建我国水务特许政府监管的完善路径。在市场准入方面,应当改变单一的准入标准,在保证充分竞争的同时严格对经营者的资质审查。在水价监管方面,完善价格的审查和听证制度,在允许企业合理利润的同时划定公众的合理负担。在水质监管方面,应当完善质量标准并明确其效力,并严格执行相关监测和处罚制度。在普遍服务监管方面,应当保障持续可用以及价格合理的基本公共服务,完善平等接入、持续供应以及对低收入群体的补贴制度。

(七)救济机制

水务特许引起自来水供给主体的改变,从而也形成了更为复杂的法律关系和纠纷样态:监管机构与水务特许企业之间是特许合同的签订双方,同时也是监管与被监管的关系;水务特许企业与用户之间基于供水合同形成水产品的服务供应关系;监管机构与用户之间基于国家生存照顾义务而形成普遍服务的保障与被保障关系。在监管机构与水务特许企业之间的特许合同纠纷中,应当明确特许合同的行政合同性质而将其纳入行政诉讼范围;在水务特许企业与用户的供应合同纠纷中,应当明确该类合同的公益性和行政性,将水务特许企业履行公共职能的行为纳入行政诉讼;在监管机构与用户之间的履职纠纷中,用户可将该监管机构作为被告提起行政诉讼。

利益诉求和纠纷的多样化必然要求多元的纠纷解决机制,包括行政调解、行政裁决、行政复议、行政仲裁等行政救济机制。司法作为社会公平正义的最后一道屏障,自然不可缺席,然而我国现行行政诉讼制度对于解决以上纠纷仍存在制度障碍，主要体现为行政合同诉讼尚未健全、行政诉讼被告资格过于狭窄。因此，需要通过完善行政合同诉讼、重构被告资格标准，从而畅通司法救济渠道。

五、创新与不足

（一）本书拟达至的创新

（1）丰富和细化公用事业特许经营的研究。当前研究成果多数停留在总体框架的宏观描述中，对公用事业特许经营的具体制度和具体领域研究甚少。现代国家的行政分工愈加精细，面对各部门行政法的鲜明个性，传统行政法总论的研究方法显得力不从心。部门行政法的缜密研究，对于增强行政法学研究的应用性和可操作性异常重要，它可以为行政法总论的研究提供极为丰富的各实务领域的案例和素材，从而为抽象的行政法理论和行政法实践之间架起一座桥梁。因此，秉承“行政法学应当而且必须直面现代生活的理性化”的理念，[1]本书选择了水务规制领域为研究主题。以该领域为关注点，实际上就是以实证视角关注现实世界的行政法学问题，通过具体领域的发展来充实和注释行政法总论的研究，从而为水务特许的实践提供更为可行和具体的操作方案，为改革和制度创新提供有分量的规范性论证和学术支持。本书正是基于这样的关切，试图探讨我国水务特许领域的监管体制、监管目标、准入监管、价格监管、质量监管等具体问题，对于丰富行政法总论上定位监管机构监管目标和规范监管行为等，同样具有补充和注释的意义。

（2）对水务特许政府监管进行规范梳理和总结。我国公用事业特许经营的立法文件主要是建设部的规章，各地政府的地方性法规、规章和政策。除此之外，水务监管的具体规定散见于水务法规体系中，本书将对这些文本进行梳理和总结，以期找出立法冲突和缺漏之处，从而为完善水务特许经营的监管立法提供研究素材。

（3）对水务特许政府监管的大量案例进行分析。在业已开展的水务特许实践中，呈现出大量成功或失败的鲜活案例，个案的分析可以促使我们深入挖掘其中的经验和失败原因。本书收集了目前全国各地开展的大

---

〔1〕 骆梅英：《行政法学的新脸谱——写在读叶俊荣〈行政法案例分析与研究方法〉之后》，载罗豪才主编：《行政法论丛》（第9卷），法律出版社2006年版，第426页。

量水务特许案例，通过细致入微的个案分析，透视当前水务特许政府监管制度的缺陷。

(4)探索水务特许政府监管的法治化路径。本书以目前政府监管的理论体系为基础，对水务特许政府监管的法治化路径进行了探索，包括监管主体、准入监管、水价监管、水质监管、退出监管等各方面。

(二)本书的不足

(1)理论深度的有限性。由于缺乏深入的实证资料，以及笔者在相关学科如经济学方面的理论功底和观察视角的局限，研究多限于行政法上的规范和程序，使本书在研究深度上尚有欠缺。

(2)文献资料的有限性。一是实证资料的缺乏，部分数据和材料的来源并非第一手；二是对外文资料的理解不足，由于笔者仅具英语的读译能力，对于其他语种文献只能引用中文译著或他人的间接理解。诸多因素难免影响到文献分析的准确性和深刻性，从而影响本书的思考维度和论述深度。

(3)研究广度的有限性。由于水务行业的复杂性使本书的研究仅限于个别问题，如在准入监管阶段，本书仅选取了招标程序，在服务监管问题中，仅选取了供水中断行为进行分析。

第一章 水务特许及政府监管的基础理论

一、水务特许：公用事业特许经营在水务行业的具体化

水务行业作为典型的公用事业，其特许经营是公用事业特许经营在水务行业的具体化。因此，本书在此将对我国公用事业特许经营的基本问题以及水务行业的特殊性进行简单的介绍。

(一)公用事业特许经营的含义及模式

1. 公用事业特许经营的含义

(1)何为公用事业

在美国加利福尼亚州的公用事业法中，公用事业(public utility)被定义为“普遍地提供公共福利所必需的服务，且被大量政府监管的重要行业”。[1] 我国台湾地区学者廖义男认为，“公用事业即事业所提供之服务与商品，便利大众生活，甚至为大众日常生活所需者之事业”。[2] 耶鲁经济学家马恩斯认为“公用事业是那些被要求以合理和无歧视的价格向所有申请者提供服务的产业”。[3]因此，公用事业也被概括为“受公共利益影响的行业”。[4]

而具体哪些行业属于公用事业的范围，我国目前的立法有简单的概括，学者们也有不同的意见。根据立法表述和学者的定义，本书将公用事业的范围做以下三种范围由广至狭的界分：

一是最广义的界定，这种意义上的公用事业等同于公共事业，是指那

---

〔1〕 *California Public Utilities Law* “Public Utilities Defined”.

〔2〕 廖义男：《公共建设与行政法理》，台北，三民书局1995年版，第185页。

〔3〕 参见Barnes, Irston, *The Economics of Public Utility Regulation*, 1942, S. 1。转引自[美]载维·E.麦克纳博：《公用事业管理：面对21世纪的挑战》，常健等译，中国人民大学出版社2010年版，第12页。

〔4〕 Ford P. Hall., *The Concept of A Business Affected With A Public Interest*, By Bloomington: The Principia Press, 1940.

些面向全社会，以满足社会公共需要为基本目标、直接或间接为国民经济和社会生活提供服务或创造条件，并且不以营利为主要目的的社会活动。它主要包括教育、科技、文化、卫生、基础设施、公共住房、社会保障、环境保护等事业。[1] 这个意义上的公用事业几乎涵盖了为满足社会公共生活而需的绝大多数行业。

二是较广义的界定，这个层面的公用事业体现在原建设部 2002 年《关于加快市政公用行业市场化进程的意见》中，该文件将公用事业的范围限定为"供水、供气、供热、公共交通、污水处理、垃圾处理等经营性市政公用设施"以及"园林绿化、环境卫生等非经营性设施"，即包括了经营性公用事业和一部分非经营性设施。

三是狭义的界定，是指通过基础设施向个人和组织提供普遍必需品和服务，并向其收费的产业，主要包括电力、电信、邮政、铁路、燃气、供热、供水和污水处理、公共交通等。[2] 这与原建设部 2004 年《办法》列明的"城市供水、供气、供热、公共交通、污水处理、垃圾处理等行业"基本一致。[3] 2015 年由国家发展和改革委员会、财政部、住房和城乡建设部、交通运输部、水利部以及中国人民银行联合发布的 2015 年《办法》的规定也隐含地印证了对公用事业的这种界定，该办法将基础设施与公用事业作为并列概念，或见其应当有所区别。[4]

可见，无论哪一种界定方法，都遵循公用事业最显著的核心——公益性，其所提供的服务和产品与公众生活息息相关，是社会经济生活和国民经济发展的基础条件，并且其服务对象具有非歧视性，是为不特定的公众

---

[1] 朱仁显：《公共事业管理概论》，中国人民大学出版社 2009 年版，第 20 页。

[2] 刘戒骄：《公用事业：竞争、民营与监管》，经济管理出版社 2007 年版，第 25 页。

[3] 2004 年《市政公用事业特许经营管理办法》第 2 条规定："本办法所称市政公用事业特许经营，是指政府按照有关法律、法规规定，通过市场竞争机制选择市政公用事业投资者或者经营者，明确其在一定期限和范围内经营某项市政公用事业产品或者提供某项服务的制度。城市供水、供气、供热、公共交通、污水处理、垃圾处理等行业，依法实施特许经营的，适用本办法。"与 2002 年《关于加快市政公用行业市场化进程的意见》相比，2004 年《办法》列举的范围减少了"园林绿化、环境卫生等非经营性设施"，是因为适合于特许经营的公用事业是经营性公用事业，非经营性设施由于无法由企业向用户收取费用以回收建设成本，一般采取政府购买服务的 PPP 方式。

[4] 2015 年《办法》第 2 条："中华人民共和国境内的能源、交通运输、水利、环境保护、市政工程等基础设施和公用事业领域适用本办法。"

提供服务，不能独占或排他性消费。

语言表述在不同的语境下所指范围有所区别，亦无对错之分，关键是在明确概念范围的基础上才能展开有效论证。本书主要使用狭义层面的界定，即经营性公用事业。这个层面的公用事业除了公益性以外，还有其独有的特征：一是经营性，与园林绿化等基础设施相比，公用事业的经营者需要向用户按照一定标准收费，因此，价格的监管才显得尤为重要；二是自然垄断性，具有投资额大、投资回报期长、资产专用性强、沉淀成本大、规模经济与范围经济显著等特性，因此，通常由政府采取市场进入监管的方式特许一家或极少数几家企业垄断经营；三是网络性，管网（如水网、电网、天然气管道）输送业务是其核心业务，许多产品只有通过物理网络才能进入消费领域，因此，需要具备一个完整统一的管道网络，并实现全程全网联合作业，才能实现管网的有效协调和高效运行。[1]

（2）公用事业民营化

由于此类行业都是关系国计民生的公共性行业，由国有企业进行独家经营，而这种传统模式普遍遭遇了资金不足、效率低下、缺乏改善技术和成本的压力等问题。[2] 从国外的经验来看，解决此类问题的有效途径就在于公用事业的民营化。20 世纪 70 年代末，为缩减国家行政任务、提高行政效率、精减人事、节省成本，“更多依靠民间机构，更少依赖政府”的民营化浪潮在全世界范围内掀起，并在不同国家和地区经历了不同的演绎方式。作为一个集合性概念，民营化的确切含义极难表述，正如德国行政法学者罗尔夫·施托贝尔所言：“私有化（民营化）的概念是否具有法律或行政法的内涵颇令人怀疑。这个概念不明确，很难与其他类似的术语截然分开。”[3]

概念难已表述，对民营化具体方式进行类型化研究则更为可行。按照民营化大师 E. S. 萨瓦斯对民营化的类型描述，民营化的方式包括委托

---

[1] 李嘉娜：《市政公用事业监管的行政法研究——以公私合作制为背景》，中国政法大学出版社，第 41 ~ 42 页。

[2] 肖兴志：《公用事业的民营化改革：理论与中国实证》，载黄继忠主编：《自然垄断与规制：理论与经验》，经济科学出版社 2004 年版，第 185 ~ 186 页。

[3] ［德］汉斯·J. 沃尔夫、奥托·巴霍夫、罗尔夫·施托贝尔：《行政法》（第 3 卷），高家伟译，商务印书馆 2007 年版，第 368 页。

授权、政府撤资、政府淡出。在委托授权中，具体的活动被委托给民营部门，而国家依然承担全部责任，持续且积极地介入委托授权的过程中，主要方式为合同承包、特许、补贴、法律授权等形式，因此，委托授权也被称为部分民营化；政府撤资是指公营事业或资产一次性移转至民间，此类移转型的民营化可经由出售、无偿赠与及清算等策略进行；政府淡出是指随着市场发展越来越能满足人们的需要，政府通过民间补缺、撤退和放松管制等形式，逐渐退出某公权领域，而被民营部门完全取代。[1]

德国学者布吉教授通常根据私人部门参与公共事务由弱到强的程度，将民营化分为组织民营化、功能民营化和任务民营化。[2]

组织民营化又称形式的民营化，系指“法律并没有改变管辖，但原来执行的行政机关欲改为私法组织方式，如将行政机关之资料处理的部门改为有限公司，而且以仍然属于国家财产的范围的方式加以承办”。[3]也就是说，在这一类型下，行政任务的性质并未改变，只是在原有的行政组织内部引入企业制的管理原则进行改革，使其形式由原来的公法形式变为私法形式。

功能的民营化又称履行民营化、部分民营化、程序民营化，指的是特定行政事务的国家任务属性不变，名义上国家承担且不放弃自身执行的责任，但实际上在执行阶段是借助于私人部门的力量来加以完成的。功能的民营化主要有行政助手、专家参与、行政委托及合同出租等形式。[4]

任务民营化又称实质的民营化，指“某特定之行政事务的国家任务的属性不变，但国家不再负责执行，而转由民间负责或提供”。[5]

综上所述，形式的民营化主要着眼于摆脱公部门所受的各种拘束和

---

[1] [美]E. S. 萨瓦斯：《民营化与公私部门的伙伴关系》，周至忍等译，中国人民大学出版社2002 年版，第 127 ~138 页。

[2] 转引自刘飞：《试论民营化对中国行政法制之挑战——民营化浪潮下的行政法思考》，载《中国法学》2009 年第 2 期。

[3] 黄锦堂：《行政任务民营化之研究——德国法的观察与我国的省思》，载江大树、李念祖等：《公法学与政治理论——吴庚大法官荣退论文集》，台北元照出版有限公司 2004 年版，第 479 页。

[4] 薛刚凌：《民营化：公告行政改革的重要路径》，载 http://www.sqjw.gov.cn/Article_Show.asp?ArticleID=3166，最后访问日期：2013 年 3 月 28 日。

[5] 周志宏：《教育事务民营化志法律问题——以国民中小学公办民营为中心》，载《月旦法学杂志》2003 年 11 月。

监督,使行政任务的履行更有弹性、更有效率;实质的民营化在于缩小国家行政任务的范围,减轻国家负担并减少政治对公共产品和服务供给的不良影响;功能的民营化则强调的是通过公私合作来共同履行公共事务,以精简人事,减少政府开支,提高工作效率。

(3)公用事业特许经营〔1〕

奥特·玛雅认为,特许是指特许者赋予相对人法律上的力量,使其以自己的名义实施部分公行政的行政行为;斯泰纳认为,所谓特许,是指为了(组织法上)独立处理国家权限意义上的国家事务特别是行政事务而对私人进行委任。〔2〕可见,德国行政法理论认为特许的对象是私主体,内容为行政事务。

我国立法中对公用事业特许经营的定义也包含这两个因素。建设部2004年《办法》第2条规定:"本办法所称市政公用事业特许经营,是指政府按照有关法律、法规规定,通过市场竞争机制选择市政公用事业投资者或者经营者,明确其在一定期限和范围内经营某项市政公用事业产品或者提供某项服务的制度。"2015年《办法》第2条对该界定予以进一步完善:"本办法所称基础设施和公用事业特许经营,是指政府采用竞争方式依法授权中华人民共和国境内外的法人或者其他组织,通过协议明确权利义务和风险分担,约定其在一定期限和范围内投资建设运营基础设施和公用事业并获得收益,提供公共产品或者公共服务。"

由此可见,特许经营无疑是民营化的方式之一,〔3〕与其他民营化方

---

〔1〕 我国法学界特许经营最早的词源指民法上的商业特许,本书中如果不做特别说明,"特许经营"都指公用事业的特许经营。

〔2〕 转引自[日]米丸恒治:《私人行政——法的统制的比较研究》,洪英、王丹红、凌维慈译,田思源、王贵松校,中国人民大学出版社2010年版,第28~29页。

〔3〕 至于特许经营属于功能民营化还是实质民营化,则有所分歧。有学者认为在公用事业特许经营中,民营部门以自己的名义独立完成行政事务的运营,应当属于其中的实质民营化即任务民营化,参见詹镇荣:《民营化与管制革新》,台北元照出版有限公司2011年版,第124页。也有学者认为,特许经营中,虽然一部分执行功能借助于私人的完成,但国家仍然负担公共任务的"执行责任"和"保障责任",应属功能民营化,参见李嘉娜:《市政公用事业监管的行政法研究——以公私合作制为背景》,中国政法大学出版社2012年版,第32页。笔者认为,这种分歧恰恰印证了民营化在不同的程度上存在着,在具体项目上存在着细微的差别,这正是民营化的复杂性所在,但从特许经营的特征来看,国家仍负有一定执行责任(如临时接管),其应属功能民营化(部分民营化)。

式相比,公用事业特许经营具有如下典型特征:

首先,公用事业特许经营只转移有限产权。一方面,公用事业特许经营仅涉及经营权的移转。撤资意味着放弃某一企业、某一职能或某一资产,而特许经营方式只不过把公用事业的经营权委托给民营部门,该公用事业的所有权仅归国家所有。另一方面,此产权有限性还体现在公用事业特许经营有期限限制。公用事业特许经营的经营期限是有限的,一般而言,该期限不超过30年。

其次,公用事业特许经营通过特许合同进行。通过行政合同作出特许可以更有弹性地形成个别的权利和义务,“在一个混合式行政的时代,在一个对公权力和私权利的创造性相互作用及其依赖的时代,合同乃行政法之核心”。[1] 公用事业特许合同是由政府与经营者签订的明确双方权利义务的合同。对特许而言,其往往借助特许合同而实现,其中很多问题也是以合同为中心而展开的。埃米利奥·摩日诺强调,清晰、明确、合理的特许经营合同是公用事业特许经营成功的关键因素。该合同应当清晰地明确特许经营的范围和期限、经营者提供的公用产品应当达到的标准、价格和收费的标准及调整程序、设施的权属和维护;特许经营权的终止和变更、违约责任、争议解决方式等条款。[2]

最后,政府在特许经营后承担后续监督职责。政府在“撤资”中扮演着毕其功于一役(one - time affair)的角色,而政府在“特许经营”中则扮演着“持续运作”(continuing role)的角色。公用事业特许经营并不意味着政府责任的彻底归隐,只是改变了公共服务的供给主体。对于政府来说,仍负有保障公共服务持续公平的职责,即从行政事务的直接执行者转变为决策者和监督者。

综上所述,公用事业特许经营的相关概念关系如图1-1所示。

---

〔1〕［英］安东尼·B.阿特金森、［美］约瑟夫·E.斯蒂格里茨:《公共经济学》,蔡江南等译,上海三联书店1992年版,第619页。

〔2〕参见2004年《办法》第9条。

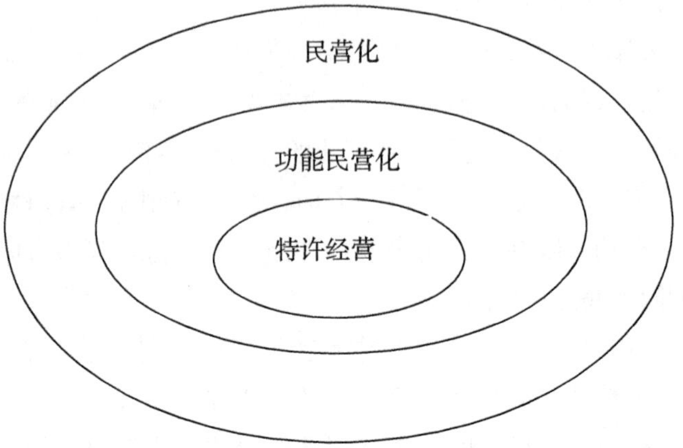

图 1－1 特许经营相关概念

（4）与相似概念辨析

与特许经营相类似的概念还有 PPP、政府购买公共服务等，这些概念常有混淆，应当有所区分。

首先，特许经营与 PPP 的区分。PPP（Public Private Partnership）即“公私合作”或“公私协力”。简言之，指公共部门与私人部门为提供公共产品而建立的各种合作伙伴关系及其模式的总称。虽然说 PPP 的概念较“民营化”更少引起争议并被普遍接受，[1]但 PPP 的范围和边界同样并不清晰且一直在发展变化之中，如英国学者 David · Hall 及 Robin de la Motte 认为“关于 PPP 是没有明确定义的，私人部门这个词的发明是试图涵盖所有的私人企业形式”。德国学者 Norbert Portz 同样认为，“想要总结 PPP 的具体含义是几乎没有意义的，因为无法为其寻找到一个固定含义，想要考证这几个模糊的英文的起源也是很难的，其具体含义必须依托具体实例去分析”。[2] 部分学者在论述中，往往将特许经营与 PPP 相混淆，但通过前述分析来看，特许经营仅仅是功能民营化中的一种模式，是

〔1〕［美］E. S. 萨瓦斯：《民营化与公私部门的伙伴关系》，周至忍等译，中国人民大学出版社 2002 年版，第 4 页。民营化与 PPP 的区别在于，PPP 是指除了完全私有化等形式之外的部分民营化（功能民营化），参见李嘉娜：《市政公用事业监管的行政法研究——以公私合作制为背景》，中国政法大学出版社 2012 年版，第 32 页。

〔2〕转引自陈惜、孙正基、马宝玲：《水务公用行业 PPP 现状综述及名词廓清》，载《天津科技》2012 年第 1 期。

PPP 类项目中的一种应用范围比较广的模式，具有更为清楚的含义和特征。

《PPP 条例》（征求意见稿）第 2 条第 1 款为 PPP 做了这样的界定："本条例所称基础设施和公共服务领域政府和社会资本合作，是指政府采用竞争性方式选择社会资本方，双方订立协议明确各自的权利和义务，由社会资本方负责基础设施和公共服务项目的投资、建设、运营，并通过使用者付费、政府付费、政府提供补助等方式获得合理收益的活动。"虽然该定义对 PPP 内涵进行了限定，但其外延仍然大于特许经营，其中"使用者付费"所指便是特许经营。

其次，特许经营与政府购买服务的区分。政府购买服务是指为精简人事、提高效率，由政府出资将一部分服务交由更为专业的企业来建设运营。[1] 可见，同为公私合作的方式，二者的区别是较为明显的，特许经营适用于经营性公用事业，由企业出资向政府购买该公用事业一定年限的经营权，通过向消费者收费以回收投资成本；而政府购买服务一般适用于非经营性的基础设施，由于缺乏收费机制，所以由政府出资向企业购买，即上述《PPP 条例》（征求意见稿）中的"政府付费"方式。正因如此，在政府监管方面，二者的区别在于特许经营中价格监管是极为重要的一部分，而政府购买服务无须进行价格监管，而重在政府的资金管理。[2]

2. 公用事业特许经营的模式

BOT 是最常用、最典型的特许经营模式。BOT 一词乃是英文"Build - Operate - Transfer"的缩写，意指"兴建—营运—移转"，指政府将大型基础公共建设的规划、兴建、营运及修护等权利，通过特许权授予民间经营

---

[1] 关于政府购买服务的政策文件最初见于 2013 年 9 月 26 日（国办发〔2013〕96 号）《关于政府向社会力量购买服务的指导意见》，其中将政府购买服务界定为："把政府直接向社会公众提供的一部分公共服务事项……交由具备条件的社会力量承担，并由政府根据服务数量和质量向其支付费用"；购买方式包括"公开招标、邀请招标、竞争性谈判、单一来源、询价等"；2014 年 12 月 15 日，财政部、民政部、工商总局联合印发（财综〔2014〕96 号）《政府购买服务管理办法（暂行）》的通知，其中进一步扩展了政府购买服务的范围，包括"政府直接提供的一部分公共服务事项以及政府履职所需服务事项"；2015 年 3 月 1 日施行的《政府采购法实施条例》以行政法规的形式明确了上述文件所规定的政府购买服务的范围，即"包括政府自身需要的服务和政府向社会公众提供的公共服务"。

[2] 曹海青、苏丽亚：《公共服务购买与政府监督职责落实》，载《人民论坛》2016 年第 1 期。

者，并由经营者在一定期限内向消费者收取合理费用，由此取得合理的回报收益，在特许期限届满后，该经营者无偿将其所有权移交给政府。[1]

除了 BOT 模式，水务行业较常采用的特许经营模式还包括 BOT 的各种衍生方式，如 BOOT、BTO、TOT 等。[2]

（1）TOT（Transfer – Operate – Transfer）“移交—运营—移交”模式，是指政府将其拥有的现有水务设施移交给经营者运营，经营者通过一定期限内的收费权收回投资，期满后再将设施无偿移交给政府。[3]

（2）BTO（Build – Transfer – Operate）“建设—移交—运营”模式，是指经营者负责建设水务设施，建成后移交所有权归政府所有，但政府通过合同授予经营者特许经营权，经营者可向用户收费以获取合理回报。[4]

（3）BOOT（Build – Own – 0perate – Transfer）“建设—拥有—运营—移交”模式，是指经营者在建设水务设施之后，在特许经营有限期内拥有所有权并通过收费获取投资补偿，但在特许经营期届满之后将该设施所有权移交政府所有。

2015 年《办法》也基本认可了以上 3 种特许经营的模式，其中第 5 条第 1 项、第 2 项、第 3 项所列举的便分别是 BOT、BOOT、BTO。[5]

---

〔1〕 此模式适合于有收费机制的新建设施，譬如水厂、污水处理厂等终端处理设施，是最为常见的公私合营的投融资模式，实例包括成都自来水六厂 BOT、南京仙林污水处理厂 BOT、南昌青山湖污水处理厂 BOT 等。

〔2〕 另外，还有 BT 这种市场化运作方式，BT（Build – Transfer）“建设 – 移转》模式，是指经营者签约负责某项基础设施的融资、建设，并在完工后即交付给政府。BT 模式适合于缺乏收入补偿机制的设施的建设投资，如上海国际汽车城污水管网 BT 项目、杭州萧山钱塘污水处理厂 BT 项目等（参见张燎：《水务项目市场化运作的十种模式》，载《中国水利水电市场》2008 年 4 期）。但由于该种模式缺乏授权特许经营者通过“经营”的收费补偿机制，严格来说不属于特许经营方式，只是广义的市场化模式之一，因此，本书不予论述。

〔3〕 该模式适合于有收费补偿机制的现有设施，实例包括常州城北污水处理厂 TOT、合肥污水处理厂 TOT、长沙第一污水处理厂 TOT 等。

〔4〕 BTO 模式适合于有收费权的新建设施，譬如水厂、污水处理厂等终端处理设施，政府希望在运营期内保持对设施的所有权控制。

〔5〕 参见 2015 年《办法》第 5 条：“基础设施和公用事业特许经营可以采取以下方式：（一）在一定期限内，政府授予特许经营者投资新建或改扩建、运营基础设施和公用事业，期限届满移交政府；（二）在一定期限内，政府授予特许经营者投资新建或改扩建、拥有并运营基础设施和公用事业，期限届满移交政府；（三）特许经营者投资新建或改扩建基础设施和公用事业并移交政府后，由政府授予其在一定期限内运营；（四）国家规定的其他方式。”

（二）公用事业特许经营的历史发展

1. 域外公用事业特许经营的历史发展

域外公用事业特许经营的历史发展必须置于民营化的大背景下予以考察。20世纪70年代末以来，随着米尔顿·费里德曼、萨瓦斯、斯潘等学者为民营化奠定的理论基础，公用事业民营化由英国开始，逐渐于20世纪90年代发展成为一种世界性潮流。在过去30年内，无论是英、美、法、德、日等发达国家还是发展中国家都进行了公用事业民营化改革尝试。公用事业民营化的发展历程可大致划分为以资产出售为特征的民营化初期阶段、以特许经营等方式为特征的民营化扩展阶段。[1]

（1）以资产出售为特征的民营化初期阶段

作为老牌资本主义国家的英国，无疑是率先开展公用事业民营化的典型。从1979年开始，英国大刀阔斧的民营化改革席卷了众多公用事业领域，包括1979年英国燃油公司的民营化、1981年飞机制造公司民营化、1982年英国石油公司民营化和1987年劳斯莱斯公司民营化等。[2]

德国于20世纪80年代末开始分别对航空、邮政、铁路等领域进行了民营化，进入21世纪之后，水务也实行了民营化。法国的民营化起步较晚，态度较保留、消极，真正的大规模民营化开始于20世纪90年代初，先后成立了法国电力公司、法国燃气公司、法国国营铁路公司、巴黎交通管理局、巴黎机场公司、邮政、法国电信等民营企业。[3]

民营化的初期阶段以“出售”为主要特色。在该阶段，英国、德国和法国等欧洲国家将公用事业民营化的主要手段是私有化，即出售公用企业的国有产权，使其成为私人所有的企业。[4] 通过出售使国家在减负的同时增加了收入，缓解了当时困扰欧洲各国经济的“顽疾”，促进了经济增长率的稳步提高。

---

〔1〕杨欣：《变革与回应——民营化的行政法研究》，中国政法大学2006年博士学位论文，第28～32页。

〔2〕何文盛、杨亚琼、王艳：《西方公用事业民营化改革研究回顾及对我国的启示》，载《中国行政管理》2016年第12期。

〔3〕黄学贤、吴志红：《对公用企业公、私法人法律身份的思考》，载《江海学刊》2013年第2期。

〔4〕同上。

（2）以特许经营等方式为特征的民营化扩展阶段

从20世纪80年代末期开始，除了传统的出售方式，民营化更多地通过特许经营、合同承包等方式进行，政府部门借由合同将部分职能业务转由民间部门经营，使这一阶段的民营化呈现多样的姿态。在英国，撒切尔夫人执政的后期，民营化渐次从初期的国有企业出售转向政府公共服务提供领域，特许经营与合同承包已成为普遍采取的手段。根据1988年《英国地方政府法》要求，6种基本的市场服务如生活垃圾收集、街道清洁等公共服务必须通过竞争性招标来安排。[1] 德国也通过行政助手、特许经营等方式将政府业务委托民间办理。

以特许经营方式运营公用事业的典型当数法国。公用事业特许经营被广泛应用于高速公路、供电、有线电视、城市供暖、垃圾处理、污水处理、停车场等设施甚至监狱的建设和经营。[2] 法国在公用事业特许经营方面积累了丰富的经验，被世界银行称为"一种真正的法国模式"，在世界范围内得到推广应用。

2. 我国公用事业特许经营的发展

（1）初步萌芽阶段

自20世纪80年代开始，公用事业传统经营模式的缺陷已经日益显露，以特许经营方式引进民间资本及外资经营公用事业，已在沿海地区初露端倪并逐渐扩展至内地个别城市。在20世纪90年代，随着中国"入世"和城镇化进程突飞猛进，仅靠政府一己之力已无法满足城市居民对市政基础设施和公用产品服务的需求。对于新近出现的这些现象，1995年原对外经贸合作部发布了《关于以BOT方式吸收外商投资有关问题的通知》，允许外商在经严格审批之后以合作、合资或独资的方式建立BOT项目公司，原国家计委、电力部、交通部发布的《关于试办外商投资特许权项目审批管理有关问题的通知》对政府的监督责任进行了简要描述，并指出特许项目先进行试点，待取得经验后，再逐步推广。在试点期间，其范围有限。在这个阶段，公用事业改革的浪潮逐渐波及全国，特许经营这种民

[1] 杨欣：《变革与回应——民营化的行政法研究》，中国政法大学2006年博士学位论文，第30页。

[2] 徐宗威：《法国城市公用事业特许经营制度及其启示》，载《城市发展研究》2001年第4期。

营化方式处在探索阶段,只是尚未予以类型化和规范化,见表1-1。

表1-1　公用事业特许经营初步尝试阶段的相关立法

时间	发布单位	文件名称	效力级别	相关内容概要
1995年	原对外贸易经济合作部	关于以BOT方式吸收外商投资有关问题的通知	其他规范性文件	BOT方式尚处于研究和试点阶段,允许外商以合作、合资或独资的方式建立BOT项目公司。但有严格的审批程序,项目建议书、可行性研究报告、项目公司合同、章程需由相关部门进行审批
1995年	原国家计委、电力部、交通部	关于试办外商投资特许权项目审批管理有关问题的通知	其他规范性文件	1.简要描述项目公司在特许期间的义务和政府的监督责任 2.限制特许项目的类型。先进行试点,待取得经验后,再逐步推广。在试点期间,其范围有限 3.仍需严格的审批程序。项目预可行性研究报告经行业主管部门初审后由国家计委审批,必要时由国家计委初审后报国务院审批
1997年	原国家计委、外汇管理局	境外进行项目融资管理暂行办法	其他规范性文件	规定了以项目融资方式筹措国外资金的建设项目的范围、协议、审批程序等

(2)鼓励尝试阶段

该阶段一系列规范性文件已经明显表露出对于公用事业特许经营的鼓励态度。原国家计委于2001年发布的《促进和引导民间投资的若干意见》,提出放宽投资领域,明确鼓励和引导民间投资以特许经营等方式参与经营性的基础设施和公益事业项目建设。同年,原国家计委发布的《"十五"期间加快发展服务业若干政策措施的意见》鼓励和允许国内外投资者以特许经营的方式进入,倡导公用事业体制的改革。

2002年,原国家计委、原建设部、国家环保局发布《关于推进城市污水、垃圾处理产业化发展的意见》,明确"逐步实行城市污水、垃圾处理设施的特许经营"并规定了政府的监督责任。原建设部于同年发布《关于加快市政公用行业市场化进程的意见》,对于市政公用行业特许经营制度作出更为详细的规定,为建设部 2004 年《办法》的制定奠定了坚实的基础,其中内容涉及特许经营的含义和范围、特许经营权的获得(招标方式和特许合同)、申请特许经营权的企业应该具备的条件、特许经营合同的基本内容、特许经营权的变更与终止等。

2002 年 3 月,原国家计委、国家经贸委、外经贸部公布新的《外商投资产业名录》,将原禁止外商投资的供水业、公共设施服务业、水利管理业、交通运输、仓储及邮电通信业等行业列为外商可以投资领域。国家在城市公用事业及基础设施行业扩大开放的政策逐步到位。2004 年的《行政许可法》规定的"特许"方式为民间资本进入公用事业提供了法律依据,并对特许的市场准入应当运用招标、拍卖等公平竞争方式予以了原则性规定。[1]

(3)大力发展阶段

针对日益增长的公用事业特许经营实践所暴露出的问题,原建设部于 2004 年 3 月出台了建设部 2004 年《办法》,目的在于规范公用事业特许经营这种方式。这部规章是我国第一部关于市政公用事业特许经营制度的专门性立法,具有里程碑式的意义。以该建设部 2004 年《办法》所确定的初步法律监管框架为样板,各地也加快制定了相关地方性法规和规章,2004 年至 2010 年,全国共制定了九部地方性法规、十四部地方政府规章,以及大量的其他规范性文件。自此伊始,以特许经营的方式进行公用事业民营化的实践,随着上述立法的发展开始被大量运用。

(4)反思完善阶段

在公用事业特许经营如火如荼地开展数年后,大量失败的案例涌现。

---

〔1〕《行政许可法》第 12 条第 2 项:"下列事项可以设定行政许可……(二)有限自然资源开发利用、公共资源配置以及直接关系公共利益的特定行业的市场准入等,需要赋予特定权利的事项……";第 53 条:"实施本法第十二条第二项所列事项的行政许可的,行政机关应当通过招标、拍卖等公平竞争的方式作出决定。但是,法律、行政法规另有规定的,依照其规定。行政机关通过招标、拍卖等方式作出行政许可决定的具体程序,依照有关法律、行政法规的规定。行政机关按照招标、拍卖程序确定中标人、买受人后,应当作出准予行政许可的决定,并依法向中标人、买受人颁发行政许可证件。行政机关违反本条规定,不采用招标、拍卖方式,或者违反招标、拍卖程序,损害申请人合法权益的,申请人可以依法申请行政复议或者提起行政诉讼。"

一方面是企业经营不善或随意涨价等行为损害公众利益，甚至一部分项目不得不由政府临时接管；另一方面是政府滥用单方解除权致使企业利益得不到保障，影响了民间投资的信心，种种现象暴露出政府在将公用事业大量地交由企业特许经营之前并未准备周全。大约近十年来，随着各地政府的逐渐反思和谨慎，公用事业特许经营的热度有所下降。与此相伴的便是立法的进一步完善，根据中央全面深化改革领导小组2015年改革工作要点、第十二届全国人大五年立法规划和国务院立法计划部署，国家发展改革委会同有关部门起草《基础设施和公用事业特许经营法》，最终2015年六部委出台2015年《办法》。2017年7月，在国务院的统一协调下，为落实国务院关于加快推进政府和社会资本合作立法的部署和要求，由国务院法制办主导会同国家发展改革委、财政部，研究起草了《PPP条例》（征求意见稿），如果该征求意见稿顺利通过，则会成为PPP领域的首个行政法规。

在此需要澄清2004年《办法》、2015年《办法》与《PPP条例》（征求意见稿）的关系。2015年《办法》与2004年《办法》在适用范围上虽然表述稍有区别，但内容基本相同，[1]只是在特许经营的订立、履行、监督管理等方面，2015年《办法》（共60条）条文数比2004年《办法》（共31条）多近1倍，更为详细规范，可以说，2015年《办法》是2004年《办法》的进一步细化，依照“新法优于旧法”的规则，二者若有不一致之处，以2015年《办法》为准。而《PPP条例》与上述两个办法的区别主要在于适用范围和法律位阶上：首先，根据前文对PPP概念的分析，《PPP条例》（征求意见稿）作为基础设施和公共服务领域政府和社会资本合作领域的“龙头法”，适用范围更为广泛，《PPP条例》（征求意见稿）中大多是针对公私合作方式的一般性规定，特许经营仅是其规范的公私合作方式之一；其次，《PPP条例》（征求意见稿）的制定主体为国务院，属于行政法规，是2004年《办法》与2015年《办法》的上位法，按照“上位法优于下位法”的规则，《PPP条例》（征求意见稿）一旦正式颁行，2004年《办法》与2015年《办

〔1〕 2004年《办法》第2条：“城市供水、供气、供热、公共交通、污水处理、垃圾处理等行业，依法实施特许经营的，适用本办法。”2015年《基础设施与公用事业特许经营管理办法》第2条规定：“中华人民共和国境内的能源、交通运输、水利、环境保护、市政工程等基础设施和公用事业领域的特许经营活动，适用本办法。”

法》与该条例相冲突之处,均以正式通过的条例为准。

以特许经营期限为例,2004 年《办法》第 12 条规定:"特许经营期限应当根据行业特点、规模、经营方式等因素确定,最长不得超过 30 年。"2015 年《办法》第 6 条规定:"基础设施和公用事业特许经营期限应当根据行业特点、所提供公共产品或服务需求、项目生命周期、投资回收期等综合因素确定,最长不超过 30 年。对于投资规模大、回报周期长的基础设施和公用事业特许经营项目(以下简称特许经营项目)可以由政府或者其授权部门与特许经营者根据项目实际情况,约定超过前款规定的特许经营期限。"而《PPP 条例》(征求意见稿)第 16 条规定:"合作项目期限根据行业特点、项目生命周期、公共服务需求、投资回收期等因素确定,一般不低于 10 年,最长不超过 30 年;法律、行政法规另有规定的,依照其规定。"如果《PPP 条例》(征求意见稿)中该条顺利通过,则 2004 年《办法》和 2015 年《办法》所规定的特许经营期限都是无效的:首先,除最长期限 30 年以外,还应遵循最低年限 10 年,目的是保障社会资本方的合法收益以及合作项目一定程度的稳定性;其次,根据《PPP 条例》(征求意见稿),如果想要确定低于 10 年或超过 30 年的特许经营期,需要法律、行政法规的规定,由此看来,2015 年《办法》的例外规定是无效的,政府或其授权部门不能直接与特许经营者约定超过 30 年的特许经营期限,削弱了其中的随意性,可见政府监管的进一步规范化。

(三)行政法中的公用事业特许经营

1. 行为本质:公私协力

传统的行政法研究以行政行为为中心,实际上建立于政府与社会二元对峙之中,在此模式中,政府主导着国家的管理和运作,其权力行使有单向度的特征。"合作国家"时代的来临使公私协力这种行为方式进入公行政领域。公私协力打破了传统公私二元分立的行政法基础,多种多样的公私协力方式丰富了行政行为的形式,也动摇了传统行政法的理论研究。

公私协力(Public Private Partnership,PPP)在行政法中泛指公部门与私部门共同处理事务之情形。在行为主体上,公私协力必须有隶属于公、私两个不同部门之权利主体存在,且以分工方式共同参与任务之执行;就公私协力之客体而言,几乎所有国家公权力作用领域理论上皆可包含在内,尤以公行政领域为重点。[1] 我国台湾地区行政法学者詹镇荣认为公私协力包含以下 4 种:(1)行政委托,国家仅借用私人力量达成行政任务的实际履行部分,而具体的行政任务权限及责任仍由国家保留;(2)公民合资事业之经营,由政府与人民共同参与某一事业,并经营特定的业务;(3)公共建设之参与,公部门与私部门共同参与中央与地方基础建设的规划、兴建、维护与经营等事项;(4)公私合作管制,是指公私协力理念更进一步延伸到以规制私经济主体行为合法性与正当性为内涵的"经济管制与监督行政"领域。

特许经营这种任务民营化的实质便是公私协力:首先,公用事业特许经营的法律关系中,存在作为特许权授予者的公部门以及被授权进行特许经营的私部门。其次,公用事业领域是典型的国家公权力作用领域。

由于国家垄断在公用事业领域的财政压力和低效率,国家不再是公用事业的唯一给付者,逐渐从中退身出来成为公用事业的"合伙人"。如此一来,个案中行政权的行使是否合法、是否侵害公民权利的研究思路已经捉襟见肘,在公用事业领域更多的关注在于是否需要监管、监管的力度和广度如何等问题。可见,特许经营中的公私协力,关注政府的角色调整,对公权和私权的重新配置进行思考。

正因如此,有学者认为,公私协力的深入研究有助于促进民营化改革,政府可以通过公私协力在公用事业领域引入竞争,从而提高公用事业的运营效率。在赋予特许经营权之后,政府通过完善的监管制度确保公用事业中的公共福利目标。而特许经营者则可以通过特许契约为自己带来利润,在完善的监管环境中寻求发展的空间。由此,在政府和私人机构之间这种长期的博弈中,形成了一个长期稳定的"纳什均衡"。[2]

2. 行政法上的行为定性:以行政合同的方式进行的行政许可

从公用事业特许经营的概念来看,有两大关键要素:一是"政府采用竞争方式授权";二是"通过协议明确权利义务和风险分担"。由于这两大要素同时存在,导致公用事业特许经营在行政法上究竟定性为行政合

---

〔1〕 詹镇荣:《民营化与管制革新》,台北元照出版有限公司 2011 年版,第 6 ~ 7 页。

〔2〕 黄学贤、陈峰:《试论实现行政给付任务的公私协力行为》,载《南京大学法律评论》(2008 年春秋合卷)。

同还是行政许可长期存有争议,在此不得不提发端于德国的双阶理论。

(1)双阶理论及其批判

为了将国家资金补助行为置于公法的约束之下,德国学者易普森于19世纪50年代发表《对于私人的公法上的补助》一文,对双阶理论进行了系统的阐述:易普森将过去被视为私法关系的补助关系区分为两阶段,在第一阶段,公权力主体根据公法的规定决定是否提供补助;在第二阶段,根据是否提供补助的决定而缔结一个如何履行该补助的私法契约。双阶理论将一个法律关系切割为"公法行为 + 私法契约"两个阶段,并适用不同性质的法律规范。由此对于未获国家资金补助的一方,可以寻求公法上的救济途径。[1] 我国台湾地区"政府采购法"认可了该理论,采购契约订定之前的招标、审标行为为行政处分,而后续之履约则属民事行为。

双阶理论虽然曾一度在德国和我国台湾地区被首肯,使某些公法上的行为得到了合理的公法解决途径,但也因其实践困顿而面临着学界的批评:许多双阶段关系的区分仅是"法学上的虚拟",将单一的法律行为强行切割拆解仅为人为造作,无法适应现实生活事实;双阶段区分的界限并不清晰,两个阶段之间存在紧密关联,前一法律关系蕴涵的权利与义务,在后一法律关系中可能得以体现;正由于双阶段区分并非那么容易,可能增加救济途径选择的复杂程度,从而使当事人和法院陷入法律途径选择之困境。[2]

(2)公用事业特许经营不应适用双阶理论

公用事业特许经营大致分为以下环节:政府提出特许经营项目;可行性评估;公告;设置评审委员会;择优选择特许经营者;签订特许经营协议;履行特许经营协议;变更或终止特许经营协议。

诸多环节是单一性质的行为,还是可以划分为"行政行为 + 民事合同"(抑或"行政行为 + 行政合同")[3]两个阶段?

---

〔1〕 程明修:《行政法之行为与法律关系理论》,台湾新学林出版股份有限公司2005年版,第54~57页。

〔2〕 欧阳君君:《自然资源特许使用协议的性质认定——基于对双阶理论的批判性分析》,载《中国地质大学学报》(社会科学版)2015年第4期。

〔3〕 关于公用事业特许经营合同的行为性质是民事合同还是行政合同,有一定争议。

如若适用双阶段理论，公用事业特许经营可以被切分为前期特许权的授予以及后期特许经营合同的签订履行两部分，前者是执行公权力的行政许可行为，后者则是特许权授予之后的契约行为。而单一行为说认为公用事业特许经营是政府授予特许权、实施行政许可的行为。为达成特许行为，政府将相关内容约定在合同条款中，特许行为是合同行为得以成立的基础。

认为公用事业特许经营应当适用双阶段理论的学者认为，"基于'双阶理论'分析法律关系的便捷性、清晰性以及有利于纠纷解决、权利保护的现实需要，将基础设施和公用事业特许经营行为纵向拆解为两个阶段有其合理性和必要性"。[1] 本书认为这种观点有待商榷，分析如下：

首先，适用双阶段理论会使公用事业特许经营的法律关系更清晰吗？双阶段论者认为，"如果法律关系切割的结果，可以使生活事实认定简单化，且各阶段间之区隔也不造成辨识上的困难，各自满足现行法令所规定或学说上所建构之特定法律行为类型的所有概念内涵与构成要件者，原则上则没有理由根本性地排除以法学上虚拟之方式，将外观上单一法律关系予以阶段化或复数化"。[2] 我国台湾地区学者詹镇荣教授的这段表述前提为"各阶段间之区隔不造成辨识上的困难"，而在公用事业特许经营中，这种辨识上的困难却是难以避免的。例如，在选择特许经营者阶段，必然对授予特许经营权的条件，如特许经营费、特许企业提供公共服务的数量质量标准、价格和收费标准的确定及调整程序等事项加以协商或确定。此时，虽然在表面上看似行政机关单方选择特许经营者，但其实是在商定合同中的相应条款，以促成契约的签订。另外，公用事业特许经营合同中行使行政优益权（如政府的单方解除权、临时接管权）的部分条款，看似属于第二阶段的契约行为，但实质上却是典型的公法上权力行为。可见，公用事业特许经营的复杂化使特许经营权的授予与特许经营合同的签订交融在一起，适用双阶段理论并不能简化公用事业特许经营中复杂的法律事实，而将公用事业特许经营视为单一行为也并非不能通

---

〔1〕 张鲁萍：《PPP 背景下基础设施和公用事业特许经营行为性质之辨析》，载《四川行政学院学报》2016 年第 5 期。

〔2〕 詹镇荣：《促进民间参与公共建设法之现实与理论——评台北高等行政法院之 ECT 相关裁判》，载《月旦法学杂志》2006 年第 134 期。

过权利义务的分析理清其中的法律问题。

其次,适用双阶段理论更有利于纠纷解决和权利保护吗?双阶段论者认为,根据现行法律规定,[1]特许经营权的授予和特许经营协议的履行争议都统一纳入行政诉讼的受案范围。所以,虽然传统"行政许可+民事合同"的搭配方式将使纠纷解决复杂化,但"行政许可+行政契约"的搭配方式将可以有效地解决救济受不同法律规范、公私法衔接困难的问题。[2] 该论点的问题在于,双阶段理论肇始于为解决某一行为在适用不同性质规范(公法或私法)时的困境,而如若公用事业特许经营被划分为两个相同性质的公法阶段,均适用公法,均以公法的纠纷解决途径解决其中的争议,那又何来划分为双阶段的必要?因此,以"行政许可+行政契约"代替传统的"行政许可+民事合同"是毫无必要的,有利于纠纷解决并非适用双阶段带来的优势,而只是在理论上将公用事业特许经营合同定性为行政契约的必然结果。

最后,2015年《办法》的规定是对双阶段理论的认可吗?双阶段论者认为,该办法第17条规定政府公平择优选择特许经营者并公示,第18条规定政府与特许经营者签订特许经营协议,[3]这种分别规定即隐射了立法对公用事业特许经营双阶段性的认同和支持。[4] 其实不然,立法的表达方式考虑因素诸多,分两条表述是否就意味着这是两个不同性质的行为?该办法第18条除了规定特许经营协议的签订以外,还详细地规定了特许经营协议的内容,立法者必然考虑到各条款的合理字数规模及内容

[1] 2015年《办法》第51条:"特许经营者认为行政机关作出的具体行政行为侵犯其合法权益的,有陈述、申辩的权利,并可以依法提起行政复议或者行政诉讼";《行政诉讼法》第12条:"人民法院受理公民、法人或者其他组织提起的下列诉讼:……(十一)认为行政机关不依法履行、未按照约定履行或者违法变更、解除政府特许经营协议、土地房屋征收补偿协议等协议的"。

[2] 张鲁萍:《PPP背景下基础设施和公用事业特许经营行为性质之辨析》,载《四川行政学院学报》2016年第5期。

[3] 2015年《办法》第17条:"实施机构应当公平择优选择具有相应管理经验、专业能力、融资实力以及信用状况良好的法人或者其他组织作为特许经营者,依法选定的特许经营者,应当向社会公示",第18条第1款:"实施机构应当与依法选定的特许经营者签订特许经营协议。需要成立项目公司的,实施机构应当与依法选定的投资人签订初步协议,约定其在规定期限内注册成立项目公司,并与项目公司签订特许经营协议。"

[4] 张鲁萍:《PPP背景下基础设施和公用事业特许经营行为性质之辨析》,载《四川行政学院学报》2016年第5期。

关联性才作出如此起草安排。可见,双阶段论者的上述推论是站不住脚的。

综上所述,本书认为公用事业特许经营不宜适用双阶段理论,其本质上就是一种行政许可,2015 年《办法》规定的所有环节恰恰契合了《行政许可法》中申请与受理、审查与决定、变更与延续、监督检查。公用事业特许经营协议的签订,是特许决定过程的环节之一,政府对协议履行的状况进行监督便是特许监督检查的内容之一。契约仅是其有助于实现这种比较特殊的许可过程(许可的实施、监督)的方式而已,行政许可是其所载的实质内容。无论是为了满足公用事业特许的监管需要,还是为了满足特许经营权人权利救济的需要,都有必要从整体上把握授予特许决定与特许经营协议之间内容与形式的关系,强行将其人为地割裂开来,实际上并不利于理论分析和实务操作。

(3)公用事业特许经营是行政许可行为

根据目前学界通说,行政许可是指在法律规范一般禁止的情况下,行政主体根据行政相对人的申请,经依法审查,通过颁发许可证或者执照等形式,依法作出准予或者不准予特定的行政相对人从事特定活动的行政行为。[1]《行政许可法》第 2 条的规定与该概念基本一致,该条规定“本法所称行政许可,是指行政机关根据公民、法人或者其他组织的申请,经依法审查,准予其从事特定活动的行为”,由此可以归纳出行政许可行为的主要特征:

首先,行政许可是行政行为,是行政主体行使许可权、履行许可职责的行为。[2]

其次,行政许可是授益性行政行为,其内容为准许相对人从事特定活动。根据《行政许可法》的规定,行政许可必须“根据公民、法人或其他组织的申请”进行,可见行政许可行为无疑属于依申请行政行为的范畴,行

〔1〕 姜明安主编:《行政法与行政诉讼法》,北京大学出版社、高等教育出版社 2006 年版,第 257 页。

〔2〕 虽然《行政许可法》第 2 条使用的是“行政机关”一词,但被授权组织同样也可以成为行政许可的行为主体,参见《行政许可法》第 23 条:“法律、法规授权的具有管理公共事务职能的组织,在法定授权范围内,以自己的名义实施行政许可。被授权的组织适用本法有关行政机关的规定。”

政相对人的申请，是行政许可的前提条件。行政相对人的申请若经审查决定被许可后，行政相对人便可以在特定领域从事特定活动。法律规范[1]设定行政许可的行为实际上是对特定领域设置一般禁止，而行政许可的实施实际上是对是否可以解除该一般禁止[2]依法作出判断的过程，其目的是对符合条件和具备资格的特定对象解禁。

根据住房和城乡建设部2015年《办法》的界定，“基础设施和公用事业特许经营，是指政府采用竞争方式依法授权中华人民共和国境内外的法人或者其他组织，通过协议明确权利义务和风险分担，约定其在一定期限和范围内投资建设运营基础设施和公用事业并获得收益，提供公共产品或者公共服务”。对该概念界定进行分析，可以认为公用事业特许经营是一种行政许可行为：

第一，公用事业特许经营的行为主体是政府。具体来说，是县级以上政府授权有关部门或单位作为实施机构通过竞争方式择优选择特许经营者并与其签订特许经营协议。[3]

第二，公用事业特许经营是“准许相对人从事特定活动”的行政行为。政府授权选定的特许经营企业可以在一定期限和范围内提供公共产品或公共服务，显然属于上述行政许可对一般禁止事项的解除。

第三，公用事业特许经营属于《行政许可法》第12条规定的“特许”。一般来看，行政许可的种类包括一般（普通）许可、特许、认可、核准、登记等。《行政许可法》第12条规定了这几类行政许可，其中第2项“有限自然资源开发利用、公共资源配置以及直接关系公共利益的特定行业的市场准入等，需要赋予特定权利的事项”便是特许。可见，特许的主要适用领域之一便是公用事业的市场准入，在此类直接关系公共利益的垄断性领域中，特许制度通过招标、拍卖等公平竞争的方式将原本归属于国家的

---

[1] 根据《行政许可法》，可以设定行政许可的法律规范是特定的，参见《行政许可法》第14～17条。

[2] “一般禁止”是相对于“绝对禁止”而言的，是指不经过个别批准、认可、核准或者资质确认等便不能从事的活动，而“绝对禁止”是指无论任何条件下均不能从事的活动，如卖淫嫖娼。参见姜明安主编：《行政法与行政诉讼法》，北京大学出版社、高等教育出版社2006年版，第258～259页。

[3] 2015年《办法》第14条、第15条、第17条、第18条。

权利(力)赋予私人企业。[1]

对公用事业特许经营行为性质除了厘清理论上的争议以外,更重要的是明确《行政许可法》对于公用事业特许经营的规范作用,在目前尚缺乏专门法律和行政法规的情况下,《行政许可法》应当是公用事业特许经营在法律层面的依据,其中关于特许的规定主要是第53条,即特许应当通过招标、拍卖等公平竞争的方式作出决定。

(4)公用事业特许经营多采用合同的方式进行

虽然公用事业特许经营是一种行政许可行为,但与一般许可相比,特许除了有数量限制、应当采取招标等公平竞争方式以外,其往往借助特许合同而实现,其中很多问题也是以合同为中心而展开的。可以说,与传统行政行为相比,公用事业特许经营是合同这种私法方式深入公法领域的政府治理方式革新。埃米利奥·摩日诺强调,清晰、明确、合理的特许经营合同是公用事业特许经营成功的关键因素。该合同应当清晰地明确特许经营的范围和期限、经营者提供的公用产品应当达到的标准、价格和收费的标准及调整程序、设施的权属和维护、特许经营权的终止和变更、违约责任、争议解决方式等条款。[2]

由于公用事业特许经营在我国的运用尚未足够成熟,原建设部曾于2004年组织有关专家,结合各行业的特点,制定了《城市供水特许经营协议示范文本》、《管道燃气特许经营协议示范文本》和《城市生活垃圾处理特许经营协议示范文本》,这些示范文本体现了特许经营协议的原则性规定,供各地在实施特许经营制度时参考,各地在签订具体项目的特许经营协议时应当根据当地和具体项目的实际情况,对《示范文本》规定的原则性内容进行细化。

(四)水务特许是公用事业特许经营在水务行业的具体化

"特许经营方式特别适合于可收费物品的提供,诸如电力、天然气、自来水、污水处理、废物转化为能源的装置、电信服务、港口、飞机场、道路、桥梁以及公共汽车等。"[3]据世行不完全统计,20世纪90年代以来,我国

---

〔1〕 姜明安:《行政法与行政诉讼法》,北京大学出版社、高等教育出版社2006年版,第262页。

〔2〕 2015年《办法》第18条。

〔3〕 [美]E. S. 萨瓦斯:《民营化与公私部门的伙伴关系》,周至忍等译,中国人民大学出版社2002年版,第81页。

在交通、能源、市政领域组织了1000多个特许经营项目。另据初步统计，在中国的城市污水处理和公用水项目实施特许经营的比例达到42%和20%。[1] 可见，我国水务行业民营化也多采取特许经营的方式，因此本书将此作为研究对象。

1. 水务行业的特殊性

自来水的生产供应过程主要包括以下流程："原水—制水—输送—配水—用户—污水处理"，将江河、水库、地下水等原水输送到自来水加工厂，经过对各种污染物进行处理，制成可利用的成品水，然后通过自来水网管系统输送到终端消费者，消费者使用后的污水又能通过下水道排污系统集中在污水处理厂进行处理后再利用。

首先，相对于其他城市公用产品，水资源首先具有不可替代性，如城市供电可以由水力、火力、太阳能等其他能源替代，而目前仍未发现可以替代水产品的物质，城市自来水是否稳定供应直接影响到居民的生产生活，这就使水务行业的公益性显得尤为突出。

其次，由于供水输送管网的网络特征使水务行业具有规模经济特征和较强的自然垄断性。

再次，水务行业具有较强的外部性，所谓外部性，是指"某个经济主体生产和消费物品及服务的行为不以市场为媒介而对其他的经济主体产生附加效应的现象"，[2] 城市供水与居民生活、用户健康关系极其紧密，其外部性就主要来自污水、废水对环境和其他消费主体效用和生产主体成本的影响，这些负外部性如果没有完善的水价和水质监管制度，[3] 则不会为经营者所考虑。

最后，水务行业具有地域性，由于各地水资源条件、供水技术、城市规划等原因，加之水的输送成本较高，使全国范围的运输管网无法建立。因此，我国城市供水行业由各地政府在各自区域内进行垄断经营，这也就导致价格监管的地方差异，成本监审部门难以简单明确而单一地确定合理

---

〔1〕 发改委新闻发布会：《解读基础设施和公用事业特许经营管理办法》，载每经网：http://www.nbd.com.cn/articles/2015-05-05/913575.html，最后访问日期：2015年5月15日。

〔2〕 [日]植草益：《微观经济规制学》，朱绍文等译，中国发展出版社1992年版，第11页。

〔3〕 例如，城市污水处理费就是对外部影响进行补偿的具体表现，因此在制定价格监管制度时，城市污水处理费也应该作为城市自来水价格必要组成部分。

的成本和监审标准。

2. 水务特许的含义及作用

水务特许是公用事业特许在水务领域的具体化。水务特许经营制度的实质是在选择供水投资者或经营者的阶段引入竞争机制,同时又通过市场退出制度保证经营阶段的垄断也不是绝对的。[1]

将特许经营引入自来水行业,有利于减轻地方财政压力、提高水务运营效率。根据美国市长会议的调查,40%的城市之所以积极考虑民营化,是为了减少成本、吸引私人资本的投资。[2] 通过特许经营权的引入,让城市水务自负盈亏或者减少亏损,可以减少地方财政压力。[3] 另外,由于缺乏竞争和激励使改善经营的压力不足,加之管理薄弱、经营不善,由国家经营水务行业导致水务低效运营已经是不争的事实。而水务特许可以形成有效竞争的市场,打破行政垄断,从而提高水务行业的运营效率。以更为长远的眼光看,水务特许还有利于实现政企分离,明确政府监管者的角色,从而构建更为合理有效的政府治理结构。

二、水务特许政府监管的必要性

(一)政府监管的含义

由于"Regulation"一词可能染指经济学、法学、政治科学等多个学科,因此在不同的文献中分别被翻译为"规制"、"管制"或"监管"。

规制与监管、管制除了使用语境、用语习惯和侧重点之外,没有本质上的不同,本书将这三个词视为同一。规制主要是经济学上的学术用语,侧重于对整个制度架构的描述,而管制则更针对某一部门和个案,监管则侧重于实践中的政府权力形态。[4] 鉴于本书集中研究政府在水务行业

---

[1] 陈蓁蓁:《市政公用事业特许经营制度的主要内容》,载《城市燃气》2004年第6期。

[2] See John Holusha, *In Latest Cost - cutting Trend, Cities Turn to Private Sector for WastewaterTreatment*, New York Times, May 5, 1996, p. A14, and Dick Larson, "Cities Move to Shed Water,"Utility Business, 2(5), May 1999, p. 45.

[3] 例如,成都自来水六厂B厂建设过程中,政府苦于资金不足,造成项目一直被搁置,1996年在争取国内银行贷款及日元贷款未果后,成都市政府将其作为BOT投资方式试点项目之一;上海根据2020年各阶段规划,认为城市水务所需资金非常庞大,2010年原水、管网和供水费用分别达到32.9亿元、77亿元和110亿元。市政府也明确表示了不再对水务企业投入资金。参见周耀东、余晖:《政府承诺缺失下的城市水务特许经营》,载《管理月刊》2005年第8期。

[4] 骆梅英:《基于权利保障的公用事业规制》,浙江大学2006年博士学位论文,第15页。

准入、价格、质量、退出等领域的公权力行使形态,选择使用"政府监管"这一用语。

由于"Regulation"一词作为跨学科的综合研究概念,对其理解见仁见智,很难为不同视角的概念划定准确的边界。1887 年州际商业委员会对规制作出最早定义,认为规制是公共机构对社会必需的活动进行长期的集中监管;我国规制学者较多使用日本学者植草益的观点,认为政府规制包括经济性规制与社会性规制,前者是政府对市场准入、价格、商品或服务质量等普遍服务的规制,后者是"以保障劳动者和消费者的安全、健康、环境保护和防止灾害为目的,通过对物品和服务的质量及伴随它们的提供而产生的各种活动制定一定标准,并从根本上限制特定行为的规制"。[1]

虽然各场合下"政府监管"概念侧重点不同,但其内涵均指向政府机构依据法律规范对私经济主体的干预。正如史普博所言,有秩序的市场机制必然有赖于法律制度的构建,因此,关注政府行为研究的行政法学对于理解政府对市场的干预具有重要意义,这便是法学与经济学的契合之处。

(二)水务特许的风险及根源

风险社会的政府监管以风险认知为起点,"只有充分揭示了风险点,才能将风险点进行合理的组合,并视政府与私人的性质进行分散,才能铺平社会资金进入的道路"。[2] 在对风险及其根源进行分析的基础上,才能更好地对风险进行评估管理。

1. 水务特许的风险

前文已经讲到,水务行业具有极强的外部性。正如 Stillman 所指,"当公共服务由外部而不是由内部完成时,会产生严重的伦理、管理和责任问题,因为对公共服务的承包商来说,他关注的是标底和利润,而不是对公共产品的广泛道德关注"。[3] 企业对于利益的本能追逐可能产生极

---

〔1〕[日]植草益:《微观经济规制学》,朱绍文等译,中国发展出版社 1992 年版,第 22 页。

〔2〕[英]达霖·格里姆塞、[澳]莫文·K. 刘易斯:《公私合作伙伴关系:基础设施供给和项目融资的全球革命》,济帮咨询公司译,中国人民大学出版社 2008 年版,第 7 页。

〔3〕Richard Stillman, *Public Administration: Concepts and Cases*, 7th ed., Houghton Mifflin Company(2004), p. 304.

强的外部性，体现为公众的不合理负担、环境、健康、安全、质量等各方面的风险。另外，由于政府行使权力的制度约束不健全导致特许经营企业面临着较大的风险。

有学者以风险来源主体为划分标准，认为公用事业 BOT 项目中特许经营人可能遭遇的风险包括政府因权力运行违法或不当而导致的风险、特许经营人自身引发的风险和其他风险三类。在我国，政府导致的风险，如以不公平方式选择特许经营人、违法签订 BOT 合同、违法单方变更解除 BOT 合同、不履行特别承诺义务、移交时补偿不合理等，构成了最大比例的风险源。[1]

有学者详细揭示了公用事业特许经营过程中因行政合同及其法律救济制度不健全而导致的市场准入风险和因听证程序缺乏公开性而导致的定价风险。[2]

还有学者以"三主体、四阶段"的风险认知方式为基础，通过大量案例素材的实证研究，总结了公用事业特许经营各阶段的风险源：授予期的风险主要是，特许经营各方主体存在认知偏差、前期准备阶段缺乏风险评估程序、市场准入不规范、特许经营协议不健全、政策变动、信息公开和公众参与机制缺失；建设期的风险主要是，工程投资中断、工期延误或停建、质量不达标；经营期的风险主要是，经营管理不善、监管机制不健全、双方违约、政策的落实和变动、信息公开和公众参与机制不健全；移交期的风险主要是，特许经营期限过长、应急机制不健全、移交程序不规范。[3]

2. 水务特许风险的根源

学者们或从风险来源的主体，或从特许经营的阶段来分析公用事业特许经营的风险。本书第二章将从监管内容即准入监管、价格监管、水质监管、服务监管、退出监管方面来分别分析特许经营的风险，在此不再赘述。无论从何种角度出发，水务特许中的风险原因大致可分为两类：一是

---

〔1〕 薛刚凌、王霁霞：《BOT 项目中特许经营人的风险防范及利益保护研究》，载《浙江学刊》2005 年第 5 期。

〔2〕 钟明霞：《公用事业特许经营风险研究》，载《现代法学》2003 年第 6 期。

〔3〕 李明超：《公用事业特许经营风险来源的实证研究》，载《北京交通大学学报》（社会科学版）2016 年第 2 期。本书认为，"特许经营期限过长"应当归为授予期合同签订时的风险源。

主观上认知偏差的原因；二是客观上制度欠缺的原因，而后者占绝大比例。然而，这些仅是表象，无论是主观认知还是客观制度，背后的利益冲突才是根本原因。换言之，上述诸种风险无疑均源于企业利益与消费者利益的冲突。利益冲突是规则产生的深层原因，任何制度设计必定根源于其背后的利益考量，同时也可以引导利益各方的行为走向。公用事业民营化中的利益冲突和监管者的利益取向应当是一切讨论的基础。

根据美国行政学家、政治经济学家埃利诺·奥斯特罗姆的分析，公用事业产品不同于传统市场中供给方和消费方的二元结构，而是将其扩展为三方结构体系，在这个法律关系中存在提供方（政府）、生产方（企业）和受益方（消费者）。[1] 日本经济学家植草益也认为，被监管产业不是由企业与消费者直接交涉，而是企业向监管当局申请后，经监管当局判断认为妥当给予批准或认可后，被监管企业将此作为"条款"向消费者出示，然后遵守这个合同条款进行交易。[2] 一般来说，政府通过特许契约将提供公共服务的义务转移给企业并进行后续监管，而消费者因签订供给合同而与企业发生法律关系。可见，公用事业市场的法律关系中，政府监管涉及企业利益和公共利益（消费者利益），这与公用产品的商品属性和公益属性也是相印证的。

(1)公用事业市场的公共利益

作为"受公共利益影响的行业"（Business Affected with Public Interest）的公用事业，[3] 其本质特性便是公共利益。具体而言，公用事业市场的公共利益就是公众以合理价格获得符合质量标准的基本公共服务，即"获得基本公共服务的权利"。所谓基本公共服务就是国家为保障个人最基本的生存权和发展权而提供的基本社会条件。国家有义务为公民提供基本的公共服务，而公民是享受基本公共服务的权利主体。公用事业是公民生活之必备，当然属于基本公共服务的一部分。"获得基本公共服务的权利"更进一步的内涵则是要求所享受的基本公共服务至少具备以

---

〔1〕 转引自郭朋：《民营化背景下公用事业规制研究》，苏州大学2006年博士学位论文，第16页。

〔2〕 [日]植草益：《微观经济规制学》，朱绍文等译，中国发展出版社1992年版，第60页。

〔3〕 See Ford P. Hall, *The Conceptof A Business Affected With A Public Interest*, Bloomington: The Principia Press(1940).

下特征:①合理的价格;②符合一定质量标准;③持续的(无中断的)、普遍的、平等的。

(2)公用事业市场的企业利益

公用事业民营化后,也必须同时考虑其中的企业利益,笔者认为,企业利益主要包含投资收益和经营自由。企业作为市场经济中的理性个体,追逐最大利益是其自然禀性,"如果假设监管目的在于促使企业行为违背其自身利益转而寻求普遍的公共利益,这是无效的"。[1]

首先,成本回收是公用事业监管的精髓所在。受监管的公用事业经营者要接受包括价格、服务质量等在内的多种监管约束。作为回报,经营者在服务范围内接受被保护的特许,有机会在回报率限制之下获得收益。如果没有收回自己成本的机会,公用事业经营者本不应为在特许范围内提供受监管的业务进行持续的投资。[2] 公用事业服务成本管制的基础在于允许公用事业经营者收回包括竞争性回报率的投资。

其次,企业参与公用事业后,虽然不是完全自由的经济主体,要受到更多的监管约束,但同样享受一定程度的经营自由,政府不得以不恰当的理由强行干预企业的生产经营活动。[3] 这在2005年9月10日建设部颁布的《关于加强市政公用事业监管的意见》中也有所体现。[4]

上述企业利益和公众利益的冲突体现在水务特许的实践中,便导致了前文中列举的企业为了追求利益最大化而忽视自来水质量、不正当的水价上涨行为或供水中断等行为。

(三)水务特许政府监管的理论依据

清华大学环境系水业政策研究中心主任傅涛认为,目前我国的水务

---

〔1〕 Judith A. Rees, *Regulation and Private Participation in the Water and Sanitation Sector*, TAC (Global Water Partnership Technical Advisory Committee) Background Papers No. 1.

〔2〕 [美]J. 格里高利·高达克、丹尼尔·F. 史普博:《美国公用事业的竞争转型:放松管制与管制契约》,宋华琳、李鸻等译,世纪出版集团上海人民出版社2012年版,第104~105页。

〔3〕 政府在公用事业特许经营中对公用事业企业经营自由的限制主要体现在当企业无法正常提供公用事业时的临时接管。

〔4〕 2005年9月10日中华人民共和国建设部《关于加强市政公用事业监管的意见》中提出:"对于供水、供气、污水和垃圾处理等行业,市政公用事业主管部门可派遣人员驻场监管。监管员不应干预企业正常的生产和经营活动。"

市场化改革已经进入了第三阶段,[1]而该阶段的改革目标之一就是注重监管,政府的角色由行业管理向市场监管转变。

公用事业作为“提供某种基本的公共服务并且接受政府监管的产业”,[2]必须由政府监管以克服其外部性。面对特许经营可能带来的风险,作为公共利益代表的政府便责无旁贷。正如 James S. Sundquist 所言,真民营化(true privatization)并不意味着政府责任的转移,所转移的只是透过民间功能所体现出来的绩效,政府在此过程中的角色可能是减少,但绝不是消失。下面从经济学和法学两个方面分析政府监管职责的理论依据。

1. 经济学依据

(1)市场失灵理论(Market Failure)

市场失灵,指市场机制对于资源配置可能是缺乏效率的,这是本来意义上的市场失灵,被称为狭义的市场失灵。[3] 广义的市场失灵,是指市场机制自身存在其无法解决的问题,这是在原有含义上被扩展了的市场失灵。市场失灵是一种普遍、客观存在的现象,世界各国政府和学者都在积极探索能够有效预防和控制市场失灵、合理发挥政府宏观调控和市场积极性作用的方法。

虽然纯粹竞争性市场在资源配置、生产效率和技术革新等方面有不可替代的优势,但在公正分配、经济稳定性、非价值性物品、公共性物品、外部经济等方面的缺陷也暴露无遗。[4] 也就是说,市场失灵的存在可能导致自然垄断、经济周期性波动、通货膨胀和失衡、信息不充足、过度污染、失业、贫富两极分化等经济社会病症。脱离了政府宏观调控的市场经济会不可避免地出现市场自身无法克服和解决的问题,以及由此引发的一系列社会问题。因此,出于市场失灵本身以及由此衍生出的社会问题

---

〔1〕 前两个阶段分别为“以市场开放为主旨”和“以引入竞争为主旨”阶段,第三阶段的主要内容是“注重监管和效率”。参见傅涛:《特许经营改革与城市水业监管》,载 http://www.mwr.gov.cn/ztpd/2007ztbd/zgslxh2007nxsnh/tybg/200710/t20071030_9153.html,最后访问日期:2012 年 9 月 1 日。

〔2〕 Webster's Unabridged Dictionary, Random House, 1998, p. 153.

〔3〕 丁兴业:《论市场失灵的类型、原因及对策》,载《武汉科技学院学报》2006 年第 8 期。

〔4〕 [日]植草益:《微观经济规制学》,朱绍文等译,中国发展出版社 1992 年版,第 6~12 页。

考虑,必须由政府对经济社会发展进行宏观调控,借此弥补市场经济固有的缺陷和不足。市场失灵的存在意味着政府干预的必然性。

市场失灵理论为政府监管制度的发展奠定了理论基础。1962 年,Gulick 就曾作出这样的解释:当基于自身利益并且由市场这只“看不见的手”所支配的私人行动证明是不适当的时候,政府应当表现出一种“对弱者的公平的人类同情心”。[1] 也即市场的存在是出于追求最大利润,其在资源配置、生产效率等方面的绝对优势值得肯定。但是,放任市场盲目追求利润最大化会不可避免地导致收入分配不公、经济周期性波动、大量工人失业、贫富两极分化等社会问题。当市场有出现这些问题的迹象以及已经出现这些问题的时候,政府就应当运用强制手段,对市场进行干预,充分发挥宏观调控作用,体现对“弱者”的“同情心”。

在矫正市场失灵问题时,政府具有一定特殊优势,斯蒂格利茨归纳了这一论点,强调:①政府具有征税能力来调节这些产品的生产;②政府具有禁止力,有权禁止某些不适当的经济行为;③政府具有惩罚力,可以通过法律进行合约限制,对违约者进行惩罚;④政府干预可以减少组织成本和信息成本。[2] 在应对市场失灵问题上,政府的优势突出表现为政府所具有的强制性权力,即作为政府依法享有的强制对方遵守和执行政府法令的权利。强制性权力是任何政府都具备的基础性权力,其权力范围的大小依赖于各国的制度环境,政府干预机制的优势实际上为管制提供了可能性。

(2)自然垄断理论(Natural Monopoly)

公用事业的市场结构具有典型的自然垄断特征。现代自然垄断理论主要从规模经济与范围经济的角度探讨自然垄断的成因。“所谓自然垄断,是指由于存在资源稀缺性和规模经济效益、范围经济效益,使提供单一物品和服务的企业或联合起来提供多数物品和服务的企业形成一家公司(垄断)或极少数企业(寡头垄断)的概率很高。”[3] 例如,自来水、电

---

[1] Gulick, L. H., “The Metropolitan Problem and American Ideas”, New York, Knopf, 1962. 转引自茅铭晨:《政府管制法基本问题研究》,上海财经大学出版社 2008 年版,第 4 页。

[2] [美]约瑟夫·E. 斯蒂格利茨等:《政府为什么干预经济》,郑秉义译,中国物资出版社 1998 年版,第 74 ~ 77 页。

[3] [日]植草益:《微观经济规制学》,朱绍文等译,中国发展出版社 1992 年版,第 41 页。

力、燃气、交通、电信等稀缺能源资源行业,从规模经济的角度来看,在一定的产量范围内,随着产量的不断增加,单位产品的平均成本不断降低;从范围经济的角度来看,这些企业通过扩大经营范围,增加产品种类,生产两种或两种以上的产品而使单位产品的平均成本降低。德姆塞茨如此描述自然垄断:"如果某个产品的较大规模生产意味着每单位的更低成本……则只有一个企业能够存活,如果有两个企业,其中一个可能通过扩张来降低成本和售价,由此来淘汰另外一个。""因为生产的规模经济,在既定市场中,相对于两个以上企业来说,由一个企业生产商品可能会更为低廉,由此一个企业将会存活。如果对此不加以监管,该企业将会基于利益最大化行为而垄断定价和产量。"〔1〕这表明在价格竞争机制下产生的优胜劣汰,其他厂商将会被排挤出市场,剩下的厂商通过制定垄断价格和控制产品供给,使消费者遭受损失。规模经济之所以导致自然垄断,是因为在边际成本递减条件下,一方面,原先进入该产业部门的企业,生产规模越大,其边际成本越下降,因而必然把生产规模扩大到独占市场的程度;另一方面,在垄断企业已经存在的情况下,即使没有政府强制干预,任何试图进入该产业的新生企业,其初始成本必然很高,无法与垄断者展开竞争,即规模经济成为其他企业进入该产业的壁垒。自然垄断的形成,使一个大规模厂商能够依靠自己的规模经济来降低生产成本,使规模经济的益处由该厂商充分加以利用,该厂商在成功控制行业生产经营后,则会通过垄断高价、垄断低价、供求限制等垄断手段把控产品价格和产量,从而垄断市场。所以,为了防止和避免自然垄断,政府必须对公用事业的市场进入进行严格控制,并且对于后续的生产经营也应当设置相应的监督管理制度。日本经济学家植草益认为,"对具有垄断结构的产业进行规制的根本目的,正如反复指出的,是由于维持垄断可在技术经济上达到更高效益这样的结构因素,因此,要通过参加规制来形成和维持垄断,通过价格规制和其他规制手段来防止垄断下的企业在自由决策时所产生的不良经济后果"。〔2〕在利润最大化的驱使下,垄断企业会通过价格、供求和技

---

〔1〕 Harold Demsetz, *Why Regulate Utilities*, Journal of Law and Ecnomics, Vol. 11, No. 1 (Apr., 1968), p. 56.

〔2〕 [日]植草益:《微观经济规制学》,朱绍文等译,中国发展出版社 1992 年版,第 40 ~ 41 页。

术等手段来控制市场，排斥和限制同行业发展，影响正常的产品供应和需求，侵害消费者权益，造成经济社会发展的非正常状态。但是，由于范围经济效益和规模经济效益，垄断行业在生产效率和技术革新上发挥着重要作用。出于“扬长避短”，需要对垄断行业进行规制，充分发挥利用其对经济社会发展的积极作用，同时预防和避免其潜在的消极作用。

垄断是经济社会发展的必然产物，虽然在一定程度上对生产效益和技术革新具有重要作用，但其可能的负面影响不容小觑。可见，公用事业由于其管网系统、基础设施的规模经济和外部经济性，应当排除或限制竞争；同时，为防止自然垄断企业滥用垄断力量侵害消费者的利益，对于自然垄断产业应当实行进入、退出、质量、价格等方面的政府监管。[1]

2. 法理依据

(1) 生存照顾义务

德国行政法学者福斯多夫（Ernst Forsthoff）于 1938 年在其代表性著作《作为给付主体的行政》中认为：“即使一个人掌握了相当程度的生活空间，亦不免有‘取用’于社会的必要性。凡是所有满足人们这种‘取用必要性’的设备即为‘生存照顾’。”[2] 他认为，任何一个政治权力的拥有者负有满足人民生存照顾的义务，必须提供人民生存之照顾，这是现代行政的任务。随着经济社会发展，人们的生活方式和社会交往方式也发生着深刻变化，个人的生活空间被不断压缩，人们越来越多地在个人生活空间之外获取生活所需物品，也即人们“取用必要性”的趋势不断扩大。在这种情形下，政府所负担的满足人们在个人生活空间之外获得需要的生存照顾义务显得尤为突出和必要。

生存照顾义务与国家人权保护义务的内涵基本一致。[3] 享有基本的供水服务，是每个公民的基本人权。从宪法学角度来看，该基本人权所针对的义务主体是国家机关，这是由国家存在的基础和意义而决定的。以国家行为方式为区分标准，国家保护义务又可被细化为消极方面和积极方面的义务。消极义务即国家权力自身不得侵犯公民的基本权利，而

---

〔1〕［美］约瑟夫·E. 格利茨等：《政府为什么干预经济》，郑秉文译，中国物资出版社 1998 年版，第 74～77 页。

〔2〕陈新民《公法学札记》，中国政法大学出版社 2001 年版，第 51 页、第 81 页。

〔3〕胡锦光，韩大元：《中国宪法》，法律出版社 2007 年版，第 190 页。

积极义务即国家的保护义务和满足义务:保护的义务是指国家防止和阻止他人对个人权利侵害的义务;满足的义务是指国家满足个人通过努力也不能实现的个人所需、希求和愿望的义务。[1] 与人们的价值观念发展同步,人权的价值体系由自由权中心主义逐步转变为自由权与社会权并重模式,在主张自由权的同时,更加注重国家对社会权的满足和保护。因此,强调国家的生存照顾义务是十分有必要的。国家通过积极的预防和制止第三方对个体权利的侵害、提供现实的物质基础和途径满足个体通过自身努力无法实现的权利要求,以及约束国家公权力的行使,防止和避免对公民基本权利的侵害,以此来履行其生存照顾义务。

政府在公用事业特许经营中承担监管职责的法理依据便是上述国家机关对用水基本人权的"生存照顾义务"和"国家人权保护义务"。供水行业作为公用事业单位,具有满足公众生存和发展需求的基本条件,事关经济社会稳定发展和人民基本生活需求。政府当然地具有提供生存照顾的基本职能,对供水行业的市场准入、经营管理、退出等予以监督管理是政府履行该职能的体现,是对市场失灵、社会自治失败以及因此导致的社会差别和个人弱势地位的一种积极矫正。生存照顾义务是国家对人民负担的一种国家责任,国家应当采取措施积极履行义务,保障人民基本的生存发展的需要。具体来说,在公用事业特许经营中,国家应当通过各种监管立法与手段,保障公民获得价格合理、持续普遍的基本供水服务。

(2)国家保障责任

德国学者 G. F. Schuppert 根据国家执行行政任务的强弱程度,将国家责任分为履行责任、保障责任与网罗责任。根据此责任阶段论,履行责任作为国家执行行政任务的最强方式,是指由国家或其他公法人直接履行行政任务,由国家本身支配力实现该行政任务。保障责任是指将行政任务交由私人主体执行,但国家必须保障私人主体执行行政任务的合法性与公益性,国家负有保障私人主体行为符合公益目标的责任。当私人主体无法实现行政任务时,网罗责任即潜在的国家履行责任便被显性化,

[1] [日]大沼保昭:《人权、国家与文明》,王志安译,生活·读书·新知三联书店 2003 年版,第 220 页。

可见,网罗责任具有备位功能,是特定结果之下的国家责任。[1] 履行责任是国家执行行政任务的最基本方式,由国家或者依法享有行政公权力的其他组织依法直接行使,是最普遍的履行行政义务的方式。随着政府行政职能的不断扩大,有限的政府内设部门和机构在履行行政职责过程中显现出"力不从心"的现象。在这种情形下,需要通过立法和授权,将政府的部分职能赋予符合特定条件的私人主体,由这些私人主体代替政府履行行政任务,此时政府的作用在于保障这些主体履行行政任务的合法性、合理性,并对其进行监督管理。在私人主体自身有无法正常履行行政任务的可能,或者已经出现无法正常履行行政责任的状况时,具有备位功能的网罗责任便开始发挥效力,此时政府应依法中止或者终止私人主体享有的行政公权力,由政府采取行政手段,全面履行行政任务,恢复正常的行政管理,保障民众基本的生存发展的权利。

公用事业民营化并非意味着国家从相关任务领域中完全撤离,而是责任形式的转变,由原本的履行责任转变为保障责任或特定结果下的网罗责任。换言之,公用事业民营化中,国家减少直接履行责任,并将减少的部分交由私人主体履行,但是对于私人主体的履行仍然担负保障和监督管理的义务。在宪法中,国家保障责任的基础在于社会国理念和国家的基本权利保护义务。19 世纪末 20 世纪初,传统的自由放任体制下所产生的社会弊病日趋严重,自由法治国自由放任主义被摒弃,社会国家理念逐步确立,要求国家积极采取强制手段,努力解决各种社会问题,保障人民生存发展的需要。我国台湾地区学者詹镇荣认为,国家保障责任的目的可概括地认为在于维护公共利益,其内涵可归纳为"基础设施之保障"与"公平竞争之促进"两个方面。[2] 国家出于维护公共利益的目的和需要,将涉及人民基本生存发展需要的行政任务交由私人主体履行,并保障维持此任务的基础设施建设和公平竞争环境。

三、水务特许的政府监管体系

检视我国数十年的民营化尝试,不难发现,由于政府的治理结构尚未成熟,对公用事业特许经营的政府监管无论在理念认识还是实际操作上

---

〔1〕 詹镇荣:《民营化与管制革新》,台北元照出版有限公司 2011 年版,第 125 ~ 126 页。
〔2〕 同上书,第 129 页。

都异常混乱，监管不力和过度监管同时存在。可见，民营化的成功基于一个健全的政府功能上，有效的政府监管是特许经营运行的必要条件，这已成为目前的普遍共识。《关于加强市政公用事业监管的意见》也强调了“加强市政公用事业监管是推进市政公用事业市场化的重要内容，健全的市政公用事业监管体系是推进市场化的重要保障，市政公用事业监管应贯穿于市政公用事业市场化的全过程”。一般来说，有效政府监管体系的框架包括以下内容。

(一)监管目标与原则

监管目标是指政府监管行为的价值取向和准则。消费者希望以合理的负担获取高质量的公共服务，而企业则以追求利润最大化为其天性。政府监管需要在公益私利之间进行权衡，在确立目标定位后才能进一步进行政府监管的力度、手段、程序等制度构建。监管原则则是对监管目标的进一步细化，并在规则缺失时起到补充和协调作用。

(二)监管主体与职权

任何监管手段的实施都必须依托于特定的监管主体。如何进行体制上的安排，如何在水务监管机构与相关机构之间进行权力配置，是完善监管制度需要明确的首要问题。

(三)监管内容与手段

监管内容是监管主体可以采取的各种监管方式及具体的行为表象。水务特许过程中的监管内容主要有准入监管、水价监管、水质监管、服务监管和退出监管。准入监管是指监管主体在市场准入阶段采取招标等竞争方式选择合格经营者的监管方式；水价监管是经济性监管的典型代表，是指监管主体根据一定的限价模式对企业定价行为进行的监管；水质监管和服务监管属于社会性监管，是指监管主体对经营者的自来水质量保证义务和普遍服务义务进行的监管；退出监管是指监管主体将符合退出条件的经营者经过法定程序清退出水务市场的监管方式。

监管手段则是指监管主体在各个监管阶段使用的具体行为手段。例如，在准入监管中多使用行政许可的手段，在水价、水质和服务监管中多采用制定标准、行政处罚、行政强制等手段。

四、水务特许政府监管中的法律关系

法律关系，即法律规范在调整人们行为的过程中形成的权利义务关系。法律关系的三个要求即主体、客体、内容。法律关系的条分缕析是进行研究的重要基础，分析水务特许过程中的法律关系，有利于明晰各个主体在法律上的权利义务。

（一）四种主要的法律关系

传统的公共产品供应模式中，由政府直接向用户提供公共产品或公共服务，在政府与消费者之间法律关系相对单一。而公用事业的特许经营革新了传统的供应模式，从政府选择供水企业作为特许经营者开始，到该供水企业为当地居民提供当地供水服务的过程中，共出现了四类主体：一是作为公权力代表的政府作为监管机构；[1] 二是参与竞争但在特许过程中未获特许的其他企业；三是被特许经营供水业务的供水企业；四是作为终端用户享受用水服务的消费者。笔者在此通过“缔约前监管”和“缔约后监管”两个阶段，呈现出以下双三角结构，如图1－2所示。

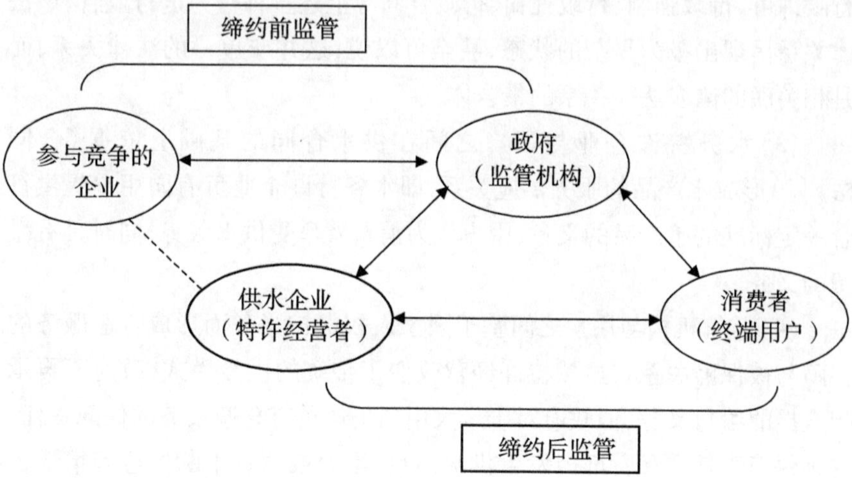

图1－2　公用事业特许经营过程中的法律关系主体

在上述主体之间，产生了以下四种主要的法律关系，见表1－2。

（1）缔约前监管机构与参与竞争的企业之间的准入监管关系。根据《行政许可法》的规定，特许应当由行政机关采取招标、拍卖等公平竞争

〔1〕 此处所称“政府”并非特指各级人民政府，而是广义的人民政府及其职能部门，由于各国具体进行监管的部门各有不同，因此，下文也统称为“监管机构”。

的方式作出决定。当多个企业参与竞争时,行政机关可依据《行政许可法》等法律规则进行准入阶段的监管并择优选择水务特许企业。此时必然涉及未获特许的企业对准入的程序和特许结果不服而针对特许行为提起的诉讼,此种法律关系主要受《行政许可法》等相关准入规则的约束。

(2)缔约后监管机构与水务特许企业之间的监管与被监管关系,自从供水的特许经营权被授予选定的企业之后,政府便与该企业之间产生了监管法律关系。监管机构在行使法定监管权时对企业的权利义务(如特许经营权和普遍服务义务)造成干预和影响,双方之间由此形成监管行政法律关系。此种法律关系可能受到水价、水质、环境监测、安全生产等法律规则约束,在退出监管中可能还涉及临时接管等需要《行政强制法》予以规范的行为;需要对特许经营企业的违法行为进行制裁的,可能还需要遵守《行政处罚法》的相关规则。正因为监管机构可能采取行政立法、行政许可、行政强制、行政处罚、行政合同等上述多种行为进行监管,该法律关系呈现出极为复杂的状态,甚至可以说,这并非单一的法律关系,而是相关联的诸多法律关系的集合体。

(3)水务特许企业与用户之间在供水合同的基础上依据《合同法》[1]形成水产品的服务供应关系,即水务特许企业负有向用户提供符合一定标准的水产品的义务,用户作为消费者享受供水服务,同时具有缴费的义务。

(4)监管机构与用户之间基于国家人权保护义务而形成普遍服务的保障与被保障关系。虽然特许经营改变了传统的供给模式,政府不再承担直接的给付义务,但政府对于广大用户仍然负有普遍服务的保障责任,这种保障责任在私营部门发生供给不足、不力或擅自中断供应等情形下表现为监管机构的补位责任,以及用户对供水企业提供的服务不满意时有要求监管机关履行监管职责的权利(详见本书第六章的分析)。

---

〔1〕《合同法》分则第十章对"供用电、水、气、热力合同"进行了规定。可见,该法律关系在我国目前属于民事法律关系。但公用事业的供应合同(供用电、水、气、热力合同)是否单纯的民事合同,是否应当与一般的民事合同有所区分,在理论上尚存在争议,参见本书第六章的分析。

表 1-2 供水过程中四种法律关系的权利义务内容

四种法律关系	主体	权利(力)	义务
缔约前监管法律关系	监管机构	准入监管权力(行政许可权)	按照程序要求举行招标、拍卖,对竞争者资质进行审核等义务
	参与竞争的企业	申请许可、要求听证、救济权等	真实地提交相关材料等义务
缔约后监管法律关系	监管机构	监管权力(标准制定权、行政处罚权、行政强制权、纠纷裁决权等)	依法行使相关权力、催告及补偿等程序义务、遵守合同
	水务特许企业	特许经营权、收取费用的保障权、补偿请求权等	普遍服务、遵守合同等
供水服务法律关系	水务特许企业	收取费用权	提供符合质量和价格标准的供水服务
	消费者	要求供水服务权	支付合理费用
国家人权保护法律关系	监管机构	纠纷裁决权、行政处罚权等	保障用户享受供水服务
	消费者	举报和投诉权	遵守相关法律

(二)监管法律关系中的权利义务

由于特许经营存在准入监管、水质监管、服务监管、退出监管等多种监管内容,因此,在上述四种法律关系中,唯监管法律关系最为复杂,其中最重要的便是明确法律关系中各主体的权利义务。我国《城市供水特许经营协议(示范文本 GF—2004—2501)》第 57 条列举了监管机构和被监管企业各自的权利义务:"(1)乙方享有以下权利和义务:①依据适用法律独家向特许经营区域范围内用户供水,合法经营并取得合理回报;②根据社会和经济发展的情况,保障特许经营区域范围内水厂的运行、供水管网的正常维护以及特许经营区域范围内用户供水服务;③根据中国法律和本协议的要求满足用户用水水质、水量、水压、供水服务需求;④履行协议双方约定的社会公益性义务;⑤除本协议另有规定外,应当将项目合同报甲方备案;⑥法律和本协议规定的其他权利和义务。(2)甲方享有以下权利和义务：①对乙方的供水服务进行监督检查；②结合经济社会发展需要，制订供水服务标准和近、远期目标，包括水质、水量、水压以及维修、投诉处理等各项服务标准；③制定年度供水水质监督检查工作方案，对乙方的供水水源、出厂水及管网水质进行抽检和年度综合评价；④受理用户对乙方的投诉；⑤维护特许经营权的完整；⑥法律、规章和本协议规定的其他权利和义务。"[1]该示范文本颁布于2004年《办法》之后，其列举并不全面，需要进一步完善。从世界范围来看，虽然各国依据其宪政体制及经济社会现状而在具体监管权配置上各有特色，但一般来说，基于监管的普遍规律，我们仍可总结出其共通之处以供参考借鉴。

1. 监管机构的权利(力)与义务

"监管机构正是根据政府对某一特定经济或社会问题的监管需要而产生的，是基于监管技术性、专业性因素而产生的一种公务分权方式。"[2]因此，与一般政府部门相比，监管机构所需的技术性和专业性使其应保持相对独立并享有更大自主权。从各国经验来看，为应对复杂的监管事务，监管机构通常还被赋予常规行政权以外的准立法权和准司法权，具体包括以下职权：

一是标准制定权。在水务行业，制定标准是政府制约企业行为的重要手段，包括市场准入的资质和标准、供水服务标准、水价标准、水质水量水压标准、维修标准、投诉处理标准等。这些标准的专业性和技术性极强，立法机关通常将标准制定权赋予专业的监管机构，企业负有遵守强制性标准的义务。标准制定权应当属于准立法权。

二是行政许可权。此处的行政许可权包括许可的授予、变更和终止的权力。根据前文的分析，水务特许经营属于《行政许可法》第12条第2项的"特许"。一般来说，监管机构要通过招标、竞争性谈判等竞争方式选择具有相应管理经验、专业能力、融资实力以及信用状况良好的法人或者其他组织作为特许经营者。在授予水务特许经营权之后，监管机构可

---

〔1〕 该示范文本中的甲方即作为监管机构的政府，乙方即被授予供水特许经营权的企业。

〔2〕 马英娟：《政府监管机构研究》，北京大学出版社2007年版，第33页。

能出于公共利益考虑或其他原因而变更或终止该授权。[1] 但由于变更或终止权有可能涉及对合同条款的破坏，需要对监管机构行使该权力进行实体上和程序上的规范，实体上一般要求符合公共利益之必要并补偿特许企业的损失，程序上一般要求履行提前通知、听取陈述申辩的义务。

三是行政处罚权。行政处罚权是确保水务特许企业依法切实承担普遍服务义务的有效行政手段。各国公用事业法规一般都赋予监管机构处罚权，如英国《公用事业法》(2000 年)强化了监管机构的处罚权，根据违法情节和性质，监管机构的处罚数额最高可以达企业营业额的 10%。[2] 我国法律、法规中针对企业承担的市场准入、水价、水质、普遍服务等方面的违法行为，也赋予监管机构以行政处罚权，如《城市供水条例》第 33 条针对供水水质水压不符合国家规定标准、擅自停止供水或者未履行停水通知义务的、未按照规定检修供水设施或者在供水设施发生故障后未及时抢修的供水企业，由城市供水行政主管部门处以罚款或停业整顿。

四是行政强制权。为了增强监管的有效性，法律通常都会赋予监管机关行政强制权，如行政检查权、信息调查权、临时接管权。行政检查权即对水务特许企业的建筑物、相关场所、财产进行检查；信息调查权一般要求水务特许企业强制披露关于成本、绩效、操作规程等运营信息，如美国加利福尼亚州《公用事业法典》规定，公用事业委员会可以在任何时候检查任何公用事业公司的账簿、文件和其他文字材料。[3] 加拿大育空省《公用事业法》也规定公用事业委员会有权在任何合理的时间检查公用企业的任何地点并要求提供与生产有关的任何工作簿、计划、细节或其他文件。[4] 我国《PPP 条例》(征求意见稿)第 30 条也规定了监管机构的监

---

[1] 根据《城市供水特许经营协议(示范文本 GF—2004—2501)》第 114 条，提前终止的情形主要有："(1)擅自转让、抵押、出租特许经营权的；(2)擅自将所经营的财产进行处置或者抵押的；(3)因管理不善，发生重大质量、生产安全事故的；(4)未根据本协议规定提供、更新、恢复履约保函或维护保函的；(5)擅自停业、歇业，严重影响到社会公共利益和安全的；(6)乙方出现第 52 条规定的放弃建设或视为放弃建设；及(7)严重违反本协议或法律禁止的其他行为。"

[2] 李嘉娜：《市政公用事业监管的行政法研究》，中国政法出版社 2012 年版，第 185 页。

[3] 曹炳洲：《美国公用事业价格管制与借鉴》，载《中国物价》1999 年第 4 期。

[4] 刑鸿飞、徐金梅：《公用事业法原论》，中国方正出版社 2009 年版，第 38 ~ 39 页。

督检查措施，包括进入合作项目现场进行检查、检验、监测；查阅、复制有关文件、资料；要求有关人员就有关问题作出说明。

相对于日常监管中为获取运营信息的检查和调查权，临时接管权则是监管机构在特殊情况下享有的更具强权性的行政强制措施。当发生危及公共利益的紧急情况或其他原因，水务特许企业无法继续提供相应服务，需要暂时或永久终止特许经营合同时，监管机构有权依法临时接管。在我国，2004年《办法》第18条也规定了临时接管权的适用情形："（一）擅自转让、出租特许经营权的；（二）擅自将所经营的财产进行处置或者抵押的；（三）因管理不善，发生重大质量、生产安全事故的；（四）擅自停业、歇业，严重影响到社会公共利益和安全的；（五）法律、法规禁止的其他行为。"

五是纠纷裁决权。根据前文所述，监管机构不同于传统的三权分立部门，而是享有一定程度的立法权和司法权。在水务领域，水务特许企业与用户之间难免会发生纠纷，由于此类纠纷可能涉及部分专业知识，由监管机构进行调解或裁决更为有效便捷，这也基本上是各国监管机构的立法惯例。在我国，2015年《办法》和《PPP条例》（征求意见稿）均规定社会公众有权对企业违反法律、行政法规规定的行为或者对提供公共服务的质量等问题，向有关监管部门举报投诉，有关部门应当及时依法处理。[1] 监管机构处理纠纷的方式一般是行政调解或行政裁决。

需要说明的是，由于我国缺乏统一的监管机构和水务监管方面的法规，上述权力虽然统称为"监管机构"的权力，而至于具体哪个部门拥有上述权力，在我国是极为分散的，有建设部门、水务部门、物价部门、质监部门等，且各部门的权力来源也散见于不同的法律条文中。这也反映出我国监管体制的不足之处，后文将详细论述。至于监管机构的义务，根据行政法上行政机关权责统一理论，监管机构的权力同样也是其必须履行的职责，在履行职责的过程中须承担相应义务，如临时接管时的催告和补偿义务、遵守合同条款的义务，在此不再赘述。

---

[1] 2015年《办法》第44条、《PPP条例》（征求意见稿）第34条。

2. 被监管企业的权利与义务

根据现行法律、法规和前述示范文本的规定,[1]被监管的水务企业的权利义务主要有:

一是特许经营权。在获得特许经营之后[2]的水务企业,依法在特定区域范围内享有"在一定时间段内和在同一服务市场被合法保护,免受其他竞争对手干扰"的特许经营权。[3]

二是收取费用的保障权。[4] 特许经营具有"使用者付费"的特征,特许经营合同一般都会约定价格标准或价格调整机制,以保障水务特许企业获取合理的报酬。

三是损害赔偿请求权。2015 年《办法》第 26 条规定,特许经营协议各方当事人应当遵循诚实信用原则,按照约定全面履行义务。除法律、行政法规另有规定外,实施机构和特许经营者任何一方不履行特许经营协议约定义务或者履行义务不符合约定要求的,应当根据协议继续履行、采取补救措施或者赔偿损失。

四是补偿请求权。前文提到,当监管机构为了维护公共利益而行使单方变更权,损害了水务特许企业的利益时,水务特许企业有权请求相应补偿。2015 年《办法》第 38 条规定,"在特许经营期限内,因特许经营协议一方严重违约或不可抗力等原因,导致特许经营者无法继续履行协议约定义务,或者出现特许经营协议约定的提前终止协议情形的,在与债权

---

[1] 对于被监管企业的权利义务规定,如 2004 年《办法》第 11 条:"获得特许经营权的企业应当履行下列责任:(一)科学合理地制定企业年度生产、供应计划;(二)按照国家安全生产法规和行业安全生产标准规范,组织企业安全生产;(三)履行经营协议,为社会提供足量的、符合标准的产品和服务;(四)接受主管部门对产品和服务质量的监督检查;(五)按规定的时间将中长期发展规划、年度经营计划、年度报告、董事会决议等报主管部门备案;(六)加强对生产设施、设备的运行维护和更新改造,确保设施完好;(七)协议约定的其他责任。"

[2] 在授予特许经营之前,政府为了选择更为优良的特许经营企业,允许多个企业参与竞标,这些企业在竞争特许经营权期间享有公平竞争权,对特许经营权的授予不服的,可以依据《行政许可法》或其他相关法律法规提出争议。

[3] 周林军:《公用事业管制要论》,人民法院出版社 2004 年版,第 115 页。

[4] 需要注意的是,此处并不表述为"收取费用权",因为"收取费用权"是水务企业根据供水合同向用户主张的权利,并非监管法律关系中水务企业向监管机构主张的权利。使用"收取费用保障权"的提法是由于水价实行政府定价,在收取费用方面,监管机构负有保障企业收取合理费用的义务。

人协商一致后，可以提前终止协议。特许经营协议提前终止的，政府应当收回特许经营项目，并根据实际情况和协议约定给予原特许经营者相应补偿”。除此之外，对于因政治行为、国家行为、政策行为造成的额外损害，被监管企业也有权要求补偿，2015 年《办法》第 36 条规定：“因法律、行政法规修改，或者政策调整损害特许经营者预期利益，或者根据公共利益需要，要求特许经营者提供协议约定以外的产品或服务的，应当给予特许经营者相应补偿。”

水务特许企业的义务以普遍服务为核心，即保障特许经营区域范围内水厂的运行、供水管网的正常维护以及特许经营区域范围内用户供水服务，满足用户用水水质、水量、水压、供水服务需求。由此义务还衍生出水务特许企业接受监管机构检查监督、信息披露、遵守合同约定的义务。

五、本章小结

公用事业民营化已然成为各国普遍采用的供应方式。特许经营作为其中的实质民营化即任务民营化，具有转移有限产权、依赖于特许合同、政府的后续监管职责等特征。公用事业特许经营并不意味着政府责任的彻底归隐，只是改变了公共服务的供给主体，其常用的方式有 BOT、BOOT、BTO、TOT 等。我国的公用事业特许经营经历了初步萌芽、鼓励尝试、大力发展等各阶段。在行政法中，公用事业特许经营的实质内涵可以认为是公私协力，而在行政法上可将其定性为以行政合同的形式进行的行政许可，对特许之后企业行为的监管实属行政许可的监督检查。

我国水务领域的民营化也多采取特许经营的方式，由于水务行业较强的垄断性和外部性，水务特许对于提高水务运营效率、减轻财政压力、鼓励企业参与水务项目都有重要的作用。然而，不可忽视水务特许后由于公共利益与企业利益的冲突而可能带来的公共利益风险，此类案例也不乏其数。面对特许经营带来的可能风险，作为公共利益代表的政府责无旁贷。经验表明，公用事业特许经营需要有效的政府规制，行之有效的政府规制体系业已成为消解我国水务特许经营危机的根本之道。

水务特许政府监管的理论基础在于经济学中的市场失灵和自然垄断理论，以及法学中讨论的国家生存照顾义务和保障责任，其体系建构主要通过监管目标和原则、监管主体和职权、监管内容和手段予以实现。在许可监管过程中，监管机构和被监管的企业形成了监管法律关系，监管机构享有标准制定权、行政许可权、行政处罚权、行政强制权、纠纷裁决权并承担相应义务；而水务特许企业享有特许经营权、收取费用的保障权、补偿请求权并承担普遍服务的相关义务。

第二章　我国水务特许政府监管的现状

一、我国水务特许政府监管法律规范

(一)现有规范体系

公用事业特许经营于21世纪后在我国大量兴起,从1984年深圳沙角B电厂项目实行特许经营至今,我国开展基础设施和公用事业特许经营已有三十多年。与此同时,相关的政策、法规也陆续出台,国务院有关部门和有关省市先后制定了六十余件地方性法规、规章或规范性文件。城市水务作为市政公用事业的重要组成部分,也出台了一些或分散或专项的立法。

在国家统一的水务特许立法尚未制度的情况下,规章、法规等低位阶的法律规范主导着目前的水务特许经营,本章旨在通过对我国水务特许经营基本制度的立法框架进行系统梳理与评析,以期加快统一水务特许立法的进程。

1. 公用事业特许经营方面的立法

自20世纪末起,公用事业领域逐步尝试引入私人资本,原国家计委、国家经贸委等部门出台过一些红头文件,其中只言片语地提到了特许经营这种民营化方式,真正开始对特许经营予以重视的是原建设部于2002年发布的《关于加快市政公用行业市场化进程的意见》以及原建设部2004年《办法》。2005年,原建设部又专门发布了《关于加强市政公用事业监管的意见》。2015年,在2004年《办法》的基础上,六部委制定2015年《办法》。本书将这些国家级法律文件的主要内容进行了梳理,见表2-1。

表 2-1　2000 年以后中央层面关于公用事业特许经营的立法概览

时间	发布单位	文件名称	效力级别	相关内容概要
2001 年	国家计委	关于促进和引导民间投资的若干意见	其他规范性文件	鼓励和引导民间投资以特许经营等方式参与公用事业的建设
2001 年	国家计委	"十五"期间加快发展服务业若干政策措施的意见	其他规范性文件	提出加快公用事业等行业管理体制的改革,鼓励和允许国内外投资者以特许经营的方式进入
2002 年	国家计委、国家经贸委、外经贸部	外商投资产业指导目录(2011年修正)	其他规范性文件	将电力煤气及水的生产及供应业、公共设施服务业、水利管理业、交通运输、仓储及邮电通信业等行业列为外商可以投资领域
2002 年	国家计委、原建设部、国家环保局	关于推进城市污水、垃圾处理产业化发展的意见	其他规范性文件	明确"逐步实行城市污水、垃圾处理设施的特许经营"以及政府的监督责任
2002 年	原建设部	关于加快市政公用行业市场化进程的意见	其他规范性文件	建立市政公用行业特许经营制度 (1)特许经营制度的含义和范围 (2)特许经营权的获得(招标方式、特许合同) (3)申请特许经营权的企业应该具备的条件 (4)特许经营合同的基本内容 (5)特许经营权的变更与终止
2004 年	原建设部	市政公用事业特许经营管理办法	部门规章	(1)责任部门:国务院建设主管部门、省级建设主管部门、市县级市政公用事业主管部门 (2)原则:公开、公平、公正、公共利益优先、合理布局,有效配置资源的原则 (3)选择投资者的程序:公开招标、资格审查和方案预审、评审、质询公开答辩、公示、签订协议

续表

时间	发布单位	文件名称	效力级别	相关内容概要
				(4)特许经营协议的内容 (5)主管部门的责任 (6)特许企业的责任 (7)特许经营期限 (8)特许变更与终止(第13～19条) (9)后续政府监管(第21～27条):中期评估、价格监管、临时接管、监督检查 (10)法律责任
2005年	原建设部	关于加强市政公用事业监管的意见	其他规范性文件	(1)加强市政公用事业监管的重要意义 (2)市政公用事业监管的含义及内容 (3)目前重点工作:规范市场准入;完善特许经营制度;加强产品和服务质量的监督检查;落实安全防范措施;强化成本监管 (4)加强对市政公用事业监管的组织领导 转变管理方式、落实监管职责;完善法律法规,依法实施监管;健全监管机构,加强能力建设;统筹兼顾,稳步推进产权制度改革
2008年	住房与城乡建设部	供水、供气、供热等公用事业单位信息公开实施办法	部门规章	(1)信息公开实施主体和原则 (2)主动公开的信息范围 (3)各行业重点需要公开的信息 (4)依申请公开的程序 (5)信息发布保密审查机制 (6)信息公开的途径和方式 (7)主动公开的时限 (8)主管部门的指导、评议考核和监督检查 (9)公民举报、投诉、控告、检举、起诉 (10)法律责任

续表

时间	发布单位	文件名称	效力级别	相关内容概要
2012 年	住房与城乡建设部	关于进一步鼓励和引导民间资本进入市政公用事业领域的实施意见	其他规范性文件	要求在市场准入、退出、特许项目协议等方面落实政府监管责任
2015 年	国家发展和改革委员会、财政部、住房和城乡建设部、交通运输部、水利部、中国人民银行	基础设施和公用事业特许经营管理办法	部门规章	第一章 总则 第二章 特许经营协议订立 第三章 特许经营协议履行 第四章 特许经营协议变更和终止 第五章 监督管理和公共利益保障 第六章 争议解决 第七章 法律责任
2017 年	国务院	基础设施和公共服务领域政府和社会资本合作条例(征求意见稿)	行政法规	对基础设施和公共服务领域政府和社会资本合作(包括特许经营、政府购买服务等方式)进行了规范

从表 2－1 可以看出，在 2015 年《办法》之前，建设部 2004 年《办法》在很长一段时间内是较为权威、位阶较高的相关法律文件，其出台推动了十余年来地方性立法的进程，自 2005 年到目前为止，现行有效的关于公用事业特许经营的地方性法规有 9 部、地方政府规章有 10 部，其中大多规定以 2004 年《办法》为参照范本。在国家层面，无论是 2004 年《办法》还是 2015 年《办法》均属部门规章，而《PPP 条例》(征求意见稿)若通过之后应属行政法规。

在此需要澄清 2004 年《办法》、2015 年《办法》与《PPP 条例》(征求意见稿)的关系。2004 年《办法》与 2015 年《办法》在适用范围上表述稍有区别，前者将适用范围定位于“城市供水、供气、供热、公共交通、污水处理、垃圾处理等行业”实施的特许经营，后者对上述行业用“公用事业”进行概括，但列举了“能源、交通运输、水利、环境保护、市政工程等基础设施”的特许经营活动，可见，二者的适用范围稍有不同，2015 年《办法》除了公用事业特许经营，还适用于基础设施的特许经营。除此之外，在特许经营的订立、履行、监督管理等方面，2015 年《办法》（共 60 条）条文数比 2004 年《办法》（共 31 条）多了近 1 倍，更为详细规范。可以说，2015 年《办法》是 2004 年《办法》的进一步细化，而且 2015《办法》中并未明确废止 2004 年《办法》，因此，依照“新法优于旧法”的规则，二者若有不一致之处，以 2015 年《办法》为准。而《PPP 条例》（征求意见稿）与上述两个办法的区别主要在于适用范围和法律位阶上。首先，根据前文对 PPP 概念的分析，《PPP 条例》作为基础设施和公共服务领域政府和社会资本合作领域的“龙头法”，适用范围更为广泛，《PPP 条例》中大多是针对公私合作方式的一般性规定，特许经营仅是其规范的公私合作方式之一。其次，《PPP 条例》的制定主体为国务院，属于行政法规，是 2004 年《办法》与 2015 年《办法》的上位法，按照“上位法优于下位法”的规则，《PPP 条例》一旦正式颁行，2004 年《办法》与 2015 年《办法》与《PPP 条例》相冲突之处，均以《PPP 条例》为准。

以特许经营期限为例，2004 年《办法》第 12 条规定：“特许经营期限应当根据行业特点、规模、经营方式等因素确定，最长不得超过 30 年。”2015 年《办法》第 6 条规定：“基础设施和公用事业特许经营期限应当根据行业特点、所提供公共产品或服务需求、项目生命周期、投资回收期等综合因素确定，最长不超过 30 年。对于投资规模大、回报周期长的基础设施和公用事业特许经营项目（以下简称特许经营项目）可以由政府或者其授权部门与特许经营者根据项目实际情况，约定超过前款规定的特许经营期限。”而《PPP 条例》（征求意见稿）第 16 条规定：“合作项目期限根据行业特点、项目生命周期、公共服务需求、投资回收期等因素确定，一般不低于 10 年，最长不超过 30 年；法律、行政法规另有规定的，依照其规定。”如果《PPP 条例》（征求意见稿）中该条不再修改顺利通过，则 2004 年《办法》和 2015 年《办法》所规定的特许经营期限都是无效的：一是除了最长期限 30 年以外，还应遵循最低年限 10 年，目的是保障社会资本方的合法收益以及合作项目一定程度的稳定性。二是根据《PPP 条例》（征求意见稿），如果想要确定低于 10 年或超过 30 年的特许经营期，需要法律、行政法规的规定，由此看来，2015 年《办法》的例外规定是无效的，政府或其授权部门不能直接与特许经营者约定超过 30 年的特许经营期限，削弱了其中的随意性,可见政府监管的进一步规范化。

地方政府的法规和规章中除了一般性规定外,还有关于污水处理、公共客运、轨道交通等特定领域的特许经营管理办法。具体如表 2-2 所示:

表 2-2　各地关于公用事业特许经营的规定

	发布时间	文件名称
地方性法规	2005 年	新疆维吾尔自治区市政公用事业特许经营条例
	2005 年	北京市城市基础设施特许经营条例
	2005 年	深圳市公用事业特许经营条例
	2006 年	湖南省市政公用事业特许经营条例(2008 年修正)
	2006 年	淮南市公用事业特许经营条例
	2007 年	杭州市市政公用事业特许经营条例
	2007 年	贵州省市政公用事业特许经营管理条例
	2007 年	山西省市政公用事业特许经营管理条例
	2009 年	青海省市政公用事业特许经营管理条例
地方政府规章	2004 年	邯郸市市政公用事业特许经营管理办法
	2005 年	天津市市政公用事业特许经营管理办法
	2005 年	青岛市市政公用基础设施特许经营管理暂行规定
	2006 年	合肥市市政公用事业特许经营实施办法
	2006 年	武汉市市政公用事业特许经营管理办法
	2006 年	吉林省城市污水处理特许经营管理办法
	2006 年	乌鲁木齐市城市公共汽车客运特许经营管理办法
	2007 年	北京市人力客运三轮车胡同游特许经营若干规定
	2007 年	吉林市市政公用事业特许经营办法
	2008 年	沈阳市城市轨道交通运营特许经营管理办法
	2009 年	成都市人民政府特许经营权管理办法
	2010 年	昆明市特许经营权管理办法
	2010 年	长春市供热特许经营管理办法
	2010 年	上海市城市基础设施特许经营管理办法
	2015 年	西宁市城市公共汽车客运特许经营管理办法

2. 水务特许经营方面的相关立法

水务作为城市市政公用事业的领域之一,除了受上述公用事业特许经营的一般性法律规范约束外,还受到现行水务行业专门规范的约束。

(1)水务行业的总体性立法

2002 年《水法》是关于水资源开发、利用、管理、保护、防害的总体性立法,其中对于水费征收、质量监测有个别规定,但是对于城市自来水供应更为详细的规定当属 1994 年原建设部的《城市供水条例》,该条例对于城市供水水源、供水工程建设、供水经营、供水设施维护以及相关罚责都有较为详细的规定。然而,由于当时民营化并未盛行,这两部立法中均只字未提谈及水务行业特许经营的相关事项。

(2)水务特许经营方面的立法

目前在国家层面没有专门的水务特许经营立法,地方立法也只有吉林省关于污水处理特许经营的 2006 年《吉林省城市污水处理特许经营管理办法》。除此之外,还有原建设部发布的两个协议示范文本,即 2004 年《关于印发城市供水、管道燃气、城市生活垃圾处理特许经营协议示范文本的通知》和 2006 年《关于印发城镇供热、城市污水处理特许经营协议示范文本的通知》,这两个文件在严格意义上并不属于立法文件,但指导着目前水务特许经营的进行,在一定程度上填补了立法的空白。

(3)水价和水质监管方面的立法

在水价监管方面,主要有 1998 年原国家计委、原建设部发布的《城市供水价格管理办法》;2002 年原国家计委、财政部、原建设部、水利部和国家环保局发布的《关于进一步推进城市供水价格改革工作的通知》;2004 年原国家发改委、水利部发布的《水利工程供水价格管理办法》;2010 年国家发改委《城市供水定价成本监审办法(试行)》;价格听证方面,还有国家发改委《政府制定价格听证办法》(2008 年修订)。

在水质监管方面,主要有 1997 年卫生部、原建设部发布的《生活饮用水卫生监督管理办法》;2006 年原建设部制定的《城市供水水质管理规定》(原建设部于 1998 年发布的《城市供水水质管理规定》同时废止)。

(二)简要评述

综上所述,我国在公用事业特许领域已有立法意识,但仍存在明显的问题。

首先，是立法位阶低。我国在公用事业特许方面无立法机关的专门立法，也无国务院的行政法规，[1]现在能看到的仅是2015年住建部的部门规章。另外，目前的立法中，地方性法规的数量仍为少数，多数是地方政府规章。

如果公用事业特许经营属于《行政许可法》上的"特许"，那么，《行政许可法》是否可作为公用事业特许经营的上位法？本书认为，虽然《行政许可法》是位阶较高的上位法，但其对于公用事业特许经营的规范作用却极为有限：一是因为相关条文极其简单，仅原则性规定了"应当通过招标、拍卖等公平竞争的方式"和"履行普遍服务的义务"，[2]无法起到规范作用；二是《行政许可法》对于公用事业特许经营存在法律适用上的困境，关于"特许"的规定位于第二章"行政许可实施的程序"第六节"特别规定"之中，该节第51条规定"实施行政许可的程序，本节有规定的，适用本节规定；本节没有规定的，适用本章其他有关规定"。但由于该节关于"特许"的相关规定仅有第53条关于招标拍卖等方式的规定，该条第2款规定"行政机关通过招标、拍卖等方式作出行政许可决定的具体程序，依照有关法律、行政法规的规定。"由于目前并没有相关法律、行政法规，是否意味着其余程序问题如申请、审查、决定可以适用行政许可法的规定，这显然是不可能的。可见，在公用事业特许经营方面缺乏一部行政法规以上的立法。

其次，国家和地方立法权限不明，内容存在冲突。无论是以建设部为代表的条状立法，还是以新疆、深圳等为代表的地方性块状立法，除在我国范围内都不具有普遍的约束力外，而且还缺乏法定监管机构、职权、事权，缺乏监管机构与被监管企业纠纷的解决程序和相应裁决机构等。

再次，形式合法性不足。这是因为目前由部门规章设定的公用事业特许经营有违反《行政许可法》对行政许可设定权的规定之嫌。《行政许可法》对可以设定行政许可的法律位阶有严格的限制，地方政府规章只能设定临时性行政许可，在临时许可实施满1年仍需继续实施的，必须由地

---

〔1〕 如果2017年《PPP条例》（征求意见稿）顺利通过，则可能改变这一现状。

〔2〕 相关条文参见《行政许可法》第53条和第67条。

方政府提请本级人大及其常委会制定地方性法规。[1]

最后,缺乏水务特许专项法律法规。随了相关政策文件中的只言片语,目前还没有一部完整独立的专门针对城市水务市场化法规。

在相关法律制度尚未健全的情况下,我国的水务监管制度改革大多依赖于先试验、后总结、再立法的路径,尽管这种"摸着石头过河"的探索路径,由于其实施成本低、时间短、效果快而在我国快速的市场化过程中发挥了重要的作用,但这也使政策具有不稳定性和不可持续性,同时为权力缺位和错位提供了机会,这种立法现状远不能适应政府依法监管的需要。

二、我国水务特许的政府监管机构配置状况

傅涛认为,目前我国的水务市场化的改革目标之一就是注重监管,政府的角色由行业管理向市场监管转变,这也将引发了新一轮水管理体制的变革。[2] 水务监管体制的发展历程、运行现状是水务特许经营过程中的首要问题。

(一)我国水务监管体制的发展及现状

1. 水务局成立的背景及意义

2000 年以前,我国的水务管理体制被形象地称为"多龙治水",即涉水管理部门众多,防洪、灌溉、供水、排水、节水、污水处理、污水回用等涉水事务的监管职能分别交由不同部门负责,这种人为分割的监管体制不仅不利于水资源的综合利用和保护,更无法应对愈演愈烈的水资源短缺和水环境污染问题,其中的弊端显现无疑。

2000 年,中共十五届五中全会通过了中共中央《关于制定国民经济和社会发展第十个五年计划的建议》,其中明确提出要"改革水的管理体制"。2000 年,上海市挂牌成立我国第一个省级水务局——上海水务局。根据 2011 年全国水务发展统计公告显示,截至 2011 年,全国已组建水务局或由水利局承担水务管理职能的县级以上行政区共计 1817 个,占全国县级以上行政区总数的 74.56%。在组建的 1351 个水务局中,省级水务

[1] 《行政许可法》第 15 条。

[2] 傅涛:《特许经营改革与城市水业监管》,载 http://www.mwr.gov.cn/ztpd/2007ztbd/zgslxh2007nxsnh/tybg/200710/t20071030_9153.html,最后访问日期:2012 年 9 月 1 日。

局4个,副省级水务局7个,地级水务局207个,县级水务局1133个。[1]

各地水务管理体制的改革以水务局的成立为标志,尽管各地水务局的职能也不尽相同,但是一般来讲,水务局的职能都包括了传统水利意义上的管理内容和供水、节水和排水的行业监督职能。例如,各地三定方案中所显示,北京市水务局"负责本市供水、排水行业的监督管理",上海水务局"负责水利、供水、排水行业的管理,并承担相应的监管责任",天津水务局"负责城市供水、排水管理工作,并承担相应的监管责任;负责自来水和污水处理的行业管理工作",深圳水务局"负责水务企业的行业管理,负责水务行业的特许经营管理"。

2. 现行法律、法规中的水务监管体制

除了水务局以外,还有其他部门行使部分监管权。例如,水利部门负责水源地和农村水利、防汛抗旱;建设部门负责城市供水、排水和城市地下水;规划局负责用水规划;城市排污由环境保护部门把关。一些城市设有公用事业局、市政管委会等参与城市供、排水等环节的管理。根据现有的法律、法规,在国家层面和地方层面,水务监管涉及的部门,见表2-3、表2-4:

(1)国家层面

表2-3 国家层面水务监管部门

部门	职责依据
水利部	《水法》第12条:"国务院水行政主管部门负责全国水资源的统一管理和监督工作。"
住房与城乡建设部	《城市供水条例》第7条:"国务院城市建设行政主管部门主管全国城市供水工作。" 《城市供水水质管理规定》第4条:"国务院建设主管部门负责全国城市供水水质监督管理工作。" 《市政公用事业特许经营管理办法》第4条:"国务院建设主管部门负责全国市政公用事业特许经营活动的指导和监督工作。"
发展与改革委员会	《价格法》第5条:"国务院价格主管部门统一负责全国的价格工作。国务院其他有关部门在各自的职责范围内,负责有关的价格工作。"

[1] 参见《水利部公报》2011年第3期。

续表

部门	职责依据
环保部	《水污染防治法》第12条:"国务院环境保护主管部门制定国家水环境质量标准。"
发展改革、财政、国土、环保、住房城乡建设、交通运输、水利、能源、金融、安全监管	《基础设施和公用事业特许经营管理办法》第7条:"国务院发展改革、财政、国土、环保、住房城乡建设、交通运输、水利、能源、金融、安全监管等有关部门按照各自职责,负责相关领域基础设施和公用事业特许经营规章、政策制定和监督管理工作。"

(2)地方层面

表2-4 地方层面水务监管职责及部门

相关职责	所涉部门	职责依据
水资源的统一管理和监督	水利部门	《水法》第12条:"县级以上地方人民政府水行政主管部门按照规定的权限,负责本行政区域内水资源的统一管理和监督工作。"
城市供水工作	水务部门(水利局、住建委、公用事业局)[1]	《城市供水条例》第7条:"省、自治区人民政府城市建设行政主管部门主管本行政区域内的城市供水工作。县级以上城市人民政府确定的城市供水行政主管部门(以下简称城市供水行政主管部门)主管本行政区域内的城市供水工作。" 《城市供水水质管理规定》第4条:"省、自治区人民政府建设主管部门负责本行政区域内的城市供水水质监督管理工作。""直辖市、市、县人民政府确定的城市供水主管部门负责本行政区域内的城市供水水质监督管理工作。""涉及生活饮用水的卫生监督管理,由县级以上人民政府建设、卫生主管部门按照《生活饮用水卫生监督管理办法》(建设部、卫生部令第53号)的规定分工负责。" 《市政公用事业特许经营管理办法》第4条:"省、自治区人民政府建设主管部门负责本行政区域内的市政公用事业特许经营活动的指导和监督工作。""直辖市、市、县人民政府市政公用事业主管部门依据人民政府的授权(以下简称主管部门),负责本行政区域内的市政公用事业特许经营的具体实施。"

[1] 根据各地不同的实践,"县级以上政府确定的城市供水行政主管部门"各有不同,可能是水务(水利局),也可能是住建委或公用事业局。

续表

相关职责	所涉部门	职责依据
编制城市供水水源开发利用规划	规划部门、水务部门	《城市供水条例》第9条："县级以上城市人民政府应当组织城市规划行政主管部门、水行政主管部门、城市供水行政主管部门和地质矿产行政主管部门等共同编制城市供水水源开发利用规划，作为城市供水发展规划的组成部分，纳入城市总体规划。"
划定饮用水水源保护区、对供水企业进行资质审查、对供水企业职工上岗进行监督	环保部门、卫生部门、水务部门、工商部门、人社部门	《城市供水条例》第13条："县级以上地方人民政府环境保护部门应当会同城市供水行政主管部门、水行政主管部门和卫生行政主管部门等共同划定饮用水水源保护区，经本级人民政府批准后公布；划定跨省、市、县的饮用水水源保护区，应当由有关人民政府共同商定并经其共同的上级人民政府批准后公布。" 第19条："城市自来水供水企业和自建设施对外供水的企业，必须经资质审查合格并经工商行政管理机关登记注册后，方可从事经营活动。" 第23条："城市自来水供水企业和自建设施对外供水的企业应当实行职工持证上岗制度。具体办法由国务院城市建设行政主管部门会同人事部门等制定。"
城市供水价格管理	发展与改革委员会、物价部门、水务部门	《城市供水价格管理办法》第4条："县级以上人民政府价格主管部门是城市供水价格的主管部门。县级以上城市供水行政主管部门按职责分工，协助政府价格主管部门做好城市供水价格管理工作。"
特许经营项目实施和监督管理	发展改革、财政、国土、环保、住房城乡建设、交通运输、水利、价格、能源、金融监管等部门	《基础设施和公用事业特许经营管理办法》第7条："县级以上地方人民政府发展改革、财政、国土、环保、住房城乡建设、交通运输、水利、价格、能源、金融监管等有关部门根据职责分工，负责有关特许经营项目实施和监督管理工作。"

由此可见，一系列法律、法规奠定了我国"条块分割的多层次、多部门"的水务监管体制，所涉及的部门较多，在中央层面和地方层面也有区别。在水务特许经营方面，除了日常监管之外，由于还涉及融资、相关基础设施的建设、工程安全等多个角度，涉及的部门职权更是交叉重叠、纷繁复杂，主要有发展改革、财政、国土、环保、住房城乡建设、水利、能源、金融、安全监管等部门，见图2－1。

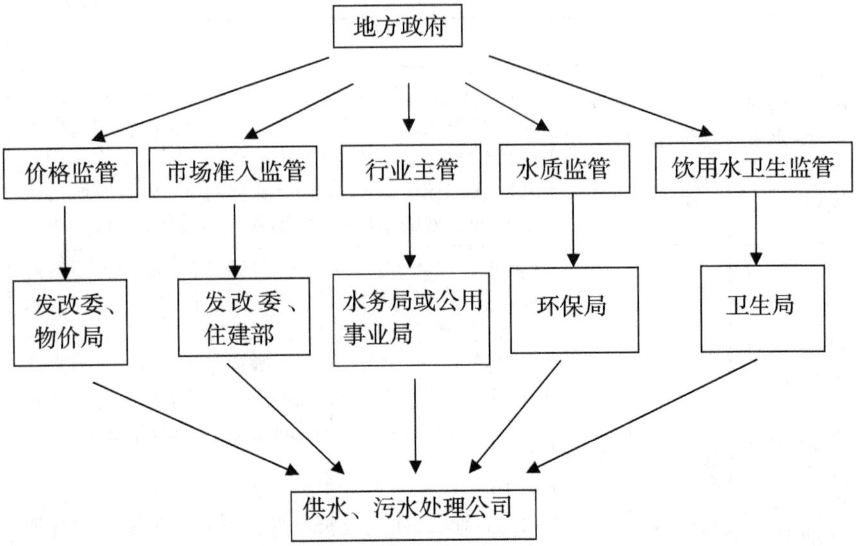

图 2-1 我国城市水务监管体制

(二)我国现有水务监管权配置状况评价

水务监管权配置作为水务监管体制的核心内容,主要指水务监管机构与相关机构之间的权力分配关系。[1] 从现实运行状况来看,目前所暴露出的问题主要有政监不分、权力分散、立法滞后。

1. 政监不分

这主要涉及监管机构相对于传统行政部门的独立程度。在这个问题上,目前主要有三种模式,按独立性渐增排列如下:[2](1)合一型,所谓的"合一"是指将宏观政策职能和监管职能统一交由行政部门行使,这在由国家经营公用事业或国有股份在公用事业占主要地位的国家尤为常见。(2)包容型,监管机构作为独立机构设置在政府部门或其他行政部门中,作为其内设机构,此种模式中的监管机构虽然不能完全摆脱行政部门的影响,但与合一型监管机构相比,法律赋予包容型监管机构较大的独立权力,使其能够在一定范围内可以单独地决定监管政策,其所属行政部门对

[1] 从广义来讲,水务监管权配置还包括更为宏观意义上的水务行业与其他行业之间是否设立综合监管机构的问题,本书仅重点关注水务行业内部权力配置的问题。

[2] 周汉华:《基础设施产业政府监管权的配置》,载《国家行政学院学报》2002 年第 2 期。

其决策的影响力极为有限。(3)独立型,此种模式中的监管机构在形式上和实质上完全独立于传统行政部门而存在,如美国独立监管机构。

根据周汉华的观点,在包容型模式中,设于政策部门之内的监管机构即所谓的部内司、局。[1] 由此,从我国行政体制的运行状况来看,虽然水务局等监管机构虽然在形式上相对独立于政策部门,但法律并未赋予其独立监管的权力。相比而言,英国规制办公室总监具有任职的保障和一些重要权力,因此,虽然英国的监管体系同样采用包容型,但规制办公室受其所属政府部门的影响是非常有限的。[2] 因此,我国水务监管称不上是完全的包容型,而是介于合一型与包容型之间。

综上分析,我国目前水务监管的状况可以用"政监不分"来概括。监管体制涉及多个不同部门,其中既有宏观政策部门又有微观管理部门,作为承担监管职能的各地水务部门属于我国行政部门序列,自2000年左右开始的水务管理体制改革中,由过去的产业主管部门水利局改头换面而来,在政府体系中无法取得相对独立的法律地位,不可避免地会受到地方政府的制约。由此形成的各种特许合同实质上是由地方政府定下基调,是地方政府与被监管企业的博弈关系,监管机构在其中的作用并不突出。例如,沈阳、成都和上海的城市水务改革都是以地方政府为主导的自上而下的模式,监管机构只有在政府授权下才能在具体细节上与外资机构进行谈判和签订合同。

2. 权力分散

虽然水务部门在一定程度上集中了水务行业的部分相关管理事项,但并未从根本上改变监管权分散的状况。目前仍然缺乏相对独立、统一的监管机构实施统一监管。除了水务部门之外,多个监管机构、执法部门或综合政策部门不同程度地分享水务监管权,从而导致水务监管机构多头执法、各自为政。

水务、环保、城建等行政部门以及几大流域管理机构部门之间,不仅权威不足、职能不清、而且利益牵扯颇多,导致执法成本的浪费和执法低

---

[1] 周汉华:《基础设施产业政府监管权的配置》,载《国家行政学院学报》2002年第2期。

[2] [英]卡罗尔·哈洛、理查德·罗林斯:《法律与行政》(下),杨伟东译,商务印书馆2004年版,第600~602页。

效无序。[1] 由于监管机构缺乏综合性与全局性，彼此有内在关系的监管事项往往被人为地分割在不同的监管机构，如市场准入监管、价格监管和质量监管分散于不同的管理部门，导致各个监管制度各自为政，在缺乏有效的部门分工和协调机制的情况下，各监管环节和监管措施之间容易形成权力交叉、重叠和空缺，严重制约了监管机构的监管效能。因此，尽管合同由地方政府或地方政府的代理机构（一般是住建部门）与特许企业签订，但仍然会受到多部门的交叉约束，由此增加事后预期收益不确定因素。

3. 公众参与薄弱

在我国部分地方性法规和政府规章中，为了便于公众对公用事业特许经营进行社会监督，设置了公用事业公众监督委员会作为公众参与的途径和平台。[2] 在各地规定中，该委员会一般由市政府设立，其中非政府部门的专家和公众代表不得少于2/3，该委员会的职责在于建立公众与监管机构之间的沟通桥梁，一方面通过问卷调查、座谈会等方式收集和整理汇总公众的意见；另一方面将这些意见反馈给监管机构，并提出立法、监管等建议，并对特许企业的活动以及监管机构的行为进行监督和质询。

类似的规定"看上去很美"，然而实际上各地公众监督委员会真正现实运作的例子寥寥无几，这从媒体的"零报道"便可见一斑，可谓举国难觅公众监督委员会运行的身影。究其原因，无疑于是公众监督委员会依附于政府、独立性欠缺导致权威不足；立法过于简单，参与途径不明；作为政府行为的陪衬，参与无效、流于形式导致参与动力不足。这实际上也是我国目前公众参与普遍面临的通病。

---

〔1〕 周汉华：《基础设施产业政府监管权的配置》，载《国家行政学院学报》2002年第2期。

〔2〕 各地对此的称呼不一而同，分别有：市政公用事业特许经营监督管理委员会、特许经营社会监督委员会、市政公用事业特许经营公众监督委员会、特许经营公众监督委员会、特许经营监督委员会。作出相关规定的有四部地方性法规（《杭州市市政公用事业特许经营条例》《湖南省市政公用事业特许经营条例》《新疆维吾尔自治区市政公用事业特许经营条例》《哈尔滨市市政公用事业特许经营条例》），三部地方政府规章（《深圳市公用事业特许经营办法》《合肥市市政公用事业特许经营实施办法》《河北省市政公用事业特许经营管理办法》）。

三、我国水务特许的政府监管内容和手段

根据前文所述，水务特许的政府监管主要通过准入、水价、水质、退出等各方面进行，本书以此为脉络分析我国目前各种监管内容和手段的现状、成效和不足之处。

（一）监管内容

1. 准入监管

（1）准入监管的重要性

水务行业的准入监管，是监管机构在市场准入环节对准入的方式和程序进行监管，目的在于选择合格经营者进入水务市场。

由于水务行业的自然垄断特征，使由一家水务企业在特定服务区域提供服务才能保证规模经济下的更低成本。特许经营权作为某个特定区域内的排他性经营权利，一旦某水务企业获取了特许经营权，其他企业便无法进入该区域的水务市场。对于消费者来说，不能像选择普通商品那样选择供水服务。由此可以推断，与普通行业采取的事后竞争不同，在水务行业等公用事业中，竞争的方式只能是缔约前的事前竞争。如果对这点没有清晰的认识，错置了竞争机制，可能造成严重的后果。[1] 根据德姆塞茨的论述，有必要通过招投标方式向竞争者开放市场，从而实现"面向该领域的竞争"（competition for the field）。[2]

在无法实现事后竞争的状况下，政府应当履行缔约前的权力，尽可能保证准入阶段的有效竞争，选择合理的竞争方式，按照法定程序选择合格的经营者，从而确保水务行业的优质服务。现实中有大量失败的案例表明，由于政府准入监管不当，导致不合格的经营者进入水务市场，加大了公共利益受损的可能性，准入监管的重要性便在于此。正因如此，英国学者马克·阿姆斯特朗认为如何设计合理的准入政策是监管者面临的首要

---

〔1〕 长沙公交民营化的困境便是竞争机制运用不当而导致恶性竞争的明证。在 2005 年长沙公交推行民营化的过程中，长沙市政府将线路经营权分别授予九家民营公交企业。多家企业共同运营最终导致"长沙公交企业之间的恶性竞争、公交企业服务能力和水平与市民要求差距的不断扩大，加之公交企业投入停滞不前"等问题。参见杨兴云：《长沙公交民营化乱象》，载《运输经理世界》2008 年第 5 期。

〔2〕 Harold Demsetz, *Why Regulate Utilities*? Journal of Law and Ecnomics. Vol. 11, No. 1. (Apr. 1968)

问题。

(2)我国水务特许准入监管的现状

①准入方式和程序的立法缺陷

作为自然垄断行业,只能在事前采取竞争方式,即选择经营者过程中的充分竞争,这是保证优质经营者进入水务行业的保证。因此,准入方式的选择和准入程序的遵循是非常重要的。例如,在遵义水务特许经营案中,政府并未采用招投标等准入方式,而是采用了双方谈判方式,由于缺乏竞争,双方的谈判必然没有更多选择的余地,当地政府因此被迫接受了过高的固定回报率,造成日后供排水公司的巨大亏损。[1] 目前立法对公用事业准入方式和程序设置的规定,如表 2-5 如示:

表 2-5 公用事业立法中的准入方式和程序设置

类别	文件简称	准入方式	程序规定
部门规章	2004 年《办法》	未明确规定,第 2 条表述为"市场竞争机制"	仅规定了招标程序:发布招标条件、受理投标、评审、质询、公开答辩、公示、签订协议
	2015 年《办法》	应当通过招标、竞争性谈判等竞争方式选择特许经营者。 特许经营项目建设运营标准和监管要求明确、有关领域市场竞争比较充分的,应当通过招标方式选择特许经营者	无

[1] 刘文先:《一纸合同的得与失,遵义市出让两水厂经营权的经济账》,载《贵州日报》2004 年 4 月 26 日。

续表

类别	文件简称	准入方式	程序规定
地方性法规	《新疆维吾尔自治区市政公用事业特许经营条例》	招标等公平竞争方式	招投标程序依照《招标投标法》的规定
	《北京市城市基础设施特许经营条例》		无
	《湖南省市政公用事业特许经营条例》		规定招标文件的编制和招标代理机构的作用
	《深圳市公用事业特许经营条例》	应当采取招标、拍卖方式，招标拍卖不能确定的，采取招募方式	规定了招标拍卖后签订协议的期限为 30 日；对授权实施方案应当举行公开听证
	《淮南市公用事业特许经营条例》		招募程序：招募邀请—审查评议—公示—签订协议
	《杭州市市政公用事业特许经营条例》	招标等公平竞争方式，采用招标方式无法确定的，可以采用招募方式	规定了公示和签订协议程序
	《贵州省市政公用事业特许经营管理条例》	应当采取招标方式，不能确定的，可以采取符合国家规定的其他方式，但应当项目所涉土建工程及重要设备除外	招标程序：公布招标、资格审查、方案预审、评审、质询、公开答辩、公示、签订协议
	《山西省市政公用事业特许经营管理条例》	新建项目应当采取招标方式，通过招标未能确定的，可以采取直接委托方式；现有项目可以采取有偿转让或委托方式	仅规定招标方式的公示及异议程序[1]
	《青海省市政特许经营管理条例》	采取招标方式，通过招标不能确定的，采取直接委托或其他方式	

---

[1] 仅有《福建省城市污水招标规定》《江苏省城市市政公用事业特许经营招标投标制度》《重庆市主城区城市公共汽车客运线路特许经营权招标投标管理办法》。

通过表2－5可以看出，关于市场准入方式，2004年《办法》中也笼统地表述为“市场竞争机制”，各地的规定几乎都将招投标作为首选方式，除此之外，还有竞争性谈判、招募、拍卖、直接委托等方式，但如何选择适宜的准入方式，各地规定甚为简单，2015年《办法》划定了招标的适用范围——“特许经营项目建设运营标准和监管要求明确、有关领域市场竞争比较充分的”，应当通过招标方式选择特许经营者。关于准入的程序，各地规定不一，更有个别地方性法规对此只字不提。除上述公用事业特许经营立法外，我国目前专项规定特许经营招标程序的立法极少，适用领域和适用地域也有限。

②准入标准单一

除了立法的不足，实践中政府的“准入标准取向单一”也是导致准入监管无效的重要原因。由于政府急于甩掉财政包袱，通常仅关注企业的出价高低，倾向于选择高出价者，而对申请者的从业经验、资质、财务等条件疏于考察，这在拍卖的准入方式中体现得更为明显。

准入标准单一主要表现如下：首先是资产高溢价出售，如导论中提到的兰州供水集团于2007年将45%的股权转让和增资项目以17.1亿元的高价成交，引起同业的广泛争议。其次是缺乏对企业资质等条件的考察，如上海友联联合体于2005年获得了上海竹园污水处理厂BOT项目的特许经营权，该企业由三个企业投资而成，这些组成企业几乎没有任何城市水业经营业绩。在经营一段时间后，该公司于2005年年初先后撤出竹园二期和一期项目。[1] 实践表明，这样的后果只能是将公用事业陷入巨大风险之中，并最终将价格负担和运营风险转嫁给消费者。[2]

③缺乏可行性论证

在准入阶段，事先的可行性评估是必不可少的，由专业机构对该项目

[1] 傅涛等：《中国城市水业改革实践与案例》，中国建筑工业出版社2006年版，第91～98页。

[2] 其他的案例，如广东番禺垃圾发电项目中的卡万塔集团，在英美垃圾焚烧、垃圾发电产业已有颇多关于环保的不良记录，却于2007年在重庆成功落地，近年又取得开发珠三角垃圾市场资格。再如，“赤峰供水BOT项目”中，地方政府忽视了对运营企业资质和经验的考察，最终酿成重大水污染事件。参见笑蜀：《我来揭垃圾发电项目的道德画皮》，载《南方周末》2009年11月11日；李松涛：《内蒙古赤峰水污染事件折射公用事业改革困境》，载《中国青年报》2009年8月3日。

投资与建设的现实可行性进行评估论证后方可着手进行；否则，盲目地引资只能得不偿失。例如，遵义市水厂的市场化改革并未进行任何前期风险评估和可行性研究，政府急于甩掉包袱，经过谈判就与法国威立雅公司签订了特许经营合同，而在实施过程中遭遇了很多问题。[1] 沈阳水源九厂 BOT 项目中，政府在前期决策时并未正确评估投资风险和投资成本，盲目引入外资，造成了自来水公司的严重亏损。[2]

④特许经营合同不完善

作为政府与企业协商一致的行为准则，特许经营合同的签订极为关键，但现实中因特许经营合同不完善而导致的协议失衡和特许风险却并不少见。这主要体现在两个方面：一是违规设定高额固定回报率或超长特许经营期限；二是协议内容不完整、重要条款和政府承诺未写入协议。例如，由于政府急于引资、决策机制欠缺，沈阳自来水总公司在与外方签订的协议中，都是以外方利益为主导的不合理条约，包括固定回报或者变相固定回报。[3] 又如，在徐州三八河污水处理 BOT 项目中，协议仅约定每 5 年重新调整一次污水处理价格，但没有明确规定调整的具体方式和调整公式，后因价格调整无法达成共识而引起纠纷。[4]

2. 水价监管

(1)备受质疑水价上涨之路

水价可以被称为是中国最复杂的价格，这种复杂性不仅缘于供水行业的地域差异性导致非中央统一的属地性管理和成本监审，而且缘于其并非单纯的经济概念，更多情况下是一种由社会和政治因素影响的"政治价格"[5]，需要各地城市政府根据多种因素进行综合考量而确定。正因为如此，水价作为处于风口浪尖的热点话题，直接关系着国计民生，影响居民日常生活，其中些微的涨落起伏都总能牵动着人们最敏感的神经。

近年来，水价一直呈持续上涨的状况。在 2009～2010 年间，我国曾有一轮集中水价上涨，当时的上涨趋势引发了全国对于水价的高度关注。

---

[1] 刘文先：《遵义市出让两水厂经营权的经济账》，载《贵州日报》2004 年 4 月 26 日。

[2] 傅涛等：《中国城市水业改革实践与案例》，中国建筑工业出版社 2006 年版，第 74 页。

[3] 同上书，第 71～76 页。

[4] 同上书，第 54～60 页。

[5] 喻文光：《德国水务私有化及其监管》，载《行政法学研究》2005 年第 3 期。

从国外经验来看,水价调整周期大致为3~5年,[1]在2013年上半年,全国水价依然以上涨为其主旋律,各地纷纷召开水价听证会,探讨水价调整方案,计划上调或已经上调的包括上海、武汉、芜湖、珠海、扬州等多个省市和地区,水价上涨似有“风雨欲来”之势。上海2013年6月28日举行的居民用户水价调整听证会上提供的两套调价方案,涨幅均达到30%。遵义中心城区水水价也由原来的每吨2元涨至2.3元。有关全国水价的调整工作,如表2-6所示:

表2-6 2013年1月至2013年7月全国主要城市水价调整对比表[2]

(调价后价格由高到低排序)

城市	调整前居民生活用水价格(元/立方米)	调整后居民生活用水价格(元/立方米)	增长幅度(元/立方米)
延安	3.2	4.17	0.97
上海	2.8	3.65	0.85
扬州	2.77	3	0.23
湛江	2.59(平均到户价格)	2.895(平均到户价格)	0.305
遵义	2	2.3(用水量18吨/月以下)	0.3
芜湖	2.05	2.12	0.07
珠海	1.58	1.99	0.41
湘潭	1.55	1.95	0.4
自贡	1.59	1.825	0.235
武汉	1.1	1.52	0.42

笔者通过对2007年至2017年近十年间直辖市和各省会城市水价增幅统计,如表2-7所示。[3]

---

[1] 《英国的水价调整期为五年》,载http://www.ofwat.gov.uk,最后访问日期:2013年9月6日。

[2] 李晓佳:《“涨”声四起,全国性水价调整期悄然而至》,载http://news.h2o-china.com/html/2013/08/120156_1.shtml,最后访问日期:2013年9月6日。

[3] 数据经过中国水网的公布的各地水价统计而来,载http://price.h2o-china.com/,最后访问日期:2017年11月1日。

表 2－7　2007 年至 2017 年中国部分城市居民生活水价统计

城市	2007 年自来水单价(元)	2007 年污水处理费(元)	2017 年自来水单价(元)	2007 年污水处理费(元)	增幅(%)
北京	2.8	0.9	3.64	1.36	35
上海	1.03	0.9	1.63	1.3	51
天津	2.6	0.8	4	0.9	44
重庆	2.1	0.7	2.7	1	32
石家庄	2	0.6	2.5	0.8	26
呼和浩特	1.95	0.45	2.35	0.65	25
太原	2.1	0.25	2.3	0.5	19
沈阳	1.6	0.5	1.8	0.6	14
长春	2.5	0.4	3.8	0.4	44
南京	1.06	1.07	1.68	1.42	45
杭州	1.35	0.5	1.35	0.5	0
合肥	1.54	0.65	1.55	0.51	5
福州	1.2	0.85	1.7	0.85	24
南昌	0.88	0.5	1.58	0.8	72
济南	2.6	0.7	2.25	0.9	5
郑州	1.6	0.65	1.6	0.65	0
成都	1.35	0.8	2.94	0.9	78
武汉	1.1	0.8	1.52	0.8	22
长沙	1.18	0.73	1.53	0.75	21
广州	1.32	0.63	1.98	0.9	48
南宁	1.06	0.5	1.48	1.17	70
海口	1.55	0.6	1.6	0.8	12
哈尔滨	1.8	0.5	2.4	0.8	39
贵阳	1.2	0.55	2	0.7	54
云南	2.25	0.75	2.45	1	15
西安	2.17	0.65	2.25	0.65	3

续表

城市	2007 年自来水单价(元)	2007 年污水处理费(元)	2017 年自来水单价(元)	2007 年污水处理费(元)	增幅(%)
兰州	1.5	0.3	1.75	0.8	42
西宁	1.3	0.52	1.3	0.82	16
银川	1.15	0.4	1.8	0.7	61
乌鲁木齐	0.36	0.7	1.36	0.7	94

从上述数据可知,除了少数城市水价没有变化之外,大多数城市的水价均有不同程度的涨幅,甚至有城市达到了 94% 的涨幅。持续的价格上涨除了供水成本增加、污水和污泥处理要求增加、资源型产品价格提高、效率低下等原因,[1]不可否认与政府价格监管低效具有内在直接的关系,即在现有价格监管模式下,价格监管机制缺乏充分的激励因素、监管机构无法准确掌握市政公用企业的真实成本信息等原因严重影响了价格监管的有效性和公信力,从而致使"公共服务和公共产品的价格合理性普遍受质疑"。[2]

水价上涨备受质疑,加剧了公众与政府的矛盾,如何进行有效的价格监管,便成了各地政府不得不考虑的问题。

(2)水价监管无效的原因

从行政法角度来看,政府负有对企业的价格行为进行监管的职责,成功的水价监管将有利于维护消费者利益并维持企业适当合理的运营,而无效的水价监管则可能产生负面消极的激励,从而导致资源利用的低效率。

①成本监审机制的问题

第一,我国水价采取成本加成定价模式。目前世界上最具典型意义的水价定价模式主要有两种:一种是以英国为代表的价格上限定价模

[1] 傅涛:《水价上涨的五个基本原因》,载 http://news. h2o - china. com/html/policyandmarket/specialcomment/823291249627670_1. shtml,最后访问日期:2013 年 9 月 6 日。

[2] 李嘉娜:《市政公用事业监管的行政法研究》,中国政法出版社 2012 年版,第 249 页。

式;[1]另一种水价定价模式以美国为代表的成本加成模式。[2] 这两种典型的监管模式各有利弊,“成本加成”模式虽然有利于鼓励企业加大投资,但缺乏对企业提高效率的刺激机制。“价格上限”模式的优点在于它限制了企业的上涨幅度,促使企业对生产要素实行优化组合,企业可以在满足服务条件的基础下,通过降低成本获取较多利润,不至于出现过度投资现象,但其难点是基期价格必须确定合理,否则下期价格难以做到准确。[3]

虽然日本经济学家植草益认为,价格上限模式有必要经修正后普及推广到更多国家和产业,[4]但傅涛认为,从我国现实考虑,价格上限模式对价格监管机制要求较高,而“成本加成”模式由于设定了投资回报率,可以使供水企业获取合理利润,又为政府监管的实施留有余地,同时,也体现了公用事业的社会福利性,对目前中国的现状而言是比较适合的、可行的管理模式。[5] 在立法中,1998 年《城市供水价格管理办法》确定了我国“成本加成”的定价模式。[6] 2004 年 1 月执行的《水利工程供水价格管理办法》同样承袭了成本价加成的模式。

第二,成本监审机制是价格监管的核心。由于水价由成本和利润构成,而利润率固定为 8%~10%,可见该模式的关键在于企业的定价成本是否科学、合理。因此,健全的成本监审机制是政府价格监管的核心。

国家发改委对于成本监管机制颁布的法律文件主要有 2006 年《政府制定价格成本监审办法》、2007 年《定价成本监审一般技术规范》,以及 2010 年《城市供水定价成本监审办法(试行)》,前二者使政府价格主管部

---

〔1〕 该模式采取 RPI - X 模型,RPI 表示零售价格指数,即通货膨胀率,X 是由管制者确定的在一定时间内生产效率增长的百分比,5 年之内确定一个调价公式。参见 Ofwat 网站 http://www.ofwat.gov.uk。

〔2〕 该模式又称投资回报率模式,是指以经营者资本性投入数量为计算基准制定企业投资回报率的合理空间,使企业得到有限但公正的财务收益。

〔3〕 侯明:《完善公用事业价格监管方式》,载《光明日报》2006 年 7 月 28 日。

〔4〕 [日]植草益:《微观经济规制学》,朱绍文等译,中国发展出版社 1992 年版,第 165 页。

〔5〕 傅涛:《如何在供水的自然垄断中引入竞争机制》,载 http://news.h2o-china.com/html/policyandmarket/specialcomment/823321249628154_1.shtml,最后访问日期:2013 年 10 月 1 日。

〔6〕 1998 年《城市供水价格管理办法》第 7 条和第 11 条明确我国城市供水价格由供水成本、费用、税金和利润构成,而供水企业合理盈利的平均水平是净资产利润率 8%~10%。

门的成本监管行为进入了有法可依的新阶段,后者对供水行业的各项成本核算进一步设置了更为细致的规则。根据《政府制定价格成本监审办法》,成本监审是指政府价格主管部门制定价格过程中在调查、测算、审核经营者成本基础上核定定价成本的行为。成本监审的目的在于核定定价成本,根据该办法,定价成本反映了运营者在全国或者一定范围生产经营同一种商品或服务的社会平均合理费用支出,政府常将其作为基本依据制定水价。

第三,制约成本监审机制的重要因素主要有:成本约束机制不完善。在利润确定的情况下,经营者出于追求利润最大化的倾向,极有可能想方设法通过加大定价成本等方式获得生存与发展空间,譬如使用超前投资、过度投资、业务外经营支出、经营性浪费甚至虚列成本等方式加大成本基数,真正用于提高服务、改善水质的资金难以保障,从而使成本监管鞭长莫及,相当大一部分资金逃避了政府的成本监管。

信息不对称是制约成本监审有效性的关键因素。成本监审的效果很大程度上取决于监管机构与被监管企业之间信息的对称程度。《城市供水定价成本监审办法(试行)》中成本监审合理性原则明确了行业平均成本为定价依据,而由于供水行业较强的属地性及自然垄断性质,使其在单一城市中的市场主体相对单一,而中国的供水服务信息公开程度极差,如何获得合理的平均成本来衡量某一企业的成本具有相当难度,成本监审部门难以简单明确而单一地确定合理的成本和监审标准。加上供水行业缺乏基础数据欠缺,如漏损率普遍失真,行业内缺乏有效的数据共享与服务技术系统和服务机制,增加了成本监审的难度。[1] 然而,由于价格主管部门并非行业监管机构,缺乏对行业和企业真实运营的深入了解和掌握,监管乏力,往往只能就企业提供的财务资料作形式意义上的审核和批准。

可见,由于水价成本审监缺乏有效的成本约束机制,加上信息不对称带来的成本监审无效,才会使被恣意扩大的成本最终以水价的形式转嫁给消费者,从而屡屡推动水价格上涨。

---

〔1〕 傅涛:《理性看待水价》,载 http://news.h2o-china.com/html/2013/04/115763_1.shtml,最后访问日期:2013 年 9 月 1 日。

②听证程序不完善

1998年《城市供水价格管理办法》以及深圳和杭州的特许经营条例对价格调整程序作出了规定，根据相关规定，调价程序一般包括以下几个环节：

第一，提出申请。经营者可向价格主管部门提出申请，[1]申报文件同时抄送同级城市供水行政主管部门。城市供水行政主管部门应及时将意见函告同级人民政府价格主管部门，以供同级价格主管部门统筹考虑。

第二，审核受理。由供水企业所在的城市人民政府价格主管部门对供水价格的调整进行审核。

第三，调查听证。价格主管部门受理申请后，开展社会平均成本和社会承受能力调查，并在作出受理决定之日起3个月内举行听证会。

第四，制定报批。在充分吸收听证会意见后，价格主管部门会同监管部门制定价格方案并报上级市政府批准。

第五，公布实施。价格方案批准后，由价格主管部门通过新闻媒体向社会公布，并组织实施。

上述程序中矛盾最突出的环节就是听证环节。在水价听证中，政府并未公开供水企业的相关成本和信息，消费者只占听证人数的极少部分，并且其提出的意见常常得不到主管部门的重视。[2]

一项调查显示，78.9%的受访者表达了参加价格听证会的意愿，但不容乐观的是，高达44.6%的受访者认为已经召开过的听证会是“走形式”，并没有真正起到听取各方意见的作用，政府通过听证会进行水价监管并没有得到预想中的效果。对于水价听证会效能的这种“低信心”局面如果不能尽快得到改善，“高兴趣”恐怕也难以长久维持。[3]

诸多因素导致了目前价格听证会偏离了听证制度的设立初衷。首先是不公开透明是水价听证最使人诟病之处。听证会的效果取决于成本信息的披露程度，成本监审结论的真实性与可信性，往往是价格听证中消费

---

〔1〕 深圳和杭州的特许经营条例中的调价申请主体还包括公用事业公众监督组织、消费者组织、行业协会监管部门。

〔2〕 吕宗恕：《水价：一边迷局一边涨声》，载《南方周末》2009年12月24日。

〔3〕 零点研究咨询集团：《定价方式决定公共服务口碑》，载《经济观察时报》2008年12月4日。

者行使参与权、表达权和监督权从而对定价方案提出实质性抗辩意见的重要依托,而我国成本监审机制的缺陷使水价听证会的意义大打折扣。其次是代表遴选制度的缺陷,由于缺乏严格而可操作性强的听证代表选取程序和名额分配规则,缺乏严密约束听证会举办单位与听证代表之间接触行为的制度,缺乏听证材料选取和提供的基本规范性要求,因而难以选出真正有“代表性”的听证代表。

总之,在水价监管中,由于缺乏有效的成本约束机制,加之信息不对称带来的监管无力,才会使被恣意扩大的成本最终以水价的形式转嫁给消费者,从而屡屡推动价格不合理上涨。而调价程序中听证制度不具公信力,加剧了政府、企业和消费者的不信任,尤其是政府补贴不到位导致贫困群体的支付困难,使水价调整极为艰难,从而影响到公共利益的实现,由此反映出我国水价监管的窒碍难行之处。

3. 水质监管

(1)水质问题频发

公众饮用干净健康水是基本人权,合格的水质直接关系到居民生活用水安全和工业生产的正常运行。而近年来,由于水源污染和管网建设落后等原因,中国饮用水的水质状况却不容乐观。在管网建设方面,中国城市供水管网质量存在低劣问题,不符合国标的灰口铸铁管占 50.80%,普通水泥管占 13%,镀锌管等占 6%。老旧管网漏水严重,经常爆管,从水质角度来讲,容易发生二次污染。[1] 根据 2009 年住建部水质中心的普查,在 4000 余家水厂中,98% 的水厂仍使用传统水处理工艺,有 1000 家以上城市自来水厂出厂水水质不合格。而多位接近权威部门的业内人士估计,实际合格率也就是 50% 左右。时任住建部水质中心主任邵益生于 2012 年承认 2009 年针对全国 4457 家城镇自来水厂的水质普查,合格率仅为 58.2%,同时他公布了 2011 年最新抽样检测:中国自来水厂出厂水质达标率为 83%。[2]

自来水合格率危机引发水务特许中水质监管的诸多忧思。2009 年

[1] 童刚:《自来水合格率仅 50%?》,载《都市快报》2012 年 5 月 8 日。

[2] 宫靖:《中国城市水质悖论:几乎没有水厂自测水质不合格》,载 http://green.sina.com.cn/news/roll/2012-06-08/152424559912.shtml,最后访问日期:2013 年 9 月 1 日。

江苏盐城市、湖北南漳市和内蒙古赤峰市接连发生了三起严重的饮用水污染事件，政府监管缺位在这三起事件中集中凸显，受到舆论的一致指责。以2009年“赤峰水污染事件”为例，九龙供水公司的经验技术不足以及政府的监管失职问题引发了市民关注，“民营企业怎么可以经营城市供水”之类的质疑不在少数。[1]

虽然城市供水的特许经营模式与水质问题可能并不必然有直接联系，但是不可否认特许经营者由于企业利益驱使，加大了水质出现问题的风险。政府对特许经营者的水质监管是克服特许经营外部性的重要方面。

（2）水质监管现状

①各级水质监测中心的局限性

在水质监管方面，不可忽略的重要机构是各级水质监测中心。2007年开始实施的《城市供水水质管理规定》（以下简称《水质规定》）确定了由国家和地方组成的城市供水水质监测网络。国家城市供水水质监测网，由建设部城市供水水质监测中心和直辖市、省会城市及计划单列市等经过国家质量技术监督部门资质认定的城市供水水质监测站组成。地方城市供水水质监测网，由设在直辖市、省会城市、计划单列市等的国家站和其他城市经资质认定的城市供水水质监测站组成。两级监测机构在业务上接受建设主管部门或城市供水主管部门指导，负责数据的汇总、分析和上报，以及受建设（供水）主管部门的委托进行水质检测。

我国城市供水水质管理实行企业自检、行业监测和行政监督相结合的制度。根据《水质规定》第12条的规定，由供水企业进行水质检测后报各地监测站分析汇总，而供水企业水质检测是自检，由供水企业垄断水质信息，其检测的公正性和真实性得不到保障，甚至有企业为节约成本而忽略了水质监测设施的配备，如江苏省盐城市供水民营化后，特许经营者出于节约成本的考虑，没有安置专门的水质监测设施，水质控制完全靠检验人员鼻闻口尝，最终造成水厂水源遭酚类化合物严重污染的后果，迫使两家水厂关闭，数十万市民饮水受到影响。[2] 讽刺的是，当中国城市水

---

〔1〕 李松涛：《赤峰水污染事件折射公用事业改革困境》，载《中国青年报》2009年8月3日。

〔2〕 卢雁：《拷问盐城水危机：洋水务失足中国》，载《时代周报》2007年2月26日。

质被普遍认为存在“安全隐患”的同时，几乎没有一家水厂自测水质不合格。[1]

而上述隶属于建设(供水)部门的监测机构受政府委托进行水质检测，政府监管者与供水企业接触频率越高，关系越密切，管制者越容易接受其意见，[2]被供水企业“管制俘获”的可能性极大，使各级水质监测机构的作用有限。

②水质标准制定的不足

在水务特许后的水质监管中，最具重要意义的手段就是通过标准制定(standard - setting)来确立质量标准体系。我国对城市水质的标准主要有建设部《城市供水水质标准》(CJ/T206—2005)、卫生部《生活饮用水卫生标准》(GB5749—2006)。《城市供水水质标准》(CJ/T206—2005)确定的水质卫生要求为：水中不得含有致病微生物、水中所含化学物质和放射性物质不得危害人体健康、水的感官性状良好。《生活饮用水卫生标准》(GB5749—2006)增加了“生活饮用水应经消毒处理”等要求，并明确“本标准全文强制”，其中确定的水质指标由 GB5749—1985 的 35 项增加至 106 项，增加了 71 项，修订了 8 项。

现行饮用水水质标准，美国一级法定强制性标准 85 项，二级非强制性标准 15 项；世界卫生组织饮用水水质准则(第二版)共 157 项；欧盟水质准则共 48 项。[3] 我国的水质标准是参考了国际上较为先进的水质标准制定的，在我国法律制度中，监管部门可以通过一系列强制手段(如行政检查、行政处罚、行政强制)确保企业遵守强制性技术标准。

严格的水质标准减少了一些潜在的风险可能，固然有利于公共利益的实现，但问题在于，过于严苛的水质标准，却需要高昂的成本，这包括行政机关实施标准的成本、企业遵守标准的成本，以及因此带来的阻滞技术

---

〔1〕 宫靖：《中国城市水质悖论：几乎没有水厂自测水质不合格》，载 http://green. sina. com. cn/news/roll/2012 - 06 - 08/152424559912. shtml，最后访问日期：2013 年 9 月 1 日。

〔2〕 王俊豪：《政府管制经济学导论——基本理论及其在政府管制实践中的应用》，商务印书馆 2006 年版，第 49 ~ 64 页。

〔3〕 国外标准参见 http://www. nwqc. gov. cn/szbz/szbz. asp? twhat = % B9% FA% CD% E2% B1% EA% D7% BC，最后访问日期：2013 年 9 月 12 日。

进步和资源配置的无效率等间接成本。[1] 同时,中国地域广博,而地区之间的差异也非常大,执行此次标准,各地区之间以及规模不同的水务公司面对的困难就会不同。作为标准,如果所设指标大部分水厂都无法达到,形同虚设,就没有任何意义。正如学者所言:"实践中当技术标准水平制定过高,全行业企业中的大多数都无法实现该标准时,出于很多现实的考虑,政府往往无法对诸多企业进行一一处罚,更没有勇气去关闭这些企业。"[2] 由此,既达不到监管目标,又损害了法律的权威。

③信息公开和信息共享机制欠缺

饮用水的社会关联性决定水质信息的重要性,水质信息公开有利于为公众提供实时的水质信息,从而保障公众的知情权。而目前的水质公告制度并不完善,供水企业在信息供应方面处于垄断地位。在"赤峰水污染事件"中,事件发生后迟迟未公布水质报告,从而加大了公众对供水企业的质疑。于2014年3月6日发生的兰州"自来水危机"便暴露出信息披露的滞后,当日兰州多地自来水出现刺鼻异味,市民反应强烈,但直到7日晚(事发30个小时后)兰州市环保、疾控部门和供水企业才公布监测数据,声称自来水"符合安全饮用标准",对水异味来源只字不提,公众也看不到有关部门的积极应对举措,而供水公司在掌握相关情况并展开调查后,也只是在企业和有关部门内部公布信息,还回绝多家媒体的采访请求。信息披露的滞后,本质也是应对乏术。[3]

根据《水质规定》第4条的规定,住房与城乡建设部、省(自治区)人民政府建设厅、直辖市(市、县)供水主管部门分别负责全国范围、省级行政区域、市县级行政区域的城市供水水质监督管理工作;质量技术监督部门负责水质监测机构的计量认证认可与管理等。除此之外,根据1996年(建设部、卫生部令第53号)《生活饮用水卫生监督管理办法》,各级卫生部门主管本行政区域内饮用水卫生监督工作。可见,涉及水质监管的部门主要是住建和水务部门,其职责主要在于建立健全城市供水水

---

〔1〕 宋华琳:《推动技术标准体系的制度变革——基于行政法学理路的初步探究》,载天津市社会科学界联合会编:《科学·创新·和谐:天津市社会科学界第二届学术年会优秀论文集》,天津人民出版社2006年版,第219~227页。

〔2〕 同上书,第219~227页。

〔3〕 汤嘉琛:《兰州"自来水危机"有另一种"异味"》,载《新京报》2014年3月12日。

质检查和督察制度,并对相关法律法规的执行情况进行监督检查。卫生、质监、环保等部门根据其法定职责负责水质监管所涉及的相关事务。[1]

由于所涉部门较多,水源水质检测、出厂水和管网水检测、涉水原材料检测分别由不同部门负责,由此部门间的信息共享机制便显得尤为重要。而目前部门间信息共享平台的缺失,使信息传递方法无序、检测项目编码和评价体系各异。诸多教训都表明,信息不共享容易导致"信息孤岛",不同的信息无法共享而滞留在各自的信息源周围,信息滞留最严重时更会发生信息传输渠道隔断的事件,使政府监管效率大大降低。其中轰动一时的松花江污染事件就体现了信息不共享所带来的弊端,提前启动多部门信息共享的水质预警系统,污染物的扩散如果及时进行控制和处理,损失将会减至最小状态。

④应急机制仍待健全

根据目前法律、法规,发生水污染事故时的应急机制主要体现在以下方面:

一是应急预案和应急演练。应急预案和应急演练是为防患于未然而对事故发生时应急处理所做的提前准备。根据《城市供水水质安全管理规定》,建设(城市供水)主管部门应当会同有关部门制定城市供水水质突发事件应急预案,经同级人民政府批准后组织实施。城市供水水质突发事件应急预案应当包括以下内容:(一)突发事件的应急管理工作机制;(二)突发事件的监测与预警;(三)突发事件信息的收集、分析、报告、通报制度;(四)突发事件应急处理技术和监测机构及其任务;(五)突发事件的分级和应急处理工作方案;(六)突发事件预防与处理措施;(七)应急供水设施、设备及其他物资和技术的储备与调度;(八)突发事件应急处理专业队伍的建设和培训。城市供水单位应当依据所在地

[1] 住建公用事业部门通过核发《城市供水企业资质证书》、实施特许经营、实行水质监督检查和通报公告制、进行水质监测网络水质预警和应急管理等,对城市公共供水进行水质监管;水行政主管部门和流域管理机构通过取水许可证管理、水源水质动态监测等对水质进行管理和监测;产品质量技术监督部门通过实验室计量认可认证、抽查方式监督检查水质等方式对涉水产品、食品进行质量监管;环保国土地质矿产资源部门通过监测污染排放、监管饮用水水源保护区对污染排放源、饮用水水源进行质量监管。

城市供水水质突发事件应急预案，制定相应的突发事件应急预案，报所在地直辖市、市、县人民政府城市供水主管部门备案，并定期组织演练。

二是事故报告制度。《城市供水水质安全管理规定》中确定了三级报告制度：任何单位和个人发现城市供水水质安全事故或者安全隐患后，应当立即向有关城市供水单位、二次供水管理单位或者所在地直辖市、市、县人民政府城市供水主管部门报告。城市供水单位、二次供水管理单位接到安全事故或者安全隐患报告的，应当立即向所在地直辖市、市、县人民政府城市供水主管部门和其他有关部门报告。直辖市、市、县人民政府城市供水主管部门接到安全事故或者安全隐患报告的，应当按照有关规定，向同级人民政府报告，并通知有关城市供水单位、二次供水管理单位。报告程序的设置若层级过多，则可能影响应急处置的效率。

三是应急处置制度。直辖市、市、县人民政府城市供水主管部门应当会同有关部门立即启动城市供水水质突发事件应急预案，采取措施防止事故发生或者扩大，并保障有关单位和个人的用水；有关城市供水单位、二次供水管理单位应当立即组织人员查明情况，组织抢险抢修。城市供水单位发现供水水质不能达到标准，确需停止供水的，应当报经所在地直辖市、市、县人民政府城市供水主管部门批准，并提前 24 小时通知用水单位和个人；因发生灾害或者紧急事故，不能提前通知的，应当在采取应急措施的同时，通知用水单位和个人，并向所在地直辖市、市、县人民政府城市供水主管部门报告。发生城市供水水质安全事故后，直辖市、市、县人民政府城市供水主管部门应当会同有关部门立即派员前往现场，进行调查和取证。调查取证应当全面、客观、公正。调查期间，有关单位和个人应当予以配合，如实提供有关情况和证据，不得谎报或者隐匿、毁灭证据，阻挠、妨碍事故原因的调查和取证。

4. 服务监管

(1)普遍服务监管的内涵

《行政许可法》第 67 条规定了普遍服务的义务：取得直接关系公共利益的特定行业的市场准入行政许可的被许可人，应当按照国家规定的服务标准、资费标准和行政机关依法规定的条件，向用户提供安全、方便、稳定和价格合理的服务，并履行普遍服务的义务。2015 年《办法》第 46

条也提到特许经营者应当对特许经营协议约定服务区域内所有用户普遍地、无歧视地提供公共产品或公共服务。

所谓垄断行业的"普遍服务"(Universal Service),其概念首先出现在美国的电信行业。时任美国电话电报公司(AT&T)总裁的西奥多·韦尔(Theodor Vail)针对电话公司各自为政、互不联网的状况,于1907年公司年度报告中提出"一个网络、一个政策和普遍服务"(one network,one policy and universal service)的口号,主张在全国范围内所有电话网络均应实现联网,在政府管制下由一家电话公司垄断电信网络,才能使电话用户得到良好、方便、快捷的电话服务。这与现代意义上的普遍服务概念已经相去甚远。[1] 20世纪80年代末,经济合作与发展组织(OECD)在其所作的"普遍服务和电信资费的改革"报告中,把电信普遍服务定义为"任何人、在任何地方、任何时候,都可用可承担的价格来享受电信服务,而且服务的质量和资费一视同仁"。如今,普遍服务已经被世界许多国家引入各种公用事业之中。

根据我国经济学学者王俊豪对普遍服务的定义,是指"为维护全体公民的基本权利,缩小贫富差距,国家通过制定与实施相关法规,促使垄断行业的经营者向所有存在现实或潜在需要的消费者,以可承受的、无歧视的价格提供的基本服务"。[2] 行政法学者骆梅英认为,普遍服务是公民在公用事业领域的基本权利,即人人有权获得一个合理、非歧视、经济上可负担的基本公用事业服务,无论其经济地位为何,其内容一般包括公共利益条款、持续供应条款、平等接入条款、质量与安全条款、合理计费条款五个方面。[3]

笔者认为,水务行业普遍服务的基本内涵可以概括为:①持续性。由于水产品的生活必需性,经营者应当保证高效、不间断地向消费者提供用水,对于中断供水行为应当兼备实体和程序的行为规制。②非歧视性。由于水务领域具有极强的地方性,供水的成本高低差异较大,而资本的

---

[1] 王俊豪:《深化中国垄断行业改革研究》,中国社会科学出版社2010年版,第204~205页。

[2] 同上书,第206页。

[3] 参见骆梅英:《通过合同的治理——论公用事业特许契约中的普遍服务条款》,载《浙江学刊》2010年第2期。

"撇奶皮"[1]倾向导致供水企业忽略对高成本区域的供水服务。从普遍服务的角度来看,经营者应当广泛而公平、无歧视地提供水服务,对不同区域、不同消费水平的消费者平等对待,不能因为无利可图而拒绝为部分消费者提供服务。③可负担性。供水价格应当合理,在保证供水企业合理利润的基础上使大多数消费者都能负担得起。"价格可负担性"的实现路径已经在前文价格监管中进行了分析,本节主要通过中断供水行为规制和普遍服务基金分析持续可获得性和服务非歧视性。

(2)持续性缺乏规范

公共服务的生活必需性决定了其持续不间断的供给要求,持续供给属于企业的普遍服务义务,对供给中断行为的服务监管是政府监管的重要内容之一。

现行全国性规范仅有1994年原建设部颁布的《城市供水条例》,其中第22条规定了供水企业的不间断供水义务和停水前的通知义务,[2]第33条规定了供水企业擅自停止供水或者未履行停水通知义务的罚则。以《城市供水条例》为上位规范,不少省市也有相应的"城市供水管理办法",如1997年颁行的《河南省城市供水管理办法》、2005年颁行的《浙江省城市供水管理办法》和2010年修订的《北京市城市公共供水管理办法》,此类法规规章通常照搬《城市供水条例》的"通知义务"规定及其罚则。即使2013年6月公布征求意见的《西安市城市供水用水管理条例(草案)》(征求意见稿)也未突破《城市供水条例》的框架。可见,自1994年至今,对于城市自来水供给中断的理论研究及法律规定并无太大进展。由此导致了实践中企业中断供给权的滥用,就连物业公司也以此作为催

---

〔1〕所谓"撇奶皮"即"仅仅挑出牛奶温热之后上面那层富有脂肪的部分",意指新进入企业优先选择收益性高的地区或高收益的服务领域,而忽视对偏远地区、消费量低的居住区域、低收益服务项目等的供应。例如,湖北公交民营化中拒载老年人、孕妇、残疾人等高风险、低收益人群。而普遍服务则是指企业有义务广泛而公平、无歧视地提供服务。参见[日]植草益:《微观规制经济学》,朱绍文等译,中国发展出版社1992年版,第204页。

〔2〕《城市供水条例》第22条:"城市自来水供水企业和自建设施对外供水的企业应当保持不间断供水。由于施工、设备维修等原因需要停止供水的,应当经城市供水行政主管部门批准并提前24小时通知用水单位和个人;因发生灾害或者紧急事故,不能提前通知的,应当在抢修的同时通知用水单位和个人,尽快恢复正常供水,并报告城市供水行政主管部门。"

促业主履行业务的“尚方宝剑”。[1] 目前针对居民用户恣意的断水断电行为，在实践中仍然屡见不鲜，或者将断水、断电、断气视为是强制推行某一行政性政策的手段，[2] 或许缺乏正当程序性的保护。[3] 我国的行业性立法较为粗枝大叶，《水法》较少涉及居民用户与企业之间关系的内容，行业立法处理消费者与供应企业之间的关系，往往显得捉襟见肘。而《合同法》对中断供水行为进行普通的私法保护同样也存在缺陷。因此，必须对供给中断的行为性质和法律规制予以深入分析。

(3)非歧视性保障不足

传统垄断行业的普遍服务主要依靠垄断企业内部业务间的交叉补贴、政府的优惠政策和补贴、政府直接投资来实现。而供水行业实行特许经营后，由于市场竞争机制的引进，体制改革使垄断企业内部业务间的交叉补贴这种普遍服务形式失效；而政府原来对部分垄断行业的优惠政策和补贴逐步减少甚至取消。传统的普遍服务形式失效或大大削减后，垄断行业普遍服务面临着普遍服务水平低、普遍服务方式缺乏提高效率的

〔1〕 高园、杨珂：《断水断电成物业“杀手锏” 不合法但颇有效》，载《齐鲁晚报》2007 年 9 月 14 日。

〔2〕 我国虽然已经出台了一些规范来控制这些行为，但是基本上限于部门性领域，且规范的遵守效果并不理想。例如，国务院办公厅《关于控制城镇房屋拆迁规模严格拆迁管理的通知》，规定“严禁采取停水、停电、停气、停暖、阻断交通等手段，强迫被拆迁居民搬迁”。但是实践中，野蛮拆迁的行为并没有得到遏制，如 2004 年 5 月央视《时空连线》报道的沈阳黑色暴力拆迁事件，2007 年 3 月的重庆“钉子户”事件等。《行政强制法》(草案)第 44 条规定，行政机关不得采取停止供水、供电、供热、供燃气等方式迫使当事人履行行政义务。作为一条法律上的总则性的规定，对通过供应中断强迫相对人履行行政义务的行为做出了法律上的限制。但事实上，这一限制又显得有些“画蛇添足”，因为只要在《电力法》《水法》等相关规范中，对居民用户实施断水、断电、断气行为的条件、程序作出严格的规定，理顺中断供应行为在法律上的定性，那么就没有必要将类似不理性的强制行为通过列举的方式纳入法案。参见马怀德、喻文光：《基于公共利益保护的公用事业规制研究》，载《中德规制法学术研讨会论文集》2013 年 9 月(未刊)。

〔3〕 对断水断电缺乏正当程序的保护，不仅表现在法律规范对有中断供应权的供应企业采取断水断电的行为缺乏程序上的规定，如企业的提前通知义务、合理审查中断供应理由义务，特别是对支付困难用户在中断供应前应穷尽其他合理的扶助手段等，而且导致了实践中，没有中断供应权的其他主体也可能任意运用断水断电措施强制要求义务人履行义务的行为，如物业公司与业主发生纠纷时，物业公司也经常会采取断水断电作为要求业主缴纳物业费的胁迫手段，参见高园、杨珂：《断水断电成物业“杀手锏”不合法但颇有效》，载《齐鲁晚报》2007 年 9 月 14 日。

激励机制、地区之间普遍服务进展不均衡、普遍服务所需资金不足的问题。[1]

在供水行业,自来水的普遍服务同样任重道远。由于自来水的基础设施水平差,供水需求逐年增加。因此,需要加大自来水普遍服务的投资力度,然而无论是国家还是企业都没有足够的资金和动力。政府的补贴机制不利于供水企业提高生产效率,也不能有效激励企业提供普遍服务。[2] 因此,需要结合政府直接投资或补贴等辅助形式,进一步建立健全普遍服务基金政策。

5. 退出监管

公用事业民营化意在向原有政府垄断的公用事业引进市场竞争,水务特许最重要的意义就在于打破政府对供水领域的垄断。然而,已经获取特许经营权的供水企业如若没有市场退出监管制度的约束,特许经营就可能导致政府垄断变异为特许企业垄断,民众的这种担忧不无道理。[3] 另外,企业的特许经营权固然应受到保护,体现在市场退出监管中,就要求为其退出水务市场设定合理条件并遵循正当程序,如果没有健全的退出监管制度,可能导致监管机构的"暴力接管"侵害企业权益,加大了特许经营项目的运营风险,致使民营化的预期目标落空。在"长春汇津污水处理特许经营"中,许多特许经营者的合法权益受到政府随意强退的危害,而在"湖北南漳浊水事件"中,政府软弱的退出规制也使事件中的民众陷入极大的安全风险中。

可见,避免特许后的企业垄断危机与防止政府随意撤回特许经营协议同样重要,这个目标的实现有赖于完善的市场退出机制。从目前立法来看,2004 年《办法》第 16 条至第 17 条规定了市场退出的各种情形。在 2004 年《办法》之后,江苏省和吉林市根据本地需要分别于 2006 年、2007

---

〔1〕 王俊豪:《深化中国垄断行业改革研究》,中国社会科学出版社 2010 年版,第 219 页。

〔2〕 高伟娜:《中国自来水产业的普遍服务与管制政策》,载《东北财经大学学报》2008 年第 4 期。

〔3〕 周敏:《深圳特许经营授权,公用事业改革变企业垄断?》,载《羊城晚报》2005 年 6 月 27 日。

年颁行了市场退出的专门地方政府规章,[1]但仍无法完善市场退出制度的全面性和系统性,退出条件和程序设置方面的空白大量存在。另外,根据《行政许可法》第15条的规定,上述两省、市颁行文件的合法性均尚存质疑。除此之外,公用事业特许经营立法对市场退出有部分规定,但没有针对水务行业的专门规定。

根据市场退出的不同方式,可将其分为协商退出方式和强制退出方式两种,在这两种情况下都可能涉及临时接管程序。以下分别对这两种方式及临时接管程序的立法和实践现状进行分析。

(1)协商退出方式

经水务企业与监管机构的协商退出,主要包括两种情形:一是水务企业于特许经营期间届满后退出水务市场;二是特定情形下经协商一致特许合同的提前终止。对于前者来说,特许经营期限是关键,对于后者来说,提前终止特许合同的程序及审核是关键。

①特许经营期限方面

特许经营期限的设定意在限制企业的垄断,期限届满是企业正常退出水务市场的重要条件。在实践中,存在"特许经营期限过长"的情形。例如,深圳市公用事业改革初期,政府授予水务集团特许经营权的期限为50年以及续签两次的特权,从而引发了多数专家和民众对于这种长达半个世纪的"独家特许"会带来的新型垄断危机的无限担忧。过长的特许经营期限可能滋生特许企业的垄断行为,不利于促使企业积极改进生产效率。对此,笔者梳理出以下四个问题:

首先,特许经营期限最长多少年?为了防止过长的特许经营期限,2004年《办法》第12条规定特许经营期限最长不得超过30年。2015年《办法》第6条的规定则更为灵活,公用事业特许经营期限原则上不超过30年。但对于投资规模大、回报周期长的特许经营项目可以由政府或者其授权部门与特许经营者根据项目实际情况,约定超过30年的特许经营期限。

其次,特许经营期限届满能否延长?北京、吉林、济南、新疆等地的政

[1] 即2006年《江苏省城市市政公用事业特许经营市场退出制度》和2007年《吉林市城区供热市场准入和退出管理办法》。

府规章在30年的基础上规定了期满前一定时间内可以提出延期申请。2015年《办法》规定特许经营期限届满后确有必要延长的，按照有关规定经充分评估论证、协商一致并报批准后，可以延长。

再次，特许经营期限的延期是否会演变成为对竞争者的进入壁垒？延期如若没有次数和期限的严格限制，便是变相地规避了市场准入的选拔程序，削弱了竞争性。2004年《办法》对此没有规定，北京、济南、淮南和新疆等地规定了期满1年前可申请延期，但少数地方规定了次数限制和延长期限限制。例如，淮南规定可延期1次，不得超过4年；新疆规定可延期两次，一次不超过2年。现有特许经营者仅仅通过申请便可以延期特许经营期限，这种缺乏公开竞争机制的特许权授予无异于直接屏蔽了竞争机制，也可能为政府寻租提供机会。

最后，重新选择特许经营者时，原特许经营者的优先权是否增加了竞争者的进入壁垒。2015年《办法》及多个地方规章均规定期限届满后重新选择特许经营者时，原特许经营者在同等条件下享有优先权。[1] 由于水务行业对从业经验和业绩的要求，原特许经营者基于其对该领域水务行业的熟悉而享有优先权，看起来似乎是无可厚非的。实质上，这有违政府"公平准入"的政策，不利于吸引潜在投资者参与竞争，竞争不充分不利于选择更优质的特许经营者。对原有水务行业运营的熟悉不能成为"优先权"的绝对理由，这可以通过过渡期的信息共享实现。

综上所述，签订特许合同时约定特许经营期限超过30年以上的，是否需要设置特定程序，特许经营期限届满能否延长、通过何种程序延长、延长时间和次数有无限制，赋予原特许经营者优先权是否必须，地方立法与中央立法的冲突如何协调？[2] 在特许经营期限方面，这些问题无法回避。

②特许合同经协商一致提前终止

在特许经营期限内，如果出现不可抗力或企业无法经营等其他情形，可以经企业单方申请解除、由相关监管机构批准，或可以由监管机构提

〔1〕 例如，贵州、青海、哈尔滨、成都、合肥、天津均规定"主管部门重新选择特许经营者，同等条件下原特许经营者依法享有优先权"。

〔2〕 虽然根据《立法法》，地方政府规章与部门规章具有同等效力，但笔者认为，关于特许经营过程中需要遵循的最基本规则，地方政府应对中央层面立法保持相应的尊重。不过，这也正印证了国家层面需要一部位阶更高的相应立法来解决地方矛盾问题。

出、经双方协商一致，而提前终止合同的履行。

根据2004年《办法》第17条的规定，特许企业在协议有效期内可以向主管部门提出单方解除申请，主管部门在申请后的3个月内作出答复，但没有明确企业单方申请解除的适用情形。有个别省、市规定了企业可以因不可抗力而提出解除特许协议。[1] 各地规定可谓五花八门：有的地方规定授权主体应当批准（贵州、青海、合肥、济南、青岛、武汉），也有地方规定由市政府同意（深圳），也有地方规定应当进入临时接管程序（山西、湖南）。对于企业在不可抗力之下的及时补救责任、批准主体和相关程序，均鲜有规定。

2015年《办法》第38条明确了两种提前终止的情形：一是因特许经营协议一方“严重违约或不可抗力等原因”，导致特许经营者无法继续履行协议约定义务；二是出现特许经营协议约定的提前终止协议情形。除此之外，还明确了提前终止协议时政府的补偿责任。

笔者认为，虽然双方在特许经营期限届满前可以协商一致解除特许经营，但该解除仍要受到相应限制。目前，立法对企业单方提出解除协议的程序规定极其简单，缺乏相关的程序设置、对解除理由的审核规则以及在解除前如何重新选择经营者的规定，如此造成主管部门的决定具有很大的随意性。

（2）强制退出方式

相对于自愿退出方式，对已不能实现政府监管要求的水务企业，如果双方不能通过协商一致提前终止的，主管部门有权强制取消特许经营权，这被称为强制退出方式。根据“不能实现政府监管最低要求”的不同原因，可将退出情形分为撤回、撤销两种情形。

①撤回

撤回一般是基于企业无过错的客观情况变化。例如，该特许经营权所依据的法律、法规或客观条件发生变化，监管机构为了公共利益的需要可撤回该水务特许。由于此种退出情形是由于不可归责于特许经营者的

[1] 《贵州省公用事业特许经营管理条例》第24条规定：“特许经营者在经营期间，因不可抗力原因无法正常经营时，可以向特许经营权授权主体提出提前终止特许经营权的申请，特许经营权授权主体应当批准提前终止特许经营权。”

客观原因，因此，根据《行政许可法》第8条所确立的信赖保护原则，政府应当给予补偿。2004年《办法》对这种情形没有规定，2015年《办法》第38条规定“特许经营协议提前终止的，政府应当收回特许经营项目，并根据实际情况和协议约定给予原特许经营者相应补偿”。在地方立法层面，目前仅贵州、青海、杭州、哈尔滨、北京、湖南、成都、合肥、济南、吉林、青岛对此做了规定，但是对补偿的标准规定不一，包括“对直接损失给予合理补偿”（杭州、哈尔滨）、“对财产损失依法给予补偿”（青海、湖南、成都）、“给予相应补偿”（合肥、济南）、“对固定资产净值部分给予合理补偿”（吉林）等补偿方式。

②撤销

根据《行政许可法》第69条的规定，当准予行政许可的决定违法时，由作出许可决定的机关或其上级行政机关撤销已经授予的行政许可。除了作出许可时的违法行为，笔者将“撤销”的情形扩展至包含许可授予之后的企业违法和违约行为，这其实是特许经营合同中监管机构单方解除权的行使。分述如下：

第一，监管机构违法授予特许经营权的行为，如监管机构工作人员滥用职权、玩忽职守，监管机构超越职权、违反法定程序、对不具备申请资格或不符合法定条件的申请人准予许可。此时，如果不会对公共利益造成重大损害，企业的特许经营权可以被撤销，但因信赖利益受损可获赔偿。如果水务特许企业已经实际参与运营，承担着当地的供水服务，事关重大公共利益，也可以不撤销该特许经营权，但毕竟存在行政违法行为，可以追究相应的行政责任，也可以由法院通过“确认违法（或无效）判决”给予否定评价。

第二，当水务特许企业的违法或违约行为影响到其正常运营时，监管机构可撤销该水务特许。①违法行为，包括以不正当手段获得特许经营权、擅自转让出租特许经营权、以特许经营权设定担保等行为。②违约行为，此类行为较为常见，包括未经授权或者超越特许经营协议约定范围从事相关特许经营、擅自调整价格或者收费标准、不履行特许协议约定义务等。③其他情形，如财务状况恶化导致无法履行特许经营合同、不服从政府统一指挥调度、因转让股权或者财产而出现不符合许可资格条件等。对于上述各种行为的处理方法，国家立法以及各地立法的规定各不相同。

在实体标准上，有的地方附加了“情节严重”或“严重影响公共利益”的条件；在程序标准上，2004年《办法》规定了“主管部门应当依法终止特许经营协议，取消其特许经营权，并可以实施临时接管”，有的地方规定了临时接管之前的“责令改正拒不改正”、“报市政府批准”或“听证”等前置条件。

(3)临时接管缺乏可操作性

根据现有立法，临时接管是指有权主体在特定情况下，为了维护社会公共利益，对特许经营项目进行强制性接收和管理行为。大多数学者普遍认为，临时接管行为属于一种行政强制措施，[1]具有强制性、临时性和即时性的特点。为保障公用事业经营的连续性和稳定性，临时接管必须严格遵循法律规定的条件和程序审慎进行。

根据2004年《办法》第25条，规定了主管部门应当“按照有关法律、法规的规定”进行临时接管，但该条援引规范实际上是虚置的，目前并未出台有关临时接管程序的法律法规，全国范围内仅江苏省出台了《江苏省城市市政公用事业特许经营权临时接管制度》，这就使临时接管缺乏可操作性，这才发生了上述提到的暴力接管案例。

①临时接管行为条件模糊

临时接管是在特定情况下不得已而采取的紧急措施，因此，明确接管条件关系着该程序的启动和进展。从现有法律规定来看，实施临时接管主要有以下三种情形：一是发生紧急情况，危及或者可能危及公共利益、公共安全；二是企业因无法继续经营而申请解除特许经营协议；三是主管部门因企业违规行为而撤销特许经营协议时，可临时接管特许经营项目，见表2-8。

表2-8　适用临时接管的情形

省、市、自治区	紧急情况	协商一致提前解除	主管部门撤销特许权
2004年《办法》	√		√
北京			√

[1] 章志远、李明超：《公用事业特许经营中的临时接管制度研究——从首例“政府临时接管特许经营权案”切入》，载《行政法学》2010年第1期；闫海、宝丽：《市政公用事业特许经营的行政接管》，载《城市问题》2011年第6期。

续表

省、市、自治区	紧急情况	协商一致提前解除	主管部门撤销特许权
贵州	√	√	√
杭州			√
湖南		√	
淮南	√		
山西	√	√	√
深圳	√		√
新疆	√		
青海		√	√
哈尔滨	√		√

可见,我国现行立法中对于临时接管情形缺乏统一有力的规定,认定标准较为混乱。而实际上,临时接管涉及企业特许经营权的存续,是在特许经营权非正常终止的情况下进行的,其适用谨慎性决定其条件的严格性。如果立法规范较为模糊,则使主管部门的临时接管随意性较大,侵害企业的经营自由权,从而置特许经营于巨大风险之中。

②临时接管行为主体欠当

关于临时接管主体,现行立法大多明确"政府负责,主管部门实施",主管部门负责特许经营权的授予和接管,具有权力行使的一致性,且其专业性知识可以确保接管的顺利进行。然而,这一规定仍存在一定的缺憾,公用事业主管部门在实践中缺少专业性,需要在相关专业机构的辅助下才能顺利完成。

③临时接管行为程序缺失

对于临时接管这种非常激烈的规制手段而言,程序制约显得极为重要。临时接管的启动、决定、执行和终止,均是不可缺少的环节,而目前无论是国家立法还是地方立法,在这方面的规定基本是空白的。

实践中对临时接管是否需要听证程序也存在不同理解。有人认为根据 2004 年《办法》第 25 条第 2 款的规定,"对获得特许经营权的企业取消特许经营权并实施临时接管的,必须按照有关法律、法规的规定进行,并召开听证会"。但在紧急情况下如何举行听证?再者,根据该条规定,如果仅有“取消特许经营权”而没有“临时接管”的,或者“临时接管”后又将经营权归还特许经营者而未“取消特许经营权”的,是否无须听证?

综上所述,市场退出方面的问题在于:首先,2004 年《办法》和 2015 年《办法》作为国家立法,在特许经营者的市场退出制度方面存在大量空白,另外由于建设部的规章和各地地方性法规的效力和权限不明确,导致中央地方并没有起到示范和约束作用。其次,无论是自愿退出还是强制退出,程序性规范普遍缺失。最后,临时接管作为较严厉的行政强制措施,其适用条件和程序规范尚不完善。

(二)监管手段

所谓监管手段,即在以上监管过程中可能用到的行政手段,即监管机构通过何种行政行为的作出来达到以上监管的各项内容。以下分析旨在抽丝剥茧般从不同监管内容中抽离出特定的类型化的行政行为,以便确定相应行政权的行使应当遵循的行政法规则,以便于从行政法的角度对政府行为进行规范。

1. 行政立法

通过制定规则和技术标准等抽象行政行为,相应监管机构实现了宏观上对水务特许企业监管政策的制定。当然,根据《立法法》的相关规定,拥有此项权力的行政机关是比较少的,包括国务院、“国务院各部、委员会、中国人民银行、审计署和具有行政管理职能的直属机构”、设区的市以上的各级政府。[1] 根据现行监管法律,在水务特许经营监管方面进行规则制定的主要是住房与城乡建设委员会。

2. 行政规划

所谓行政规划,“是指行政主体为了实现特定的行政目标,而作出的对行政主体具有约束力、必须采取具体措施在未来一定期限内予以实现的、关于某一地区或某一行业之事务的部署与安排”。[2] 关于行政规划属于行政行为还是事实行为,属于具体行政行为还是抽象行政行为,一直存在争议。但不可否认的是,“良好的规划是促进社会经济发展、提高人

---

〔1〕《立法法》第 65 条、第 80 条、第 81 条。

〔2〕周佑勇、王青斌:《论行政规划》,载《中南民族大学学报》(人文社会科学版)2005 年第 1 期。

民生活水平与质量从而实现社会和谐的原动力和助推器”,[1]行政规划在水务特许经营领域的作用同样不容忽视,可以使水务特许经营更加符合城市布局和总体规划,在规划的过程中同样需要注意引入公众参与,使规划更为科学合理。

根据《城市供水条例》,各级人民政府应当组织城市规划行政主管部门、水行政主管部门、城市供水行政主管部门和地质矿产行政主管部门等共同编制城市供水水源开发利用规划,作为城市供水发展规划的组成部分,纳入城市总体规划。可见,通过编制相应规划可以实现对水务特许经营宏观上的监管。

3. 行政定价

据《价格法》,政府定价(包括政府指导价),是指依法由政府价格主管部门或者其他有关部门按照定价权限和范围制定价格,或者规定基准价及其浮动幅度。作为公用产品的城市用水,其价格由政府制定,这最直接地体现了政府对水务特许企业的监管。

对行政机关的定价行为的性质,理论上也存在争议,有人认为,编制价格目录属于适用于不特定多数人的抽象行政行为,而针对某个具体企业的供应产品制定价格的行为属于具体行政行为;还有人从经济法的角度认为“公用事业中政府定价行为,它本质上是以实现政府经济社会职能为目的和内容、以市场行为为形式的政府经济行为”;[2]按照目前的司法实践来看,经由北京高级人民法院对“乔占祥诉铁道部案”的判决,确立了行政定价行为的具体行政行为。对此争议本书暂且按下不表,但作为对水务特许企业进行监管的主要手段,对水价的制定必须要符合《价格法》《政府制定价格听证办法》以及正当程序的基本要求。

4. 行政许可

行政许可作为一种政府激励手段,通过授予从事特定行为的资格来达到对市场主体的监管。除了前文所述特许本身属于“直接关系公共利益的特定行业的市场准入等,需要赋予特定权利的事项”之外,还包括作

[1] 胡锦光:《论行政规划的法律控制》,载《郑州大学学报》(哲学社会科学版)2006 年第1 期。
[2] 臧作勇:《我国公用事业政府定价行为的法律规制研究》,湖南大学 2006 年硕士学位论文,第5 页。

为工商登记的行政许可,如《城市供水条例》第19条"城市自来水供水企业和自建设施对外供水的企业,必须经资质审查合格并经工商行政管理机关登记注册后,方可从事经营活动"。《生活饮用水卫生监督管理办法》第7条:"集中式供水单位取得工商行政管理部门颁发的营业执照后,还应当取得县级以上地方人民政府卫生计生主管部门颁发的卫生许可证,方可供水。"因此,水务特许监管中相关行为的作出必须符合《行政许可法》的规定。

5. 行政合同

根据前文所述,行政合同是水务特许经营的必需载体。作为一种双方行政行为,行合同的存在及其救济方式长期备受质疑。于2014年修改、2015年实施的《行政诉讼法》及其后最高人民法院《关于适用〈中华人民共和国行政诉讼法〉若干问题的解释》(以下简称《适用解释》)在很大程度上为理论界的争议和实务界的混乱画上了句号。[1] 这也为水务特许经营合同的法律适用提供了规范。

6. 行政处罚

处罚作为行政法上义务履行的担保手段,是行政机关的常用手段,通常也基于其损益性而被更多限制,应严格遵循法律优先和法律保留原则。监管过程中的行政处罚行为在诸多法律法规中均有体现,如2015年《办法》针对特许经营者的违法行为严重危害公共利益或造成重大事故的,规定了"责令限期改正并依法予以行政处罚""对严重违法失信行为依法予以曝光,并会同有关部门实施联合惩戒";[2]《城市供水条例》对于水务特许企业"供水水质、水压不符合国家规定标准的;擅自停止供水或者未履行停水通知义务的;未按照规定检修供水设施或者在供水设施发生故障

[1] 参见最高人民法院《关于适用〈中华人民共和国行政诉讼法〉若干问题的解释》第11条:"行政机关为实现公共利益或者行政管理目标,在法定职责范围内,与公民、法人或者其他组织协商订立的具有行政法上权利义务内容的协议,属于行政诉讼法第十二条第一款第十一项规定的行政协议。""公民、法人或者其他组织就下列行政协议提起行政诉讼的,人民法院应当依法受理:(一)政府特许经营协议;(二)土地、房屋等征收征用补偿协议;(三)其他行政协议。"

[2] 2015年《基础设施与公用事业特许经营管理办法》第53条、第56条。对于违法信息公告的性质,理论界也存在争议。有人认为是一种声誉罚,有人认为是一种行政事实行为。

后未及时抢修的"行为，规定了罚款、责令停业整顿等处罚手段。[1]《水质规定》对于水务特许企业危害城市供水水质安全、未制定城市供水水质突发事件应急预案的、未按规定上报水质报表等行为，规定了警告及罚款。[2] 涉及上述各类处罚行为的，行政机关应当遵守《行政处罚法》关于行政处罚权设定、处罚程序等各方面的要求。

7. 行政强制

根据《行政强制法》，行政强制包括两个方面：一是行政强制措施，是指行政机关在行政管理过程中，为制止违法行为、防止证据损毁、避免危害发生、控制危险扩大等情形，依法对公民的人身自由实施暂时性限制，或者对公民、法人或者其他组织的财物实施暂时性控制的行为。二是行政强制执行，是指行政机关或者行政机关申请人民法院，对不履行行政决定的公民、法人或者其他组织，依法强制履行义务的行为。

根据上述界定，前文提到的"主管部门在危及或者可能危及公共利益、公共安全等紧急情况下，可以临时接管特许经营项目"便是监管机构为避免危害发生、控制危险扩大而对水务企业进行暂时性的控制，属于行政强制措施无疑。除此之外，部分法规或规章中的大部分"责令改正"行为也属于行政强制措施。[3] 既然如此，立法机关对这类行为的设定、规定，以及执法机关行使这类行政行为，则必须符合《行政强制法》的规定，如《行政强制法》以外的其他规范性文件不得设定行政强制措施。而目前水务监管中很多规则都源于部门规章，如《城市水质管理规定》第 33 条所设定的"责令改正"之合法性便存在疑问。

---

〔1〕《城市供水条例》第 33 条。

〔2〕《城市供水水质管理规定》第 29 条、第 30 条。

〔3〕"责令改正"的行为性质一直存在争议，有人认为属于行政处罚，有人认为属于行政强制。本书认为，应当区分情形，如果有后续处罚措施的，根据《行政处罚法》第 23 条规定"行政机关实施行政处罚时，应当责令当事人改正或者限期改正违法行为"，可以认为是处罚之前或处罚同时为实现"教育与处罚相结合"原则而做出的为防止危害扩大而采取的行政强制措施；如果没有后续处罚措施，部分"责令"可以理解为是惩戒性的处罚措施。如《城市水质管理规定》第 33 条：对于城市自来水供水企业违反水质规定的行为，"由城市供水行政主管部门责令改正，可以处以罚款；情节严重的，报经县级以上人民政府批准，可以责令停业整顿"，此处"责令改正"应属行政强制，而"责令停业整顿"应属行政处罚。

8. 行政调查与检查

“信息之于规制，犹如血液之于生命”，监管机构在监管的过程中，为实现监管目的而收集、整理和分析有关资讯，或者对水务特许企业是否依法从事生产而进行查看。比如《行政许可法》第六章规定的“监督检查”便是对这一类行为的总体规范，其中第61条要求行政机关应当通过核查反映被许可人从事行政许可事项活动情况的有关材料，履行监督责任。第62条规定行政机关可以对被许可人生产经营的产品依法进行抽样检查、检验、检测，对其生产经营场所依法进行实地检查。《城市供水条例》第16条规定监管机关可以进行现场检查、对供水水质抽样检测、查阅、复制相关报表、数据、原始记录等文件和资料。《水质规定》第28条规定了监管机关对于城市供水水质安全事故的调查和取证权。

上述法律规范中涉及的“检查”“调查”均是监管机构以强制方式获得信息的方式。

有学者认为行政检查是行政调查的一种方式，[1]有学者认为行政检查是独立的行政行为，二者在是否形成行政决定、是否有督促行政相对人守法、是否有可确定的行政相对人等各方面均存在区别。[2] 对于其定性和归类笔者暂时按下不表。重点在于由于此种检查或调查直接关系到对水务特许企业的权利与自由的剥夺与限制，因此，需要从行政法学视角加以规范，如检查和调查应当遵循特定的程序和要求；如视不同对象和情形来提交审批和检查证，检查或调查时需表明身份、通知并说明理由、告知救济权利；而被调查和检查的水务特许企业有容忍和协助义务，“调查期间，有关单位和个人应当予以配合，如实提供有关情况和证据，不得谎报或者隐匿、毁灭证据，阻挠、妨碍事故原因的调查和取证”。

9. 行政补贴

所谓行政补贴，是指政府为援助某个行业，为补贴受体进行财政上的利益帮助。由于公用事业考虑其公益性而要对价格进行监管，承担城市水务服务的特许企业相对于其他企业来说可能承担着更多的公共服务义务，因此，需要政府进行合理补贴，如2015年《办法》第21条规定政府可

---

〔1〕 余凌云：《行政法讲义》，清华大学出版社2010年版，第189页。

〔2〕 章剑生：《现代行政法专题》，清华大学出版社2014年版，第89页。

以在特许经营协议中约定合理的财政补贴；第25条更是明确县级以上人民政府有关部门可以通过投资补助、财政补贴、贷款贴息等方式，支持有关特许经营项目建设运营。但此种补贴一旦超过相应的限度便演变成对其余企业的不公平对待，需要通过科学合理的论证和公平公正的程序予以补贴。

综上所述，水务特许的政府监管过程中可能涉及很多已经类型化的行政行为。由于行政活动的日趋多样性，本书仅列举了部分监管过程中的行政手段，其实还有更多行为模式，尤其是前文提到的柔性监管方式，如行政约谈、行政奖励、行政指导等。由此足以见水务特许经营由于其复杂性而所涉及行为方式多样。因此，水务特许经营既要考虑制定专门的水业立法和公用事业特许经营立法，更要考虑其中行政行为所涉及的行政法律规范和相应行政行为的基本规则，如《行政许可法》《行政许可法》《行政强制法》及相关的《行政复议法》《行政诉讼法》等。

四、本章小结

在国家统一的水务特许立法尚未制定的情况下，规章、法规等低位阶的法律规范主导着目前的水务特许经营。而现有法律、法规合法性缺失，央地立法权限不明且内容矛盾，加之缺乏水务特许的专项法律、法规，使我国水务特许政府监管缺乏法律保障，法治化程度低。

在监管主体方面，监管机构重叠，职能交叉严重，问题集中表现为政监不分、权力分散、公众参与薄弱。作为承担监管职能的各地水务部门属于我国行政部门序列，在2000年至今的水务管理体制改革中，由2000年之前的产业主管部门水利局改头换面而来，在政府体系中无法取得相对独立的法律地位，不可避免地会受到地方政府的制约；水务、环保、城建等行政部门以及几大流域管理机构部门之间，不仅权威不足、职能不清，而且利益牵扯颇多，加大了执法成本，降低了执法效率；公用事业公众监督委员会依附于政府、独立性欠缺导致权威不足、参与途径不明，参与无效、流于形式导致参与动力不足。

在监管内容方面，准入、价格、质量、服务监管过程中，政府定位不准、监管不力，对于水务事业通常“一卖了之”，并未很好地履行监督职责，最终导致由公众承担风险。

水务市场准入监管中监管机构误用事后竞争机制，导致公用事业市场恶性竞争；准入标准取向单一、以出价高低为单一的准入标准，而忽视了对资质和经验等条件的考察；准入方式选择不当，对于多种准入方式的适用不甚明确。

在水价监管中，持续的水价上涨引发公众质疑，其中原因主要有成本加成定价模式下的现有成本监管机制不完善，使部分资金游离于成本监管之外，而信息不对称导致监管机构对企业成本缺乏真实了解，由此带来的成本监审无效，才会使被恣意扩大的成本最终以水价的形式转嫁给消费者。而调价程序中听证制度不具公信力，加剧了政府、企业和消费者的不信任，尤其是政府补贴不到位导致贫困群体的支付困难，使水价调整极为艰难，从而影响到公共利益的实现，由此反映出我国水价监管的窒碍难行之处。

频繁发生的污水、浊水事件更是体现出水质监管的薄弱。企业自检客观性和真实性得不到保障，隶属于建设（供水）部门的监测机构被供水企业"管制俘获"的可能性极大，使各级水质监测机构的作用有限；水质标准制定不科学加大了质量监管的难度；水质信息公开机制的缺失，使信息传递方法无序、检测项目编码和评价体系各异大大降低了政府监管的效率；应急处理机制的缺陷使应急响应的效率较低。

水务行业的普遍服务可以概括为可获得性、非歧视性、可负担性。企业中断供给权滥用、屡有发生的供水中断行为体现出可获得性缺乏规范；在非歧视性方面，垄断行业普遍服务面临着普遍服务水平低、普遍服务方式缺乏提高效率的激励机制、地区之间普遍服务进展不均衡、普遍服务所需资金不足的问题。

水务特许的退出监管意在为已经获得特许经营权的企业设置约束，从而避免企业垄断。市场退出方面的问题在于：首先，国家立法在特许经营者的市场退出制度方面存在大量空白。其次，由于住房和城乡建设部的规章与各地地方性法规的效力和权限不明确，因此，中央地方并没有起到示范和约束作用。再次，无论是自愿退出还是强制退出，程序性规范普遍缺失。最后，临时接管作为较严厉的行政强制措施，其适用条件和程序规范尚不完善。

可见，我国公用事业市场化的现实困境正是源于政府监管制度的缺陷，我国水务特许的政府监管制度在立法、主体和手段方面均尚待完善。

第三章 我国水务特许政府监管的目标定位及基本原则

制度的利益取向和目标定位决定了制度设计的基本原则和规则，因此，笔者认为，抛开具体制度缺陷不谈，走出我国目前困境的首要举措应当是对公用事业市场化的监管目标进行准确定位。消费者希望以合理的负担获取高质量的公共服务，而企业则以追求利润最大化为其天性。面对互相对立的消费者和企业，政府监管将何去何从？是为了吸引企业资金而照顾企业利益，还是严格监管保障公共利益？这决定着政府监管力度、手段、程序等一系列制度建构。在明确了基础的目标取向之后，监管应当遵循何种基本原则？本章试图对此议题进行探讨。

一、我国水务特许政府监管的目标定位

（一）水务特许政府监管的利益冲突

公用事业作为“提供某种基本的公共服务并且接受政府监管的产业”，[1]必须由政府监管以克服其外部性。对公用事业的政府监管目标并非单一的，而是形成了一个目标体系，包括提高市场绩效以及维护公民权利、促进社会正义两个方面。[2] 由于公共利益和企业利益在很多情况下都是相互对立的，因此在该目标体系中，每个目标之间互相必然存在一定程度的矛盾，这就需要依靠监管机构予以抉择。如果监管者以消费者利益的最大化为目标，那么被监管企业就不能确保为稳定地向消费者提供物品和服务所需的必要投资资本和经营资源，从而丧失民间参与引入效率的立意。由于企业以利润最大化为目标行为，如果监管者站在企业利润最大化的立场上行动，反过来就会损害消费者的利益。[3]

---

〔1〕 *Webster's Unabridged Dictionary*, Random House, 1998, p. 153.

〔2〕 骆梅英：《基于权利保障的公用事业规制》，浙江大学2006年博士学位论文，第128页。

〔3〕 ［日］植草益：《微观经济规制学》，朱绍文等译，中国发展出版社1992年版，第61页。

作为公用事业的监管者，政府必须在确保公共利益与公用事业民营化顺利推动之间，取得一个平衡点。一方面，政府须维持公用事业的质量水平，以达其政策目标；另一方面，却又须给予民间机构足够的自由度及弹性去发挥，是一项需要高度政治智慧的监管工作。[1] 可见，当政府采取民营化方式推动公用事业时，其公私混合执行方式便使监管方式与程度即成灰色地带，如何公益私利兼顾，而又保持引入私部门参与的优点，变成政府监管的难题。

（二）我国水务特许政府监管中的利益考量

法律作为主体利益协调的基础和最好的调节器，具有协调各种利益关系、实现社会公平正义的功能，实践证明，法治是整合社会利益的最有效机制，法律制定和实施的过程实质上就是社会利益的整合过程。[2] 我国水务民营化过程中的利益考量可能存在两个极端：一是因急于招商引资过于重视企业利益；二是以公共利益的损害企业利益。

1. 部分政府监管急于引资倾向于保护企业利益

在公用事业民营化的较早阶段，时任建设部城市建设司司长李东序认为，当时公用事业产品的商品特性未受到足够重视，加上当时缺乏科学合理的定价和完整的价格调整补贴机制，使公用事业的产品和服务的价格改革滞后，政府要吸引民间资本和外国资本，就要为公用行业的产品和服务制定有吸引力的价格。[3] 这种观点对于当时资金紧缺的公用事业市场来说，是无可厚非的。然而，现实总是矫枉过正，当政府监管中公用事业产品的商品特性过度挤压了其所代表的公共利益，便会导致偏离公共利益的公用事业监管。国外也有学者研究分析表明，受合同的不完全性、企业的营利性以及政府监管力度的有限性等影响，水务市场化中的公

---

〔1〕 葛贤键：《透视民间投资参与公共建设——剖析 BOT 类型计划》，台北中华综合发展研究院 2000 年版（民国 88 年）。

〔2〕 孟祥锋：《更好发挥法治的引领和规范作用》，载《求是》2014 年第 23 期。

〔3〕 华威：《市政公用行业市场化　谁来监管水价气价上涨？》，载《经济观察报》2004 年 11 月 24 日。

众利益极可能会被忽视，[1]政府在监管中关注企业利益多于公共利益，主要体现在：

(1)资产溢价出售

在导论所提到的案例中，兰州供水集团于2007年将45%的股权转让和增资项目以17.1亿元的高价成交，引起同业的广泛争议，随后，海口水务集团50%股权转让项目开标时又爆出9.5亿元的高报价。实际上，早在2002年，上海浦东自来水公司50%的股权转让项目中，投资人以资产评估近3倍的20亿元现金受让也曾轰动一时。一些地方政府打着国有资产保值增值的旗号，出于融资需要和片面追求招商引资的政绩目标而在产权转让招商时将评审因素中转让价格的权重设定过高，客观上引导了片面的溢价竞争而忽视提高运营效率和改善服务质量。政府的溢价所得实质上是包括水价调整在内的种种商务承诺交换所得，投资者在支付了高额溢价的前提下保持其利益最大化的最直接的方式便是提高水价，最终结果可能是，政府迟早将会成为承担水业服务的最终责任者，而社会公众则成为越来越高的水价的最终承受者。[2]

2007年9月初，全国工商联环境服务业商会发出《关于城市水业资产溢价转让行为的公告》，呼吁地方城市政府关注"谁为溢价埋单"的问题。公告指责地方政府的行为，将令百姓日后通过水价变相承担高溢价的成本。因此，水业资产溢价转让归根结底是难逃政府以未来的高额水价承诺作为代价，从而很有可能导致社会公共利益的受损。

(2)承诺固定回报

在20世纪90年代，正是BOT热潮兴起之时，外资引入多有不规范之处，有的地方为了吸引外资，甚至开出了18%的固定回报率。如此高的固定回报率不符合市场经济规律，也不利于市场竞争，从而引起的很大的争议。虽然1995年发布的《关于试办外商投资特许权项目审批问题有

---

〔1〕 Castro J. E. Poverty and Citizenship: Sociological Perspectives on Water Services and Public - private Participation[J]. Geoforum, 2007, 38(5): 756 - 771. 转引自贺亚萍、苏时鹏：《水务PPP中的公众参与机制分析》，载《福建农林大学学报》(哲学社会科学版)2015年第6期。

〔2〕 郝成斌：《水业资产高额溢价的成因和弊端》，载济邦咨询公司：《基础设施与公用事业民营化的中国实践》，学林出版社2007年版，第46～48页。

关问题的通知》早已明确指出政府不得提供固定投资回报率的保证。但事实上承诺高额固定回报率却仍频繁发生。例如,在遵义水务特许经营案中,政府被迫接受了过高的固定回报率,造成日后供排水公司的巨大亏损。[1] 沈阳自来水总公司在与外方签订的协议中约定了较高固定回报或者变相固定回报,给政府财政造成了很大负担,在协议实施过程中,政府不得不违反协议,影响了政府信誉和形象。[2]

在监管制度尤其价格监管尚不健全的情况下,被监管企业的产价方式也没有确立规则,依靠固定投资回报来吸引外资并未被纳入规范化的监管体系中,由此形成的巨大经营风险几乎是显而易见的。[3] 许光建认为,引进外资应当规范,给予正常回报是必然的,然而若亏损后无利可图,固定回报意味着政府给予补贴或者公众承担涨价风险。试问,如此引进外资意义何在?[4]

(3)不适当的大幅度涨价

公用事业民营化后的涨价趋势早已引发关注。民营化后风险就转嫁到了企业,价格因此也就成了核心问题。由于上述高溢价等原因,使企业成本通过涨价转嫁到消费者身上,加之政府定价机制和监管机制的不完善,使公用事业"涨声一片",听证会被戏称为"涨价会"。据了解,在2009年涨价大潮中,上海、南京、天津、昆明、无锡等城市的水价较未调价前涨了每立方米0.30元至0.65元不等,近年来还有不少城市也在酝酿上调水价。[5]

由于经营者掌握着自我调整利润和成本核算的自主权,因而消费者在涨价中处于弱势地位。经营者不仅靠"看不见的市场的手"作为涨价的凭借,更有"看得见的权力的手"作为推手。如此情境,经营者的利欲冲动当然会引发民怨。[6]

---

〔1〕 刘文先:《遵义市出让两水厂经营权的经济账》,载《贵州日报》2004年4月26日。
〔2〕 傅涛等:《中国城市水业改革实践与案例》,中国建筑工业出版社2006年版,第71~76页。
〔3〕 周耀东、余晖:《政府承诺缺失下的城市水务特许经营》,载《管理月刊》2005年第8期。
〔4〕 支玲琳:《如何看待外资进入公用事业》,载《解放日报》2009年10月4日。
〔5〕 袁野:《我国出现公用事业涨价潮,专家建议政府干预》,载《济南日报》2009年8月20日。
〔6〕 张敬伟:《公用事业涨价潮中的利欲冲动与权力出手》,载《东方早报》2009年8月21日。

(4)倾斜性政策优惠

2004年《办法》第13条规定政府应当对特许企业因承担公益性指令任务导致的经济损失进行相应补偿,但如何界定"公益性指令"以及补偿的限度,均没有进一步规定。对于急于引资的政府来说,很容易作出类似的补贴、补偿或税收政策优惠承诺,过度的倾斜性政策优惠可能催生企业的惰性。

(5)过长特许经营年限

深圳市在2004年的市政公用事业招募中授予水务集团50年的特许经营权成为争议的焦点。由于公用事业特许经营实质上是一种限制竞争的公私合作手段,获得经营权的企业在其经营年限内具有排他的独占经营权。因此,如若年限设置太长,可能形成新的企业垄断,使经营者缺乏竞争压力和改善生产经营条件的动力。例如,在湖北南漳供水特许经营案中,供水企业一次性买断了自来水公司的经营期限,[1]此后发生的水源严重污染事件,不得不说与企业因垄断经营年限而缺乏生产动力有间接关系。

2.部分政府监管以公共利益之名牺牲企业利益

一般而言,政府监管通过特许经营合同进行。行政合同制度基于行政优益权而设置了单方解除权和制裁权,然而,此类权力的行使若不受约束,则可能异化成为政府借公共利益之名过度牺牲企业利益的借口。在公用事业特许经营过程中,政府失信的案例比比皆是。政府部门可能基于自己的意愿和利益而随意改变或终止合同,[2]可能因为各种原因无法兑现当初予以补贴或其他优惠政策的承诺,也可能由于换届对上届政府的行为进行否定而无法保证承诺的连续性。

(三)对政府监管行为的多角度理论分析

"监管的公共利益理论"(Public Interest Theory of Regulation)来源于20世纪70年代以斯蒂格勒和波斯纳为代表的芝加哥学派,他们将以公

---

〔1〕郑燕峰:《湖北南漳浊水事件凸显供水改革中政府责任缺位》,载《中国青年报》2006年6月9日。

〔2〕例如,在云南交公司特许经营权纠纷案中,因公交公司线路的扩展损害了某些部门的利益,政府主管部门便发文终止特许经营协议,极大地损害了特许经营者的利益,进而影响到了公众的利益。

共利益为基础的监管理论冠名为“公共利益理论”，其理论假设为“政府是公共利益的代表”。在微观经济运行中，由于自然垄断、外部性、信息不对称等因素，市场机制的盲目运行可能导致经济偏离一般均衡状态，这就是所谓的“市场失灵”。市场失灵并不会产生亚当·斯密所称的利益最大化。因此，政府为了维护公共利益，应当对微观经济进行规制，以纠正市场失灵、提高市场效率和增加社会福利。公共利益理论的基本内容主要包括阐明政府经济规制理由和必要性的市场失灵论，说明政府应该采用哪些手段进行经济规制的规范理论，以及说明经济规制应用领域和成效的实证理论。[1]

该理论受到的最大质疑和批判是其理论假设和隐含逻辑。政府真的是公共利益的代表吗？对此的质疑主要是“俘获理论”（Regulation capture theory），该理论认为政府也是追求私益的经济个体，追求公共利益只是政府集团利益的借口，被监管的企业可能通过各种努力促使政府作出有利于自己的监管政策，从而置公共利益而不顾。政府监管可能在某些情况下给一般公众带来一些有益的因素，但这并不是政府监管的最初意愿，它不过是政府监管的意外结果。[2] 国内学者张红凤也认为，虽然监管的规范目标是实现公共利益，而实证目标可能存在实现利益集团利益的隐性因子。

实际上这两种理论的冲突恰恰体现了“市场失灵”与“政府失灵”，政府监管不可能完美无缺的，作为阐明政府监管目的的理论分析工具，公共利益理论与俘获理论分别指明了政府监管可能存在的两种进路——偏重公益性目标，抑或倾向企业利益？具体化在我国水务特许政府监管的现实中，可以看到目前严重的问题是消费者利益受损而企业获利，当然也有因为政府失信或利用强权等原因导致的企业利益受损。因此，对于目前更为可取的是树立利益衡量论的观点，在更为具体的水务特许语境中探讨政府监管的目的取向。

---

〔1〕 张红凤：《西方规制经济学的变迁》，经济科学出版社 2005 年版，第 29 页；王健等：《中国政府规制理论与政策》，经济科学出版社 2008 年版，第 29～32 页。

〔2〕 See George Stiger, *The Theory of Economic Regulation*, *The Bell Journal of Economic and Management Science*, 2(1971): 3－21. 转引自马怀德、喻文光：《基于公共利益保护的公用事业规制研究》，载《中德规制法学术研讨会论文集》2013 年 9 月（未刊）。

(四)"公益优位,兼顾私益"的水务特许政府监管

现实的监管困境体现了监管目标定位的混乱,政府应当在监管目标体系中进行合理的排序,2004 年《办法》第 5 条规定了"公共利益优先"原则,然而实践证明,对于社会资本方侵犯社会公共利益的行为作出否定性评价固然重要,但同时也不得不防范政府以社会公共利益之名侵犯社会资本方利益的行为,因此,单纯关注公共利益有失偏颇。在总结多年实践经验的基础上,2015 年《办法》进行了适当修正,该办法第 4 条明确了"兼顾经营性和公益性平衡,维护公共利益""保护社会资本合法权益"的原则。本书将其归纳为"公益优位,兼顾私利"。

1. 公共利益是政府监管的优先目标

罗尔斯认为,由于公共利益的不可分性和公共性,"必须通过政治过程而不是市场来安排公共利益的提供",〔1〕可见,公共利益的实现依赖于完善的政府监管制度。

(1)公共利益优位是政府监管的正当性基础

"何谓公共利益,因非常抽象,可能言人人殊。"〔2〕"披着神秘面纱"的公共利益概念无法准确界定,学者们尝试从不同视角对公共利益进行描述和分析。无论如何,"公共利益"一词仍被视为是政府行为的评估标准和所追求的理想目标。脱离具体情境也许无法对公共利益进行统一的概念界定,但可以明确的是,"公共利益所反映的是,在多元社会的治理过程中,政府与利益相关者在利益和利益分配问题上所达成的共识。"〔3〕

与传统"最小国家""消极国家"相比,现代国家秉承公益优位的价值诉求,被赋予了更多的积极性福利保障职能。当国家不再直接提供公共服务时,民营化是否可以弱化公用事业的公共利益特性?答案当然是否定的。权力来源于国家的公益代表角色,监管权存在的理论基础即在于生存照顾的公法义务。正因如此,监管才需要优先保护公共利益,其目的就在于"防止自然垄断的公用企业滥用市场势力,从而保护消费者的权

〔1〕 [美]约翰·罗尔斯:《正义论》,何怀宏、何包钢、廖申白译,中国社会科学出版社 1988 年版,第 267 页。

〔2〕 陈锐雄:《民法总则新论》,台北三民书局 1982 年版,第 913 页。

〔3〕 张成福、李丹婷:《公共利益与公共治理》,载《中国人民大学学报》2012 年第 2 期。

利。或者说,对公用事业管制是为了达到与公共利益相关的经济目标”。[1]

(2)公共利益优位顺应全球的政府监管目标

虽然各国对于公用事业的监管有不同的制度设计,但其目标取向均倾向于公共利益。从英国公用事业民营化历程来看,从效率取向到权利取向,无不印证了世界各国政府监管优先考虑公共利益的趋势。在美国,学者们也认为,“禁止法律对契约义务的侵害,并不能阻止州为了促进共同福祉,或者为了公众整体利益之必要,而行使被赋予的此类权力(指警察权)。它是政府保护人民生命、健康、道德、舒适和普遍福祉的主权运作,它位于一切私人契约权利之上”。[2] 同时,立法也有所体现,例如,得克萨斯州赫斯特市在规定监管权力(Right of Regulation)时,便明确指出“以有利于公众安全、福利的目的进行上述的监管或限制”。[3]

(3)公共利益优位符合我国现行立法的规范

实质上,我国立法中从不缺乏对公共利益的关心。建设部《意见》明确指出“市政公用事业监管是各地政府及其有关部门为维护社会公共利益和公共安全,依据有关法律法规对市政公用事业的投资、建设、生产、运营及其行政管理与监督。”其中将“维护社会公共利益和公共安全”列为公用事业监管的目标。2004 年《办法》第 5 条同样规定将“公共利益优先的原则”作为实施特许经营的基本原则。大多数地方的公用事业特许经营条例在规定“立法目的”条款时,也将“保障公共利益和公共安全”列在“维护特许经营者合法权益”之前。[4] 遗憾的是,由于缺乏更为完善的制度保障,现实中的政府行为往往与此相悖。

---

[1] 周林军:《公用事业管制要论》,人民法院出版社 2004 年版,第 50 页。

[2] [美]J. 格里高利·高达克、[美]丹尼尔·F. 史普博:《美国公用事业的竞争转型:放松管制与管制契约》,宋华琳、李鸻等译,世纪出版集团上海人民出版社 2012 年版,第 155 页。

[3] Hurst, Texas, Code of Ordinances, Part Ⅰ – Charter, Article Ⅷ. – Franchish and Public Utilities, Sec. 8.04. 参见 http://library.municode.com/index.aspx? clientId = 11015,最后访问日期:2012 年 8 月 20 日。

[4] 例如,《深圳市公用事业特许经营条例》第 1 条:“为了规范深圳市公用事业特许经营活动,保障公众利益和公用事业特许经营者的合法权益,促进公用事业健康发展,根据《中华人民共和国行政许可法》和其他有关法律、法规的规定,结合本市实际,制定本条例。”其他地方也有类似规定,如青海省、湖南省、贵州省、杭州市、哈尔滨市等。

2. 政府监管同样应当兼顾企业利益

除了保障普遍服务，增进消费者利益之外，促进民营化市场的公平竞争，维护私人部门的合法权利，也应当属于重塑政府规制的主要目标之一。[1] 政府监管以公益优位并不意味着可以完全置企业利益不顾，维护企业的合法权益也是应当考虑的。企业的逐利天性并非不可饶恕，只须通过制度将其趋利性控制在合法合理的范围内，监管制度设计不可与此禀性背道而驰；否则，唯一的结果就是打击企业投资的信心、阻碍公用事业民营化的进程。

对于如此处理"优位"与"兼顾"的关系，有学者认为，应当在多元利益之间寻求平衡点，即最低限度的普遍服务之确保。首先必须充分保障社会成员尤其是社会弱势群体的基本公用事业服务权，确保最低限度的普遍服务，这是以多元化利益实现平衡的"底线"，也是政府监管的立足点。[2]

（五）监管制度如何实现"公益优先，兼顾私益"

理论分析的生命力就在于它终将回归实践的制度构建。公共利益优先的理念不应只停留在纸面而应活跃于现实，如何落实于具体监管制度便是摆在实践者面前的一道难题。

1. 公用事业公众监督委员会制度

部分地方性法规和政府规章[3] 规定了一种特殊的公用事业特许经营监督机构——公用事业监督委员会，[4] 该委员会设立的初衷在于加强公众对公用事业特许经营的社会监督。在各地规定中，该委员会一般由市政府设立，其中非政府部门的专家和公众代表不得少于2/3，通过听证

---

〔1〕 詹镇荣：《民营化后国家影响与管制义务之理论与实践——以组织私法化与任务私人化之基本行为中心》，载《东吴大学学报》第15卷第1期。

〔2〕 李嘉娜：《市政公用事业监管的行政法研究》，中国政法出版社2012年版，第153～157页。

〔3〕 作出相关规定的有四部地方性法规（《杭州市市政公用事业特许经营条例》《湖南省市政公用事业特许经营条例》《新疆维吾尔自治区市政公用事业特许经营条例》《哈尔滨市市政公用事业特许经营条例》），三部地方政府规章（《深圳市公用事业特许经营办法》《合肥市市政公用事业特许经营实施办法》《河北省市政公用事业特许经营管理办法》）。

〔4〕 各地对此的称呼不一而同，分别有：市政公用事业特许经营监督管理委员会、特许经营社会监督委员会、市政公用事业特许经营公众监督委员会、特许经营公众监督委员会、特许经营监督委员会。

会、座谈会、问卷调查等方式收集公众和特许经营者的意见，提出立法、监管等建议，对市政公用事业特许经营活动进行监督和质询。

我国的公用事业公众监督委员会缺乏独立性和有效性。从现实情况来看，借助现有公用事业公众监督委员会所搭建的平台，来完善我国水务行业的公众参与机制，无疑是最为经济有效的选择，将该委员会打造成为独立、专业、能代表广大公共利益的消费者组织。同时，需要设定公众参与的具体路径、完善信息公开和披露制度，这是有效参与的前提性制度。

2. 监管过程中的信息公开

为保障充分有效的公民参与，水务特许过程中的信息公开是必不可少的，包括选择特许经营企业过程中的信息公开和征求意见，还包括企业运营过程中的必要信息。实践中，信息公开的现状并不令人满意，例如，兰州市和内蒙古赤峰市居民若不是因为水价上涨或发生水污染事件了解到水务行业早已经由特许经营授权民营企业，在此之前，市民对本市供水企业的信息知之甚少，可见，政府、企业和市民之间缺乏信息的沟通交流。[1]

在政府监管的各阶段，均需要贯彻信息公开制度，对信息公布的途径、时限、范围等作出明确规定。目前《供水、供气供热等公用事业单位信息公开实施办法》规定了供水行业应当公开的信息，主要包括销售及维修等相关服务价格标准、工作程序、服务承诺、停水及恢复供水信息、水质信息、设施使用常识和安全提示、相关服务电话等。对于监管的全过程来说，这个规定仍显不足。首先，在市场准入阶段，为了保证充分竞争而择优选择特许经营权授予对象，需要完善招标公告信息公布制度。其次，为防止招标腐败，招标的评审过程应当公开质询和答辩。再次，在价格监管阶段，应当公开成本核算信息，避免企业以“亏损”为幌子盲目涨价。最后，质量监管阶段的信息公开更是维护公众知情权、保障公众享受高质量公共事业的重要制度选择。

2015 年《办法》第 45 条分别明确了经营过程中政府、实施机构和特许经营者的信息公开义务，包括政府应当公开特许经营有关的政策措施、

[1] 胡印斌：《赤峰污染暴露政府舆情渠道的狭窄》，载《中国青年报》2009 年 7 月 30 日；刘世昕：《7 年水务改革：越改越涨，没有明白账》，载《中国青年报》2009 年 11 月 20 日。

监管机制;实施机构和特许经营者应当公开特许经营项目全过程信息,包括提供特许经营者选择、建设运营标准,定期监测分析和绩效评价、财务核算等。如果能够切实落实强制信息披露,便有利于公众及时监督,将能较大限度地平衡公共利益和企业利益。

3. 水价监管中的听证制度

听证制度是听取公众意见、提高决策民主性的有效手段,而目前听证会式的调价机制失灵,随意性很大。价格监管中的听证制度需要关注的问题有:一是均衡的各方利益代表。因此,需要克服因信息不对称而导致的经营者与公众之间的力量悬殊。这就需要完善听证代表的遴选规则、名额分配规则和专家参与规则。二是增加听证的透明性,从而防止经营者与决策部门“暗箱操作”,使听证更具公信力和吸引力,从而能够有效地举行。三是提高公民参与实质上的影响力,可借鉴“案卷排他制度”,使听证笔录具有影响力和约束力。

4. 水质监管和服务监管

公用事业的质量问题直接关系到公共利益。以城市供水为例,水污染事件时有发生。据住房和城乡建设部 2009 年的统计数字显示,在全国 4553 个城市供水厂中,原水质量不合格的有 2566 个,占 56.4%;出厂水质不合格的有 1152 个,占 39.3%。[1] 在质量监管中,制定标准、加强监测、强化行政强制和行政处罚等措施、建立多元化的质量纠纷处理机制等,都是提高公共服务质量、维护公共利益的有效手段。

经营者提供的公共服务应当是普遍的、不间断的。普遍即意味着经营者不应当挑肥拣瘦,对不同区域、不同消费水平的消费者应当平等对待,不能因为无利可图而拒绝为部分消费者提供服务。这就要求政府监管除了约束企业行为之外,还需要完善对低保户的补贴制度,我国某些城市已经将水电费用纳入了低保户的补贴,如湖南省物价局于 2002 年便规定低保户可享受一定限额的水电和煤气收费优惠。[2]

公共服务的性生活必需性也决定了其持续不间断的供给要求。政府

---

〔1〕 赵志国:《水价“涨声”背后　政府、企业、民众三方博弈》,载《中华建筑报》2009 年 12 月 5 日。

〔2〕 具体规定为:凡城镇五保户和持有民政部门颁发的《城市居民最低生活保障金领取证》的低保户均可享受每户每月可免交 4 吨水费、4 立方米管道煤气费、6 千万时生活照明电费。

应当对断水断电等行为进行规范，如规定企业的提前通知义务、合理审查中断供应理由义务，特别是对支付困难用户在中断供应前应穷尽其他合理的扶助手段等，防止中断供应权的滥用。[1]

5. 规范行政合同制度

合同固然体现的是双方的合意，但行政合同毕竟是“行政性 + 合意性”的组合。因此，合同条款既要保证政府的承诺义务和相关责任以此保障企业利益不被政府随意侵犯，同时更要因实现公共利益而保有一定的底线以限制其合意程度。比如，2015 年《办法》第 21 条、第 34 条规定了，政府可以在特许经营协议中就防止不必要的同类竞争性项目建设、必要合理的财政补贴、有关配套公共服务和基础设施的提供等内容作出承诺，并严格履行有关义务，为特许经营者建设运营特许经营项目提供便利和支持，行政区划调整、政府换届、部门调整和负责人变更，不得影响特许经营协议履行。但合同条款中不得承诺固定投资回报和其他法律、行政法规禁止的事项，以防止政府与企业勾结损害公共利益。因此，必须规范行政合同的签订和履行：

一是重视特许合同的重要性，2015 年《办法》强调双方的协商合作，将“转变政府职能，强化政府与社会资本的协商合作”作为特许经营实施的四项原则之一。政府应当与依法选定的特许经营者签订特许经营协议，通过协议来约定各方的权利义务。政府的职权与职责需要一览无余地在协议中事前约定。如果协议内容确实需要变更的，应当在协商一致的基础上签订补充协议。

二是明确特许合同的公共利益底线，当可能危及公共利益时，政府有权临时接管权、单方变更撤销权。

三是严格政府履约义务，以防止政府随意蚕食企业利益，在不影响公共利益的情况下最大限度地保证合同的履行。正如2015 年《办法》所示，特许经营协议各方当事人应该遵循诚实信用的原则，按照约定全面履行义务；行政区划的调整、政府的换届、部门调整和负责人的变更都不得影响特许经营协议的履行；政府不履行特许经营协议约定义务或者履行义

---

〔1〕 高园、杨珂：《断水断电成物业“杀手锏”不合法但颇有效》，载《齐鲁晚报》2007 年 9 月 14 日。

务不符合约定要求的,也应当根据协议继续履行、采取补救措施或者赔偿损失。

四是发挥"合同示范文本"的作用,防止因合同条款不规范而产生的漏洞。

二、我国水务特许政府监管的基本原则

(一)依法监管原则

依法行政是政府行为的基本准则,包括权力的授予、运行均应遵循法律优先、法律保留等基本原则,水务特许政府监管也不例外。综观世界各国城市水务改革,在健全的法律框架内进行监管制度改变才能取得理想的成效,可见,健全的法制无疑是水务特许政府监管正常运行的基本条件。现代政府监管的本质是法治,以立法的形式明确监管机构、监管权限、监管内容、监管责任等,是各国水务民营化改革的重要经验。

监管机关在履行其职责时必须依法进行,不得与法律规定相抵触。具体应包含以下内容:

首先,依法取得监管权力。政府监管机构具有制定规则、执行法律、裁决争议三项重要权力,监管权力的取得都来源于法律。政府对于水务特许企业的监管权来源于《行政许可法》、2004 年《办法》、2015 年《办法》等相关法律和规章,如《行政许可法》第 10 条规定"县级以上人民政府应当建立健全对行政许可的监督制度,加强对行政机关实施行政许可的监督检查。行政机关应当对公民、法人或者其他组织从事行政许可事项的活动的实施有效监督",此条可谓政府监管权在法律层面的授权。2015 年《办法》对于中央和地方政府相关部门的监管权予以明确,[1]《PPP 条例》(征求意见稿)中同样重申了县级以上各级人民政府的对于政府和社会资本合作项目的指导和监督。因此,无论采取何种民营化模式,政府被赋予了对水务企业的监管权是毋庸置疑的。

其次,监管权必须依法行使,即政府监管权的范围、运行方式等必须

---

〔1〕 2015 年《办法》第 7 条:"国务院发展改革、财政、国土、环保、住房城乡建设、交通运输、水利、能源、金融、安全监管等有关部门按照各自职责,负责相关领域基础设施和公用事业特许经营规章、政策制定和监督管理工作。县级以上地方人民政府发展改革、财政、国土、环保、住房城乡建设、交通运输、水利、价格、能源、金融监管等有关部门根据职责分工,负责有关特许经营项目实施和监督管理工作。"

依据法律规定，若超越权限给监管相对人造成损失应当承担后果。根据授权明确性原则，依法行政的首要前提要求法律尽可能明确清晰，才能为政府监管的方式、范围提供明确的指引。当然，在缺乏明确法律规范的情况下，行政条理法同样可以起到指导作用，执法者和司法者可选择适用立法精神、立法目的、法律价值、法律原则、社会公德、当地习惯等条理法作为判断是非、解决争议、补救权益、处理案件的多样化补充依据。[1] 2015年《办法》第4条确定的公开、公平、公正、信赖利益保护、提高公共服务效率、兼顾经营性与公益性平衡等原则，也可以作为各主体的行为指引。

（二）利益衡量原则

在认知论看来，利益衡量是任何主体作出决定时的必经过程，法律制度的产生亦是对多方利益进行衡量的结果。根据前文所述，政府在监管水务企业时应在维护公共利益优先的基础上兼顾经营性和公益性平衡。

对公共利益和社会资本方利益的平衡决定了政府监管的尺度。政府监管的目的在于防止或者减弱市场失灵的影响，避免市场的缺陷损害公共利益。然而，过度监管同样会压制市场功能的发挥，影响社会资本参与基础设施和公用事业建设的积极性。为使政府监管达到最佳状态，水务特许的政府监管不可能彻底放任，也不可能绝对强制。应当说，所有的监管领域都有放松的一面，也有收紧的一面，根据形势需要有所为有所不为，这才是政府监管制度所设定的，当然也是市场经济发展所要求的对经济市场的适度监管。[2]

市场调节在追逐企业利益最大化的同时势必会置公共利益于不利的地位，在这种不平衡的状态下，就需要政府的适度监管，这个所谓的“适度”则必须同时考虑企业利益和公众利益，偏袒其中一方都会使另一方的利益遭受损失。

（三）柔性监管优先原则

在世界范围的民主化潮流的推动下，随着传统的秩序行政、管理行政向服务行政、民主行政模式转变，行政方式也呈现出多样化、柔软化、互动

---

〔1〕 莫于川：《市场经济发展引起的法律价值观变化与行政法回应——从行政法制民主化和注重运用条理法的视角》，载《河南财经政法大学学报》2012年第3期。

〔2〕 王占洲：《服务型政府视角下的政府监管原则》，载《法学探索》2009年第4期。

化、民主化和法治化的创新趋势。实践证明，单纯依赖行政命令、行政处罚、行政强制等刚性的传统行政管理方式已然无法满足政府监管的实践需求，并易于激化矛盾，强化行政机关与相对人之间的对立和冲突。与此同时，以行政指导为代表的一系列柔性、非强制行政方式在行政活动的过程中被大量运用，并取得了很好的行政管理效果。[1] 在行政活动中，如能采取柔性行政方式能达到行政管理效果的，应当优先使用柔性行政方式，如此不仅能避免双方的对抗情绪，使行政管理更为顺利，也能树立良好的执法形象。只有在柔性行政方式失效的情况下，才使用刚性行政方式。这一原则在实定法层面上亦被《行政强制法》所认可，该法第 5 条规定："采用非强制手段可以达到行政管理目的的，不得设定和实施行政强制。"本书认为，柔性监管优先原则不仅适用于行政强制领域，更应当推广于整个行政法领域。例如，2017 年 9 月，鉴于深圳市当前停车空间明显低于机动车保有量的客观情况，深圳交警推出了 10 分钟"违停免罚"新措施，对机动车驾驶人的违停行为，在交警开出 200 元罚单后 10 分钟主动驶离的，每个季度可以申请一次豁免免予罚款，仅对其违停处予警告处罚。该项措施于 9 月 21 日登陆深圳交警星级用户平台以来，6 日内共受理"免罚"申请 448 宗，社会反响较好。[2] 从行政法的角度分析，此项执法创新举措的实质在于附条件地暂缓行政处罚的执行（又可称"处罚犹豫"），对于最终是否缴纳罚款取决于被处罚人在特定时间内是否纠正违法行为。交警此前贴罚单的行为虽为行政处罚，但实则是为实现"告诫"被处罚人及时更正的目的，属于规制性或抑制性的行政指导，即行政机关为了维护和增进公益，预防危害公益的现象发生，对违反公共利益的行为加以制约的保安性的行政指导。

此类柔性执法的意义在于：首先，处罚本身不是目的，而在于及时改正并预防违法行为，依照行政法的比例原则，在能够达致相同目的的情况下，应当选择最小损害的、更为柔性的行为方式，这恰恰契合了行政处罚法"处罚与教育相结合"的原则。其次，所谓"能攻心则反侧自消，从古知

---

〔1〕 莫于川：《创新行政管理方式与转变经济发展方式——从建设服务型政府、推行柔性行政方式的视角》，载《四川警察学院学报》2012 年第 3 期。

〔2〕 《10 分钟内"违停免罚"让执法嵌入"人性"》，载 http://news.xinhuanet.com/comments/2017-09/30/c_1121748912.htm，最后访问日期：2017 年 9 月 30 日。

兵非好战”,相对于生硬的行政处罚,前置的“告诫”程序则更为灵活,理顺了行政机关、公众与公共秩序之间的关系,从而实现人性化管理,减少执法的“情绪成本”。再次,此举可以引导公民自觉遵守法律规范,降低行政执法的成本和难度,从而提高行政执法的效率。最后,柔性执法的运用符合行政管理创新、构建服务型政府的理念。虽然“违停免罚”并非公用事业特许经营领域,但实际上在水务特许的过程中,行政的协商性、民主性表现得尤为明显。因此,无论是授予特许权、签订特许合同,还是后续检查监督,政府监管更应大量采取柔性监管手续,如行政合同、行政指导、行政资助、行政奖励、行政允诺等。这在相关法律规定中亦有体现,例如,授予特许权采取政府特许经营合同的方式;2015 年《办法》第 19 条“向用户收费不足以覆盖特许经营建设、运营成本及合理收益的,可由政府提供可行性缺口补助,包括政府授予特许经营项目相关的其他开发经营权益”、第 25 条“通过投资补助、财政补贴、贷款贴息等方式,支持有关特许经营项目建设运营”便属于行政资助或行政允诺的范畴。

然而,对于此类柔性执法行为也引发了争议,如减免被处罚人的义务是否于法有据,是否可能助长公众违法的侥幸心理。笔者认为,这就需要明确以下三点:一是柔性执法与依法行政并行不悖。柔性行政方式与刚性行政方式相辅相成、各有功用,“处罚与教育相结合”“最小损害原则”也分别为我国行政处罚法和行政强制法所认可。二是在行政管理实践中,应当根据主客观情况灵活地选择运用各种执法方式。为避免对违法行为的纵容,当柔性的“告诫”“提醒”失效时,及时启动行政处罚等刚性行政方式是毋庸置疑的。三是柔性执法的适用范围应当有限。以深圳警方“违停免罚”为例,为防止借此规避法律的现象成为惯性,应当明确“免罚”的适用情形(200 元以下罚款)和适用次数(每季度 1 次)。

简言之,柔性执法方式的运用有利于行政管理效率提升,有助于服务型政府的构建,在水务特许领域,水价、水质等各方面的监管在运用刚性行政方式(如行政处罚、行政许可、行政强制)之前都可优先适用柔性监管方式。但应通过制度设计避免此类方式成为违法者的“避风港”,以便更大限度地发挥其功用。因此,建议完善相关制度,明确柔性执法的适用情形、条件、程序以及后续处理,实现柔性行政方式的法治化。

(四)公众参与原则

供水行业作为典型的公共服务,政府监管的各项活动如授予特许权、制定水价、企业绩效评估都与社会公众的生产、生活息息相关,作为水务服务的对象,社会公众通过参与水务特许过程,可以有效地表达服务需求信息,监督和约束政府与企业行为,直接影响公共服务的质量与效率。[1] 将社会公众的意见予以采纳会使政府和水务企业的各项决策顺利实施,也会使决策更加科学合理。将公众参与作为水务特许政府监管的基本原则之一,充分保障了社会公众的知情权,体现了现代行政法的民主性趋势。

公众参与应当融入水务特许政府监管的各个环节,《行政许可法》第46条规定"法律、法规、规章规定实施行政许可应当听证的事项,或者行政机关认为需要听证的其他涉及公共利益的重大行政许可事项,行政机关应当向社会公告,并举行听证。"2015年《办法》第43条、第44条规定"实施机构应当将社会公众意见作为监测分析和绩效评价的重要内容""社会公众有权对特许经营活动进行监督,向有关监管部门投诉,或者向实施机构和特许经营者提出意见建议"。

(五)信赖保护原则

信赖利益保护作为行政法的基本原则,目的在于保护行政相对人基于对行政机关的信赖而产生的合法利益。由于特许是典型的授益性行为,信赖利益的问题在公用事业特许领域更为突出。在授予水务企业特许经营权之后,水务企业基于对行政行为的正当合理信赖而所作出的行为及行为所产生的正当利益应当予以保护。

《行政许可法》中信赖保护原则主要包括如下内容:一是禁止擅自改变规则,该法第8条规定的"公民、法人或者其他组织依法取得的行政许可受法律保护,行政机关不得擅自改变已经生效的行政许可",这是对行政机关特许经营权的一条规制;二是补偿规则,该法第8条规定"行政许可所依据的法律、法规、规章修改或者废止,或者准予行政许可所依据的客观情况发生重大变化的,为了公共利益的需要,行政机关可以依法变更

[1] 贺亚萍、苏时鹏:《水务PPP中的公众参与机制分析》,载《福建农林大学学报》(哲学社会科学版)2015年第6期。

或者撤回已经生效的行政许可。由此给公民、法人或者其他组织造成财产损失的，行政机关应当依法给予补偿。”这些规则也体现在2015年《办法》中，该办法第38条明确：“在特许经营期限内，因特许经营协议一方严重违约或不可抗力等原因，导致特许经营者无法继续履行协议约定义务，或者出现特许经营协议约定的提前终止协议情形的，在与债权人协商一致后，可以提前终止协议。特许经营协议提前终止的，政府应当收回特许经营项目，并根据实际情况和协议约定给予原特许经营者相应补偿。”《PPP条例》（征求意见稿）的规定则更具有针对性，该征求意见稿第20条规定“政府和社会资本方应当守信践诺，全面履行合作项目协议约定的义务。合作项目协议的履行，不受行政区划调整、政府换届、政府有关部门机构或者职能调整以及负责人变更的影响”。2015年《办法》第36条规定“因法律、行政法规修改，或者政策调整损害特许经营者预期利益，或者根据公共利益需要，要求特许经营者提供协议约定以外的产品或服务的应当给予特许经营者相应补偿”。信赖保护降低了企业投资的风险，有利于维护市场稳定。

（六）独立监管原则

独立监管原则是在体制设计上对监管机构的要求。监管机构需要独立于其他政府机构，实现独立监管，使监管机构的决定不受其他政府机构的不当影响，也要独立于监管相对人，实现政企分开，保证监管的独立性。

独立监管原则首先要解决的是政策部门与监管机构之间的权力配置，从全世界范围来看，无论二者是平行关系还是包容关系，均应当将宏观政策的制定和微观监管职能相对独立开来。[1]

三、本章小结

在水务特许经营政府监管中，随处可见公益与私益的冲突。面对互相对立的消费者和企业，政府监管如何确定其监管目标成为制度建构首先需要解决的问题。目前的水务特许政府监管中，偏离公共利益、过多关注企业利益的监管行为时有发生，主要体现在资产溢价出售、承诺固定回报、不适合的大幅度涨价、倾斜性政策优惠、过长特许经营年限等。

面对监管目标的定位，“公共利益理论”认为政府是公共利益的代

---

〔1〕 周汉华：《基础设施产业政府监管权的配》，载《国家行政学院报》2002年第2期。

表，为了维护公共利益，应当由政府对微观经济进行规制；而“俘获理论”对此则提出了质疑，该理论认为政府也是追求私益的个体，实践中很可能被监管企业“俘获”而置公共利益于不顾。这两种理论分别指明了政府监管可能存在的两种进路，即偏重公益性目标抑或倾向企业利益？

笔者认为“公益优位，兼顾私益”应当是水务特许政府监管的价值取向。公共利益优位是政府监管的正当性基础，同时也顺应了全球从效率到权利的监管目标取向，在我国现行立法规范中也不乏对公共利益的关注。但同时，政府监管以公益优位并不意味着可以完全置企业利益不顾，维护企业的合法权益也是应当兼顾的。

上述目标的实现应当依赖于具体的制度建构，典型制度如公用事业公众监督委员会制度、监管过程中的信息公开、价格监管中的听证制度、质量监管和服务监管、规范行政合同制度等。同时，该目标在监管过程中体现为依法监管、利益衡量、柔性监管优先、公众参与、信赖保护、独立监管等原则。

第四章　我国水务特许政府监管的主体构建

水务市场化改革中，不管是全产权模式，还是特许经营、公私合作等有限产权模式都会不可避免地遇到是否需要以及如何接受监管的问题。因此，西方发达国家无不关注监管机构的设置问题。从全球角度来看，主流趋势就在于将政府行政部门的直接监管转变为独立、专业化的监管机构，许多原来由政府部门直接监管的西方发达国家在发展过程中纷纷脱离其政府监管的职能，建立起与之相适应的独立专业性监管机构。

一、水务监管体制的域外经验

（一）英国水务监管体制

1. 英国的水务监管法律框架

为适应民营化之后的环境，为民营化的推进提供法制保障，英国开始进行法律的修订事宜，其中主要的法律如下：[1]

（1）1973 年水法（Water Act 1973）

该法实现了按流域分区管理，英格兰与威尔士地区水务行业经合并整顿成立了 10 大水务局，各水务局对所辖流域统一管理，不再受到过去的行政区域划分及管辖权的限制。水务局不是政府机构，而是由法律授权的具有很大自主权的公用事业单位。

（2）1989 年水法（Water Act 1989）

该法创立了整个水务行业民营化的机制。主要内容为：第一，改制水务局，成立 10 大水务公司，实现政企分开，任命这些公司承担各地区的供排水业务。第二，初步建立监管体系：①设立水务办公室（OFWAT）作为水务行业的经济监管者；②设立独立的消费者服务委员会（CSCs），代表

---

〔1〕 Ofwat，"Privatisation and the history of the water industry"，http://www.ofwat.gov.uk/infonotes/in18.pdf，May，2002b. 王强：《英国水务行业经济监管体制》，载 http://news.h2o-china.com/html/2007/01/542221168407540_1.shtml，最后访问日期：2012 年 9 月 10 日。

消费者进行水服务监管；③饮用水质量监管由英国环境大臣全权负责；环境监管由国家河流管理局进行。

(3)1991 年水工业法(Water Industry Act 1991)

重新确定了水务公司的职责及水务办公室的权力，将水资源取用、处理、使用、污水、消毒、再利用等过程整合，置于同一监管架构之下。

(4)1992 年竞争与服务法(Competition and Service Act 1992)

该法提升了 OFWAT 解决争议的权力，以监管民营公用事业，使其更有效率地进行市场竞争。

(5)1995 年环境法(Environment Act 1995)

该法组建了环境署(Environment Agency)，重新组织了环境监管的职责，将国家废弃物管理局、国家污染检测局和国家河流管理局以及环境部的某些职能进行整合。

(6)1998 年竞争法(Competition Act 1998)

该法主要内容有：①规范与禁止企业间妨碍、限制和扭曲竞争的行为和协议。对促进产业竞争有害的行为与协议进行规范与禁止，包括降低他人进入该产业的门槛、禁止进行水价歧视行为、禁止哄抬价格、强制信息公开、供水设施共享、鼓励业务外包以降低成本、水权交易规定等；②规定供水设施共享，各水公司必须订定规范，允许其他竞争者或潜在竞争者共享其供水与废水回收网络管线及处理设备，不得加以歧视或设定任何不当条件。

(7)1999 年水工业法(Water Industry Act 1999)

该法针对 1991 年水工业法做若干修正，主要内容有：①水务公司不得对不付费的居民用户断水也不得强制对用户用水计量，充分保护消费者的相关合法权益；②为改善各水公司费率机制，赋予水务办公室审核水司收费计划的权力。

(8)2003 年水法(Water Act 1973)

该法对于取水许可证制度、对产业内的竞争以及经济监管的相关结构作出了相关规定，主要方面涉及取水许可证制度框架的修补，产业内大客户服务竞争的范围的划定，调整经济监管的相关组织结构。

2. 英国的水务监管机构

英国水工业在民营化之后，政策的制定职能主要由国务大臣及其所辖的环境食品及农村事务部(在威尔士为威尔士国民议会),而具体的政策执行交由3个主要监管机构,分别担当经济监管者、饮用水水质监管及环境监管者的任务:水务办公室(Office of Water Service, OFWAT)、饮用水监督署(Drinking Water Inspectorate,DWI)以及环境署(Environment Agency,EA)。另外,由竞争委员会(Competition Commission,CC)受理水务公司对OFWAT的申诉;在公众参与方面,英国还有水务消费委员会(Consumer Council for Water,CCWater)作为民间组织以保护消费者利益为目的进行监管监督,有极高的威望。

(1)水务办公室(OFWAT)

OFWAT的成立肇始于1989年英国水务民营化,其任务及权限由英国1991年水工业法规定。作为英国和威尔士地区供水和污水处理行业的经济监管机构,OFWAT独立于政府和水务公司,其职责在于确保水务公司以合理的价格为用户提供高质量的服务。它的监管手段主要有:[1]确保水务公司以合理的价格向用户提供高质量、有效的服务;限制水务公司能够收取的价格,并确保尽可能低的价格;监测水务公司的行为并采取包括强制执行等措施以保护消费者的利益;为水务公司设置效率目标,促进水务公司的经营效率;审核公司的成本和投资;鼓励有益于消费者的竞争。

(2)饮用水监督署(DWI)

英国水务民营化之后,民众对与自身健康关系密切的水质管制更为重视,广大用户认为水务公司自行公布水质状况的做法涉嫌美化报表,甚至作弊的可能极高,故要求政府应成立独立于各民营公司的饮用水质量管理专门监管机构。由此,DWI于1990年应运而生。其职责在于检查英国和威尔士地区的水务公司提供消费者可接受的安全饮用水,并使其符合法律规定的标准。由水务公司对每天的水质进行检测,而DWI的检查员对其检测结果进行审查,并对水务公司的实验室进行审计。如果其中任何一个检测结果不符合标准,DWI的检查员可以要求水务公司改善饮用水质量,并检查此项改善工作是否按时完成。另外,水厂运转及操作方式、消毒程序、管网输送系统的保养维护是否均符合规范、是否实时处

---

[1] Http://www.ofwat.gov.uk/aboutofwat/whatwedo/,最后访问日期:2012年9月10日。

理顾客申诉等，都是该署的业务范围，并且每年发布调查报告公布于社会。

该署执行职务除依英国水质监管（Water Quality Regulations）所规定的内容外，并同时符合欧盟与世界卫生组织（World Health Organisation）的规范。这些标准极为严格。除此之外，DWI 还有一些额外的国家标准以确保饮用水的高质量。

DWI 的总监由环境、食品及农村事务部（DEFRA）的秘书长以及威尔士下议院任命，并代表他们独立地行使职责，某些职责被直接授予总监。[1]

（3）环境署（EA）

英国国家环境署 EA 是英国与威尔士地区保护和改善环境的权威性公共团体，同时也是水务行业的环境监管机构，该署于 1996 年依据环境法设立，主要职责包括水资源保护、污染防治、防洪、河海环境保护等。该署致力于保护水资源的持续性、确保未来人类的合理用水、环境中有足够的水源支持野生动物的生存、保护水环境不被污染。

（4）竞争委员会（CC）

CC 是一个独立的公共组织，其存在的目的是以有利于消费者和经济为宗旨确保公司间的健康竞争。水务公司对 OFWAT 的决定不满，可向 CC 进行申诉，该委员会在水务公司和 OFWAT 之间扮演了“地区法院”的仲裁角色。CC 主要审理经济监管方面的纠纷，包括水务公司兼并、供水和排水方面有争议的决定、取水和排水许可证照的修改、供水和售水许可证照的修改。[2] 若水务公司对涉及饮用水质量和环境要求方面的监管决策有异议，可向国务大臣提出上诉。[3]

（5）水务消费委员会（CCWater）

CCWater 成立于 2005 年 10 月 1 日，其前身为消费者机构“水之声”（Water Voice）。该委员会为一个代表消费者利益的独立组织，在英格兰地区设有 9 个地区委员会（Eastern、Midlands、Northumbria、North West、

---

〔1〕 Http://dwi. defra. gov. uk/about/what – we – do/index. htm，最后访问日期：2012 年 9 月 10 日。

〔2〕 Water Industry Act 1991 s12、s14、s17k.

〔3〕 Http://www. competition – commission. org. uk/，最后访问日期：2012 年 9 月 10 日。

Southern、South West、Thames、Wessex、Yorkshire），在威尔士地区设有 1 个地区委员会（Wales）。该委员会在英国和威尔士地区设有办公室，以便与消费者以及提供供排水服务的公司建立紧密的联系，其职责在于确保所收集的消费者的意见呈现给国家水务监管机构辩论，同时确保消费者处于水务行业的中心。当消费者与水务公司之间解决问题的尝试失败后，该委员会同时受理消费者的投诉。该委员会的目标是，在 20 个工作日之内解决 70% 的投诉，在 40 个工作日之内解决 85% 的投诉。CCWater 自成立之后已经成功地实现了这个目标。[1]

英国的水务监管体系如图 4－1 所示：

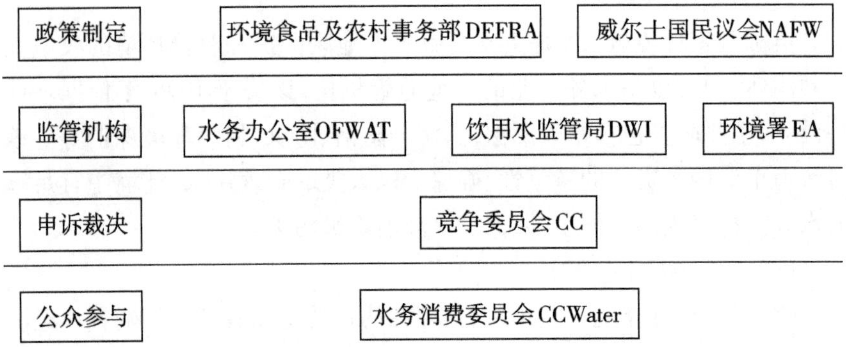

图 4－1　英格兰与威尔士水务行业监管体系

（二）美国水务监管体制

1. 美国水务监管的法律框架

作为联邦制国家的美国，各州政府在水资源开发、利用及保护等方面享有更多的自主立法权，与联邦政府的立法权并行不悖。在联邦层面，城市水务管理的法律主要是《清洁水法案》与《安全饮用水法》。《清洁水法案》颁布于 1972 年，分别于 1977 年、1981 年、1987 年、2002 年、2005 年重新修订，主要内容是完善了美国国家水质标准体系；《安全饮用水法》颁布于 1974 年，分别于 1986 年和 1996 年进行修订，赋予环保署制定国家饮用水标准并监督各州的权力。这两部法案对美国水资源的开发、利用、

〔1〕 Http://www.ccwater.org.uk/server.php? show = nav.1300，最后访问日期：2012 年 9 月 10 日。

保护以及水质安全均提出了严格的要求,为美国水务监管奠定了基本框架,具有很高的指导意义。[1]

以联邦立法为基础,美国各州政府根据陆续颁布了一系列包括水资源管理、保护、利用以及污水排放、地下水资源开采等地方法规,建立了较为完善的水水务监管的法规框架。

总之,美国政府水务监管法律健全、程序严格、职责明确、可操作性强,为依法管水、依法治水提供了基础,使整个水务监管过程有序进行。[2]

2. 美国水务监管机构设置及其职权

美国水务监管机构分为 3 个层次:联邦、州和地方政府。根据联邦宪法,“联邦政府负责制定水资源管理的总体政策和条例,由各州实施”。可见,水务行业监管的特点是:在联邦政府的领导下,赋予各州自主实施监管的权力,各州设立水务监管机构,各州以下的县、市也设立相应的水务局,各层级职责明确,既分工又合作,既相互配合又相互制约。

联邦政府主要负责制定水务监管的总体政策和法律,参与重大水利工程的建设与管理,主要侧重于水量和水质管理两大方面。负责水务监管的联邦机构主要包括环保署、农业部自然资源保护局、内务部垦务局和国家地质调查局水资源处等。其中,环保署的主要职责是水质和污染监管,主要监管手段有根据《安全饮用水法案》和《清洁水法案》制定环境规划国家标准、授权各州发放取水许可证、管理水质、制裁违法行为;国家地质调查局水资源处主要负责收集、监测、分析、提供相关水文资料,为水利工程建设和水体开发利用提供政策性建议。农业部自然资源保护局主要负责农业用水资源的开发、利用和保护。内务部垦务局主要负责水资源的开发和利用管理。[3]

在联邦政府的总体规划下,各州政府建立了相当健全的水务监管机构,对本州的水权分配、水交易、水质保护等问题拥有大部分权力。以加

---

〔1〕 陈慧:《国际城市水务管理的特点与经验借鉴——城市水务管理问题研究之一》,载《生产力研究》2014 年第 7 期。

〔2〕 李可可、邵自平:《美国西部水权管理制度及启示》,载《中国水利》2004 年第 6 期。

〔3〕 马乃毅、姚顺波:《美国水务行业监管实践及其对中国的启示》,载《亚太经济》2010 年第 6 期。

利福尼亚州为例,其水务监管机构包括水资源局、公用事业委员会水务部、环保局(包括州水资源控制委员会和地区水质量控制办公室)等。公用事业委员会水务部主要负责经济性监管,即确保公平合理的价格水平、确保水务公司的投资获得合理利润回报;水资源局主要负责运营和维护本州水利工程,协助地方进行水资源管理、保护和开发;州水资源控制委员会主要职责是准入监管和质量监管,保护、提高并恢复水资源质量,确保合理分配和有效使用水资源,负责分配水权,裁定水权争议,制定全州水资源保护计划,发放排污许可证,建立水质标准,为按流域建立的水质控制委员会提供指导;地区水质量控制办公室主要职责是制定并实施水质目标,执行最有效利用水资源计划。[1]

除了上述以行政区域为标准设置的各级水务监管机构外,美国政府为解决跨行政区域的流域治理问题,分别成立了针对几大主要河流的流域水资源管理委员会,如田纳西流域管理局、密西西比河管理委员会等。这一机构集多种职责于一身,从流域水资源的开发、利用、规划、保护、研究到水产品的生产、经营和销售等。通过行政区域管理与流域管理相结合的水务管理体制,可以使二者的优势得到互补,大大提高了美国水务管理工作的效率,在实现水资源的可持续利用方面具有重大意义。[2]

3. 公众参与

公众参与也是美国水务行业监管的一种重要形式。美国的《行政程序法》保证了公众在政府决策中不可忽视的作用。法案要求,政府环保机构在签发许可证或制定某项制度及其他类似行为时,要提前告知公众,并召开听证会,或提供其他公众参与的渠道。水务监管机构也要求企业及时向公众公开水务信息,听取公众意见。水务公司每年要向公众递交有关水质和水源报告,以增强公信力。大部分联邦环境保护法规都包括了公益诉讼条款,当公民遭受水质污染等违反环境法规行为侵害时,公益诉讼条款成为诉讼的依据,实现公众对水务行业的监督。

---

〔1〕 马乃毅、姚顺波:《美国水务行业监管实践及其对中国的启示》,载《亚太经济》2010 年第 6 期。

〔2〕 陈慧:《国际城市水务管理的特点与经验借鉴——城市水务管理问题研究之一》,载《生产力研究》2014 年第 7 期。

（三）法国水务监管体制

法国的人均水资源拥有量为3000立方米，是一个水资源丰富的国家。“二战”之后，针对工业化发展导致水需求的快速增长和水水污染的迅速恶化，法国于1964年制定了《水域分类、管理和污染控制法》并于1992年进行了修订，自此确立了法国的水资源监管体制。

1. 国家相关职能部门和全国水委员会

在国家层面，法国国土规划与环境保护部是负责水资源管理的主要职能部门，公共工程部、农业部、卫生部、工业部和渔业高级理事会等也负责一部分涉水事务，负责制定相关法规政策并监督其执行情况，同时还负责流域或地方相关涉水事务的审核。除了这些职能部门之外，还有由社会各界和协会代表组成的全国水委员会，作为最高水务咨询机构，其负责为相关法规政策的制定提供咨询意见。

2. 流域管理机构

以自然水文流域为单位，法国将全国划分为六大领域，并建立了各个流域委员会，由此构成了《法国水法》所确定的“每个流域或流域组的水资源平衡管理”模式。流域管理委员会是各流域的立法和咨询机构，决定水资源开发利用的大政方针，有权批准本流域水开发和管理的总体规划。[1] 各流域委员会下属流域水管局作为执行机构，制定本流域水资源的开发规划和政策，确定供水和污水处理工程，收取水资源管理费，收集和发布水事信息。

3. 地方行政机构和地方水务委员会

行政大区、省和市镇在流域管理委员会之下成立地方水委员会，负责起草、修正和监督水开发和管理规划的执行。地方水委员会根据本地区水开发和管理的规划制定相应的政策和实施细则，其构成分为以下三部分:50%来自地区机构的代表和地方公有公司的代表，25%来自不同用户、沿河土地所有者、专业协会和组织的代表，25%是国家代表和国有公有公司的代表地方行政机构。[2]

---

〔1〕 French Water Act of January 3,1992, Law No. 92－3 of January 85 3, 1992. Water “Journalofficiel”, Article 3. 1992(1): 187. 转引自姚勤华、朱雯霞、戴轶尘:《法国、英国的水务管理模式》，载《城市问题》2006年第8期。

〔2〕 同上。

4. 水务经营公司

与英国的不同之处在于，法国水公司没有完全私有化，仍保留产权的公共性，但委托经营公司进行供水设施的建设和管理。1992 年《水法》之后，为吸引私人资本，减少政府财政压力，许多市镇政府开始尝试在水务行业中实施委托经营，其中，租赁经营占私人水市场的 60%，特许经营占 30%，其他占 10%。租赁经营与特许经营的区别在于合同期限内资产的所有权，相同点在于经营公司有收费权。在实践中，不同模型的边界并不十分清楚。许多合同往往是多种方式的混合，体现了委托管理的灵活性和适应性。引入水务经营公司的委托经营在供水服务质量的提高、供水面积的增加和水价的下降等方面取得了良好效果。根据世界银行报告，在私人参与公用事业的形式上，法国的委托经营模式比英国的完全私有模式更受欢迎，尤其是法国的特许经营在发展中国家的运用更为广泛。[1]

5. 公众监督

作为水务行业的终端用户，公众也可以依照《水法》要求“各个层次的有关用户共同协商和积极参与”的规定来监督相关涉水事务。上述各级水委员会制定相关法规政策都必须提交公众讨论，以听取各方意见，水协会、水公司、水用户等各方都可以发表看法，提出建议。任何一级水管理部门都要吸收水用户代表参与管理。

总体来说，法国的监管体制总体来说包含“国家—流域—地方—公司—公众”五个层次。

(四) 国外水务监管权配置方面的有益经验

根据前文所述，可以对国外水务监管权配置方面的有益经验做以下总结。

1. 完善的法律制度保障

英国水务相关立法较为完善，为水务行业的改革与发展提供了坚实的法律保障，各监管机构的职权及其行使程序等均有明确的法律依据。在英国水务行业民营化改革过程中，政府基本上奉行了立法先行、依法推

---

[1] 赵超霖：《英法 PPP 调研：以特许经营为主的法国模式更值得中国借鉴》，载《中国战略新兴产业》2015 年第 24 期。

进的原则。同时,立法也并非一蹴而就,而是根据不同时期的需要进行及时修订。从前述法案修订过程来看,英国除了采取按部就班地逐步促进竞争实现的措施外,同时考虑经济、社会及政治大环境,逐步约束其落实维护公共利益。[1] 美国也是如此,以《清洁水法案》和《安全饮用水法》为首,建立了一系列较为完整的水务监管法规框架,对水资源的开发、利用、保护、水质等每一环节都有较为详细和可操纵性规定方面,加之各州层面的立法,为美国水务监管打下了牢实的法治基础。

2. 科学的监管权配置

(1)政监分离

根据前文介绍可知,英国中央政府部门环境食品及农村事务部(DEFRA)统一管理所有涉水事务,宏观的水战略、水政策和监管政策的制定以及相关法律和规章的起草由该部门统一负责,而不对水务公司等微观经济主体进行直接监管。而 OFWAT、EA、DWI 等独立的监管机构负责执行相关法律和 DEFRA 所定的监管政策,侧重于实施日常监管,通过规范水务公司的行为来保护用户利益、促进水务行业的有效竞争、改善环境质量等。可见,在水务行业管理上,DEFRA 与经济、环境和技术监管机构基本实现了"政监分离"。虽然 EA、DWI 的总监由 DEFRA 任命,但其任职期限和职权行使等有所保障,与 DEFRA 互相独立。

(2)监管机构职能明确

西方发达国家在城市水务民营化改革中,都成立了与之相适应的专业监管机构。比如,美国的水务监管机构无论从横向和纵向来讲,均注重不同机构、不同层级间权限划分清晰、管理职责明确,各级政府各司其职,各层管理机构分工合作,互为补充,保证了对水权分配、供排水服务的安全性和稳定性、水价制定的合理性以及水务行业监管的有效性;[2] 又如,前述英国成立了专门的监管机构,各监管机构相对独立、互不交叉、各负其责,有其明确的职能分配:[3]

---

[1] M. E. Beesley, *Privatization, Regulation and Deregulation*, London: Routledge, 1997, p. 72.

[2] 参见马乃毅、姚顺波:《美国水务行业监管实践及其对中国的启示》,载《亚太经济》2010 年第 6 期。

[3] 中国华禹水务产业投资基金筹备工作组编:《英国水务改革与发展研究报告》,中国环境科学出版社 2007 年版,第 237 页。

OFWAT负责经济监管，主要监管手段有供水许可证、激励性价格上限、监管会计指引、资本结构、比较竞争、受监管业务隔离规定、特别行政管理、危机预警机制、投资信用级别要求、资本维护共同框架、承诺标准计划等；

DWI负责水质监管，主要监管手段有制定各类水质标准、水质不达标时要求水务公司对供水系统进行更新投资；

EA负责环境监管，主要监管手段有取水许可证、排污许可证、制定环境质量法规等。

欧盟委员会在《欧洲城市水务改革指令》中明确要求其所有成员国"建立一定的有效的独立的监管机构，保证透明度以避免滥用某些垄断民营化的行为，尤其是损害消费者、带有掠夺性的行为。"从发展趋势上来看，政府行政部门的直接监管、政监合一已经不符合现代监管的要求，城市水务监管机构普遍向独立、专业化、政监分享的监管机构方向发展。

3. 有效的公众参与机制

英国在1989年水务民营化伊始，10个消费者服务委员会（CSCs）下设在OFWAT，代表消费者进行水服务监管。但由于CSCs隶属于OFWAT，缺乏独立性，而人们认为消费者利益代表组织应当与政府机构相分离，因此，CSCs在2002年被重组为更加独立的水务公众参与机构"水之声"（Water Voice）。2005年，"水之声"被撤销，转制为现在的水务消费者委员会（CCWater），其独立性得到了有效的保障。CCWater的高效运作为公众、企业和政府三方提供了充分的沟通，为水务用户影响政府水务政策的制定与执行提供了渠道，在英国水务民营化过程中发挥了重要作用。

美国水务监管中通过信息公开、听证会、公益诉讼等制度强化了公众参与的渠道和有效性，如制定政策或签发许可证之前需举行听证会，向公众公布水质等相关信息，公众遇损害时可向法院提起公益诉讼等。

《法国水法》规定各级水委员会制定的水开发和管理规划都必须提交公众讨论，重大水利项目要听取各方意见，水协会、水公司、水用户等各方都可以发表看法，提出建议。任何一级水管理部门都要吸收水用户代表参与管理。法国水务管理的民主化、公开性表现为：对政府职能部门而言，无论是居民用水还是企业用水，其水质的检测报告应向社会公布。对水企业而言，要公布企业的经营情况，财务收支、盈亏等。对公众而言，公众有责任将“有关对水的公共安全、质量、循环和保护代理风险的事件或事故”报告政府，而政府也有责任将“事件或事故的情况、可预见的结果和已采取的措施”通报给公众。对司法机关而言，法院有权将被起诉的违反水法和法规的案件公布于众。[1]

二、我国水务监管权配置的完善路径

众所周知，英国水务行业民营化改革取得了不菲的绩效，其中不可忽略该行业建立起来的监管制度在权衡各利益集团的利益以及促进行业健康发展等方面的巨大作用。以英国等国家的经验为启示，我国水务监管权配置的完善路径应当包括以下四个方面。

（一）健全水务行业法律制度

完善的法律制度是水务行业有效监管的制度基础。水务监管权作为政府权力，其权限配置需要明确的法律依据，从而明确界定政府部门、监管部门、水务企业、公众的职责范围，这样会为水务监管提供立法基础和法治保障。全国性水务行业法律制度的建立，有效地解决不同部门法规和政策不协调、重复执法、执法不力等问题。

首先，在中央层面建立龙头性的《水业监管法》，明确监管机构的设置、权力配置、职责行使等事项，建立社会监督体系。其次，在修订现有法律的基础上制定《水资源管理法》《节水法》以及《水价法》等，建立和完善相关监管制度、明确具体监管事项和程序再次，特别针对目前如火如荼的水务市场化，不断健全自来水行业的技术标准、完善水务特许经营制度。此外，在现有法律上配套相应规范性和标准化的条例、合同，使其成为行业监管的重要依据。

（二）建立相对统一独立的监管体系

鉴于政监不分、权力分散的现有权力配置格局，需要整合既有监管机构，实现统一、独立的监管体系。分别可设计两种模式：

（1）区域监管模式。当前，各地方水务监管机构应脱离与地方政府

---

〔1〕 French Water Act of January 3, 1992, Law No. 92－3 of January 3, 1992, Water "Journal officiel", Article 12C. 1992 (1):188. 转引自姚勤华、朱雯霞、戴轶尘：《法国、英国的水务管理模式》，载《城市问题》2006 年第 8 期。

的行政隶属关系，在各城市水务局的基础上，整合诸如城建、环保、物价等其他部门的监管职能，组建独立的、统一的水务监管局。水务监管局在法律、法规的授权下履行监管职能，对特许经营进行依法监管，而政府主管部门不再实施具体的监管行为，主要负责相关产业政策的制定以及与其他政府部门间的合作与协调。由于我国目前尚未实现流域一体化，近期的改革可先尝试此种路径。

（2）流域监管模式。流域一体化体制已经被认为是现有水务行业发展的必然趋势。可强化现有几大流域管理委员会的职能，成立各流域的监管机构。

无论上述哪种模式，在国家层面，可以将政策制定的职能整合由水利局统一行使，由此实现"政监分离"。

（三）完善水务行业公众参与机制

我国的公用事业公众监督委员会与英国的 CCWater 相比，缺乏独立性和有效性。完善水务行业的公众参与机制，可以借助现有的公用事业公众监督委员会的平台，建立独立、专业、能代表广大公共利益的消费者组织。同时，需要设定公众参与的具体路径、完善信息公开和披露制度，这是有效参与的前提性制度。

公用事业公众监督委员会一方面可以弥补行政机关监管专业知识的不足；另一方面可以为消费者的利益表达提供渠道，因此，对此进行完善应当注意以下三点：

（1）性质及职能。公用事业公众监督委员会在公用事业监管体制中应当作为咨询型委员会，不负责制定政策、实施监管措施。其职能主要包括质询、提供建议和咨询、信息沟通、调查审议等。

（2）机构及人员组成。公用事业公众监督委员会应当由行政委员、专家、市民代表、社会组织等公众委员共同组成，其中专家和公众委员人数不得少于总人数的 2/3。委员会下设办公室负责日常工作。专家和公众委员应当通过公开公正的程序产生。

（3）运作机制。一是会议制度，包括定期会议和临时会议，公用事业公众监督委员会应当定期举行会议，在有特殊需要时可以临时召集会议。会议由委员会主任召集和主持，会议须有全体委员的过半数出席才能举行。会议决议应当经出席人数的 2/3 多数通过。行政机关在作出决定时，应当尊重委员会的决议，在不采纳委员会决议时应说明理由。二是公开制度，除涉及国家秘密、商业秘密和个人隐私外，委员的选择以及委员会会议均应当公开进行。另外，委员会收集和调查的信息和资料也应通过相关媒体公开。

（四）加强部门协调机制

由于监管可能所涉及多个部门，加强部门协调机制便显得尤为重要。特许经营项目环节多、审批期限长、程序烦琐的问题曾是反映最为强烈的问题。据国家发改委的调研显示，某个污水处理特许经营项目历时一年半，盖了160多个章，最后才得以开工建设。[1] 因此，需要加强部门协同增进合力，依托部门协调机制来加速项目的实现。2015年《办法》第8条明确，县级以上地方人民政府应当建立各有关部门参加的基础设施和公用事业特许经营部门协调机制，负责统筹有关政策措施，并组织协调特许经营项目实施和监督管理工作。第13条规定项目提出部门应当依托本级人民政府建立的部门协调机制，会同其他部门对实施方案进行联合审查。

三、本章小结

英国作为水务民营化的先驱，其水务监管体制较为完备，构建了包括负责经济监管的水务办公室、负责饮用水水质监管的饮用水监督署、负责环境监管的环境署，还有竞争委员会受理相关申诉、水务消费委员会作为民间组织进行监督。美国政府水务监管法律健全、程序严格、职责明确、可操作性强，为依法管水、依法治水提供了基础，使整个水务监管过程有序进行。法国的监管体制总体来说包含“国家—流域—地方—公司—公众”五个层次。

总体来说，英、美、法三国的经验首先是有完备的法律制度保障；其次是科学的监管权配置，其特征是政监分离、监管机构互相独立、各负其责、职能明确；最后是有效的公众参与机制。以英国等国家经验为启发，我国的水务监管首先应当健全水务行业法律制度，其次是建立统一独立的监管体系，再次应当通过完善公用事业公众监督委员会制度来健全水务行业公众参与机制，最后还应当加强部门协调机制。

---

〔1〕 参见《五大领域特许经营向社会资本开放》，载 http://www.gov.cn/zhengce/2015-05/11/content_2860048.htm，最后访问日期：2015年6月10日。

第五章　我国水务特许政府监管内容的完善路径

如何从准入监管、水价监管、水质监管、退出监管各方面入手构建各项监管内容的法治化路径，本书在此将尝试提出解决问题的方案，这也是对研究之初提出问题的回应。

一、完善相关立法体系

“在现代行政法中，如果私人参与行政作用，所进行的活动需要一定的法的统制，那么法的统制框架就成为一大课题。”[1]鉴于特许经营涉及的事务为关系到国计民生的公用事业，稍有不慎就会危及民众的生存境况，因而应当适用较为严格的法律保留原则，由全国人大常委会制定统一的《公用事业特许经营法》，并在该法中授权国务院制定配套的行政法规。地方则在遵循法律、行政法规的前提下，结合本地方的实际情况制定相应的地方性法规，以此形成较为完整的公用事业特许经营法律体系。

根据2013年10月30日新华网的授权发布，基础设施和公用事业特许经营法已经列入十二届全国人大常委会立法规划（共68件）的第二类项目“需要抓紧工作、条件成熟时提请审议的法律草案”。[2]

可见，公用事业特许经营立法工作已经提上了日程，这将为我国水务特许政府监管提供法律层面的规范。除此之外，由于水务行业的特殊性，应当同时制定或修订水务法律体系，比如说制定龙头性的《水业监管法》，明确监管机构的设置、权力配置、职责行使等事项，建立社会监督体系。另外，可以在修订现有法律的基础上制定《水资源管理法》、《节水法》以及《水价法》等，建立和完善相关监管制度、明确具体监管事项和程

---

〔1〕［日］米丸恒治：《私人行政——法的统制的比较研究》，洪英、王丹红、凌维慈译，田思源、王贵松校，中国人民大学出版社2010年版，第23页。

〔2〕《十二届全国人大常委会立法规划》，载 http://news. xinhuanet. com/2013 - 10/30/c_117939129. htm，最后访问日期：2013年11月10日。

序;再次,特别针对目前如火如荼的水务市场化,完善水务特许经营制度,并配套相应的规范性条例文本和标准化合同文本,健全自来水行业的技术标准、管理规范和服务规范,使其成为行业监管的重要依据和标尺。

二、准入监管:以公开招标为例

在现有立法和实践中,在市场准入环节选择特许经营者的竞争方式主要有直接委托、招募、招标(邀请招标和公开招标)、拍卖等。各方式的竞争空间各不相同,直接委托方式作为其中最缺乏竞争性和透明性的准入方式,容易滋生腐败,因此只在极个别小型项目或吸引力较弱的偏远地区有现实适用性;拍卖方式将价格作为竞争的唯一标准,对于公益性的水务行业而言,不利于招标者进行资质考察,不利于政府监管的落实;招募和招标方式较常使用,其中,招募和邀请招标针对特定有限的对象发生邀请,准入过程的公开度有限,竞争性弱于针对不特定申请人的公开招标。

可见,由于公开招标方式的主要特征是其过程公开性、充分竞争性,有利于保障申请者的公开竞争,在准入环节保证充分有效的竞争和公众监督,从而有利于选择合格经营者,因此公开招标方式应当作为水务特许经营市场准入的首选方式,[1]故本书以公开招标为例,论述准入监管的法治化完善路径。

如何才能通过公开、公正的程序择优选择经营者,是准入监管的首要问题,针对前文已经提出的准入方式选择不恰当,准入程序规定不完善,准入标准过于单一等准入监管的问题,本书在此提出准入监管的完善路向。

(一)健全准入的程序设计

1. 注重可行性研究和前期规划

通过可行性研究和前期规划,针对特许项目的目的、市场、财务、经

---

〔1〕 需要注意的是,水务行业的业务具有可分性和复杂性,一般而言,招标程序适用于易于标准化程序较高的、竞争较为激烈的特许经营项目,例如网管建设等自然垄断性较强的业务。因此,需要根据"项目模式的易于标准化程度"和"项目对投资市场吸引力"等重要的影响因素构建不同特许项目与准入竞争方式之间的适用、匹配关系,这就需要充分认识特许经营项目的个体差异性和招商工作的复杂性,优先选择公开招标程序,在招标不成功或不适宜选择招标方式的情况下,应当选择合适的准入方式。参见张燎:《水务特许经营项目准入竞争方式选择与区别应用》,载《中国环保产业》2006 年第 5 期。

济、法律、工程技术、替代方案、土地取得及环境影响等等方面进行评估和规划,可以预先认识到该项目的困难和重点,从而减少因盲目招标而造成的成本浪费和外界反弹。可行性研究还可以为准入方式提供选择。一般来讲,应当以公开招标这种竞争性最强的方式为首选,但吸引力较小的小型项目或偏远地区的项目,以及招标不成功的情况下,可以选择其他准入方式。总之,注重可行性研究和前期规划可以保证特许项目准入方式的正确选择和后续工作的顺利展开。

2. 保证有效竞争

保证有效竞争的手段存在于公告之前或公告发布阶段,主要包括投资意愿调查和完善的信息发布制度。

投资意愿调查的方式主要有:一是在拟定公告文件之前举办说明会或公听会,调查企业参与计划的意愿与需求,据以拟定更为具体的投资规范。如果所提出的投资条件未能有效地吸引厂商投资,则主办机关宜再研议,提出更大的诱因以吸引民间参与投资。[1] 二是在正式公告前试行公告。完成公告准备后,政府在正式公告征求民间参与之前,可试行公告,并发布计划投资资讯,除有助于了解民间投资意愿外,也可广泛收集民间对公告内容的看法,以进行必要的改善工作。

进行充分的投资意愿调查,从而拟定更为合适的公告文件,以保证招标过程中的有效竞争,避免流标、废标等情况发生。除此之外,完善招标公告信息公布制度,对信息公布的途径、时限、范围等作出明确规定,防止因信息不充分而导致的竞争不足。

3. 分阶段评审程序

公开招标程序的设计,必须考量申请人可能的落选成本,尤其对于大型项目为说,备标成本极高,对落选的竞标团队而言是相当大的负担。为降低落选成本,评审程序需要分阶段进行。只有设置不同阶段,才能区分不同的审查内容,适用不同的审查标准。一般来说,评审的程序分为两个阶段进行:资格预审和综合审查。

目前仅侧重综合审查而忽略了资格预审阶段,资格预审是指在正式

[1] 崔君玮:《我国公共建设 BOT 计画主办机关之法律地位——以乌日垃圾焚化厂之兴建营运为例》,东海大学法律学研究所 2002 年硕士学位论文,第 73 页。

招标之前,对申请者的资格和能力进行形式上的预先审查。这是招投标程序的重要环节,是招标评审工作的起始,其直接作用是选择合格的申请人进入下一步程序,降低竞标者的落选成本。同时,严格的资格预审可以考察申请人的资质、能力等,从而初步选择合格的经营者,降低公共风险,保护公共利益。

(二)设定合理的评审标准

除资格预审外,在综合审查阶段最关键的是设定合理的评审标准。评审标准的设定是公平竞争的开始。除了单纯考虑申请人的报价之外,还应当将"良好的企业商誉"列为必需标准。商誉反映了企业的整体运营状态和信用状况,是保证后续特许项目顺利进行的有效方式。

供水行业关系国计民生,可谓城市的生命线工程之一,因而设置较高的门槛并不为过。政府在选择合作企业时,不应过分强调资金的引入,而应当认真分析并判断其意图,选择信誉良好的、具有长期发展战略的专业型水务集团,这样可以在一定程度上降低风险。判断服务主体是否专业化的核心不仅仅是其他各种主体所颁发的资质,而是其市场业绩和服务历史,这需要社会和公众通过信息系统来参与和判断。

(三)增强准入程序的科学性

1. 聘请专业顾问机构

由于监管机构在特定专业技术领域以及人力和时间方面的不足,聘请专业顾问机构无疑是必要的。水务特许项目的从前期规划到评审,涉及财务、工程、营运、法律等各专业领域,其中复杂程度可想而知。专业顾问机构可以在可行性研究、前期规划、制作招标文件、制作特许契约、协助评审委员会、协助办理招标订定底价工作等方面协助主办机关行使职权。[1]

2. 评审委员会的设立

设立评审委员会的目的在于确保评审程序的科学、公正。评审委员

---

〔1〕 需要注意的是,专业顾问机构之功能系协助主办机关行使职权,并提供专业咨询,其本身无行政权限,仅为主办机关之助手,唯其办理之业务与民间机构利益相左,因而基于利益回避之原则,专业顾问机构不得参与投标或为投票组织之成员,避免在民间机构之甄审阶段或契约执行阶段发生利益冲突之弊端。参见简后吟:《民间参与公共建设采取 BOT 模式——由事前规划至兴建阶段之基本法制研究》,中国文化大学法律学系研究所 2008 年硕士学位论文,第 18 页。

会的专业委员基于其丰富的专业知识，审议“评审项目、评审标准、评审程序及评定方法”等程序性事项，以及提出专业性意见以鉴别申请人的优劣。为了更好地发挥评审委员会的专业功能，其组成需要一定比例的专家，若行政机关人数过多，则可能弱化其专业性。但同时，若专业人员过多，则失去行政机关应有的责任。因此，专家的比例定在1/2或1/3较为适宜。另外，为防止招标腐败，评审的过程应以公开为原则。

三、水价监管

市场经济是法治经济，将水价监管法治化、制度化的轨道将会促进政府职责的有效实现，从而达到各方利益的平衡。水价监管的法治化路径除了前文提到的水务监管体制问题外，还需要从具体的制度和程序设计入手。

（一）水价监管法治化的重要性

价格监管是最为典型最为重要的经济性监管，这是由于价格监管直接关联到资源配置方面的经济政策。[1] 水价监管是水务特许过程中政府监管的关键，反映了一国水务行业监管的能力与效度。水价监管涉及政府、企业、公众的三方关系，对于城市政府来说，既希望有更多满足城市发展需要的供水设施投资，又要在其基础上通过综合考虑合理调整水价；对于企业来说，水价作为体现该企业产品、服务价值的载体和发展的动力、源泉，通过提高水价获得最大利润是其追求；而对于公众来说，水作为公众生活的必需品。大部分城市的水价一涨再涨，广大老百姓，特别是低收入群体称已超出其可承受的范围，而大部分的自来水公司则一再称水价仍明显偏低，难以弥补公司的亏损情况。正如学者所言，“政府的价格规制常常陷入两难境地：价格过低，不能弥补经营成本，会导致生产经营萎缩，或给国家增加沉重的财政负担；如果价格过高，企业获得超额垄断利润，企业经营不思进取，而且会损害消费者的利益。”[2]水价作为“政治价格”，应当在社会的可容忍、可接纳的限度之内。因此，水价监管的有效

[1] 所谓经济性规制，是指“在自然垄断和存在信息偏在的领域，主要为了防止发生资源配置低效和确保利用者的公平利用，政府机关用法律权限，通过许可或许可等手段，对企业的进入和退出、价格、服务的数量和质量、投资、财务会计等有关行为加以规制。”参见［日］植草益：《微观经济规制学》，朱绍文等译，中国发展出版社1992年版，第29页。

[2] 何炜：《西文政府职能理论的源流分析》，载《南京社会科学》1999年第7期。

性与否直接关涉企业与公众的利益衡量问题,政府的水价监管制度如何找到一个平衡点,无疑是很重要的。

(二)明确监管原则

日本经济学家植草益所描述的规制目标在于"通过使事业能够适当合理的运营,在维护消费者利益的同时,力求事业能健全发展"。[1] 根据前文所确定的监管目标,水价监管的目标至少包括以下两个方面:一是价格公平,价格监管应当专注于保障作为用户的消费者的合法权益,维护社会公平。如何让用户以负担得起的价格享受自来水供应服务是政府的责任。二是合理经营,水价监管还应当兼顾经营者利益,促进供水企业不断提高效率、维持财务稳定和可持续发展,发挥最大限度的营业自由和追求利润的自由。

价格公平与合理经营是价格监管须臾不可分割的两个方面,各国在确定监管原则时,无不以此为立足点。在美国,价格监管的原则包括:(1)对用户没有歧视性的差别;(2)保证企业稳定收入和再生产;(3)不断加强企业内部管理;(4)鼓励企业提供优质的产品,实现资源的充分利用和保护环境。在英国,价格监管的原则包括:(1)效率原则,通过刺激企业改进生产技术,加强内部管理,使资源得到优化配置;(2)保护用户原则,通过提高生产效率和通货膨胀率确定价格上限;(3)合理利润原则,通过价格上限的激励型监管模式,使公用企业不断改进技术、提高效率,从而获得最高价格水平之内的合理利润。[2]

可见,各国在确定价格监管原则时无一例外地综合考虑了企业利益与用户利益之间的兼顾、协调与均衡。立足于我国现阶段水务特许的发展实际,结合行政法基本原则的理论研究,笔者认为首先应当明确以下三个原则:一是合法性原则,价格监管应当以《价格法》《城市供水价格管理办法》《政府制定价格成本监审办法》等法律、法规体系为依据。该原则也对法律、法规有更高的要求,促使我国价格法律体系的进一步完善。二是保障消费者利益原则,价格监管的根本目的就在于确保消费者能够以尽可能低廉的价格享受平等、安全和可靠的供水服务,将价格控制在公平

---

〔1〕 [日]植草益:《微观经济规制学》,朱绍文等译,中国发展出版社 1992 年版,第 58 页。

〔2〕 王红卫:《发达国家公用事业的价格规制》,载《经济论坛》2003 年第 10 期。

且合理的水平上，同时，对符合条件的贫困群众应当进行适当减免或补贴。三是维护企业发展的原则，只有稳定和健康运营的供水企业，才能保证普遍和持续的供水服务。因此，促进特许经营者提高效率、加强管理、降低成本，确保资源的有效配置，维护供水企业的健康运营和发展。

（三）健全成本监审

鉴于信息不对称和成本约束机制不完善是制约成本监审的重要因素，完善成本监审制度主要从这两方面入手。首先，解决信息不对称的手段主要有信息共享平台的建立和强制信息披露制度，迫使经营者如实公开成本和利润信息，便于接受监管机构和消费者的监督。关于信息公开的范围、各类、方式、程序、责任等问题，均应在完善相关立法时予以明确。其次，应当完善成本约束规则。一是明确成本约束“必须且合理”的标准；二是尽可能详细列明可能发生的经营成本。[1] 唯有如此，才能建立有效的约束和激励机制，促使企业提高效率、降低成本。最后，需要明确成本监审的主体，目前立法中的成本监审由价格部门主导，而水务部门的参与有限。相对于价格主管部门来说，监管机构在信息的获取和业务熟练度上都具有明显的优势，因此，水务行业监管机构应当成为水价的监审主体。这一做法也是符合独立性监管机构实行职能统一、综合监管的内在要求的。

（四）完善水价听证

听证制度源于英国古老的自然正义原则，由美国正当法律程序原则予以发展和完善。听证的程序作为行政民主的重要实践，意义在于有权机关在作出重大决定之前，公平、公正、公开地充分听取相对人的意见，并将此作为决定的重要依据。在此过程中，不但可以通过公众的利益表达，整合公众意见，还可以防止有权机关的专制与片面。针对于水价听证会的制度与实践缺陷，本书认为水价听证的完善应当注重以下三个方面。

---

〔1〕例如，《江苏省城市市政公用事业经营成本监管制度》第5条规定，城市供水成本包括供水生产过程中发生的原水费、电费、净化消毒材料费、资产折旧费、修理费、直接工资、水质检测、监测费、输水、配水等环节的合理水损及其他应计入供水成本的直接费用。费用还包含组织和管理供水生产经营所发生的销售费用、管理费用和财务费用。

1. 听证代表遴选机制

水价听证会中，由于经营者处于强势地位，使消费者参与听证很可能是流于形式的。只有势均力敌的各方利益代表，尽量减少力量悬殊，才能确保听证的公平性和结果的可接受性。因此，水价听证代表的遴选机制关键在于确保各方利益能得以充分表达。听证会代表主要包括企业、消费者、专家、中介协会等相关人员。目前的水价听证会中，无论是消费者代表的遴选还是专家代表的聘请，都由价格主管部门主导。

在消费者代表遴选规则方面，应当注重发挥公用事业公众监督委员会的作用，放手交由该委员会进行推荐或遴选。在名额分配方面，应当考虑不同社会阶层的分配比例均衡，使与市政公用产品或服务价格关系最紧密的社会弱势群体或低收入阶层能够参与听证。

除此之外，由于水价听证的专业性和技术性，为了弥补公众个人的零碎性和专业知识匮乏，还需要平衡公民参与和专家理性。[1] 这是决策科学性的现实需求和行政效率的考量。专家知识的系统性、专业性、技术性可以起到不可替代的作用。在水价听证会上，可以根据市政行业的具体情况遴选一些具有经济、法律和管理背景的专业人士参与，让公民参与和专家理性在各自领域发挥作用，从而力争实现听证代表的广泛性、代表性、专业性与结构合理性，使决策的正当性和科学性都有所保障。

2. 增加听证的透明度

增强水价听证会透明度，要求听证会在形式上是公开的，同时在实质上也应当是通过充分的信息披露而透明的。一方面，包括代表遴选、听证公告、听证现场、听证后作出决定等一系统过程都应当是公开的，以防止“暗箱操作”对公众的隐瞒和欺骗，使听证会通过公开的过程控制更具说明力。另一方面，强制信息披露制度对于听证会的效果发挥也是非常重

---

〔1〕 公众参与的有效性要求公民参与有一定的限度，这就要消除一个误区——公民参与人数越多规模越大，就是越有效的。在技术领域，过度的公民参与并不能促进理性。因此，对专家和公民这两种知识系统的协调和妥善利用最好的方法是：在决策过程中，分离价值问题和事实问题，这种模型的目的就是最大限度地实现有效的公民参与。另外，也有学者认为，应当根据两个核心变量——政策质量和政策的公民可接受性——来确定公民参与的限度。参见［美］约翰·克莱顿·托马斯：《公共决策中的公民参与》，孙柏瑛译，中国人民大学出版社 2005 年版，第 4 页。

要的，申请调价的经营者必须真实地披露与定价有关的信息，特别是以企业经营成本核算为主要内容的财务报表信息，便于广大消费者及早周知并提出对抗性意见。因此，经营者应当履行提前解释与说明的义务，即在听证会举行之前，申请人对于定价方案及其相关信息材料，均负有向听证会代表予以解释和说明的义务。[1]

3. 落实案卷排他原则

听证是否会沦为“走秀场”和行政机关的“遮羞布”，取决于听证会中收集的各方意见是否具备实质的影响力，如果有权机关在最终决策时对公民参与不予实质性考虑，使公民产生参与的挫败感，从而对听证的兴趣也无法维持。提高听证会实质影响力的重点在于落实“案卷排他”，可以对国外的该原则进行借鉴，使听证笔录对于最终决策有一定影响力和约束力。这种充实原本虚幻的参与权，使其变成有实质意义的参与，又被称为“公民充权”。[2]

四、水质监管

政府对饮用水安全问题的监管，需要完善我国关于饮用水安全监管的相关法律和制度，包括健全水质监测制度、科学制定水质标准、完善信息披露制度、规范日常检查制度、健全应急管理机制。

（一）健全水质监测制度

1. 加强水质监测机构的独立性

产品质检机构与任何国家行政机关不得存在所属或者互利的关系，这是产品质量法对此的严格要求。[3] 因此，保证水质监测网络发挥作用的首要任务是使各级水质监测机构相对独立，才能保证水质监测的独立性和公正性。

2. 细化水质监测网络

目前的水质监测地方站仅有 37 个，仅涉及各地的重点城市，[4] 因

---

〔1〕 李嘉娜：《市政公用事业监管的行政法研究》，中国政法出版社 2012 年版，第 264 页。

〔2〕 郭巍青：《公民充权与民主的政策科学：后现代主义的视角》，载白钢、史卫民主编：《中国公共政策分析》（2006 年卷），中国社会科学出版社 2006 年版，第 283 页。

〔3〕 《产品质量法》第 20 条：“从事产品质量检验、认证的社会中介机构必须依法设立，不得与行政机关和其他国家机关存在隶属关系或者其他利益关系。”

〔4〕 参见 http://www.nwqc.gov.cn/waterinfo/szxx.htm，最后访问日期：2013 年 9 月 10 日。

此，进一步细化水质监测网络，合理布局我国各地监测站点，对分散式以及集中式的饮用水源建立环境监测网络，对水源水质量方面的信息进行定期公布。增大水质监测设备的投入，加强各级主管部门水质监测设备的配置，也是当务之急。

3. 建立健全水质在线自动监测系统

在城市供水系统监测中按照饮用水监测相关技术规范的要求，在现有的监测系统基础之上，利用自动监测和人工监测相配合采集数据。水质在线自动监测系统，是以在线自动分析仪器为核心，运用现代传感技术、自动测量技术、自动控制技术、计算机技术、通信技术等组成的一个综合性的水质在线自动监测系统。与常规水质监测相比较，水质自动监测的监测频次高、监测结果传输及时，除便于环境管理系统及时掌握水环境质量外。还可根据需要形成日报、周报等各种形式，从而利用发达的通信网络对水质水量、突发水污染事故等情况进行监测，逐步建立信息化的监测体系。

4. 明确水质监测机构的职权

水质监测机构的任务除了检查水质之外，更深层次的任务是通过分析、论证和预测水质问题，进而提出水质处理方案计划和发布水质通告。

目前，我国还没有专门的关于饮用水安全保护的法律，主要散见于《水法》《饮用水水源保护区污染防治管理规定》《环境保护法》《水污染防治法》《生活饮用水卫生标准法》等。这些法律几乎是大篇幅地对被监管主体的违法情况及承当相应责任做的规定，而对应用水安全监管主体的行政责任涉及甚少。《水法》只有第 64 条和第 75 条规定了监管主体的行政责任；《水污染防治法》第七章法律责任中有 21 个条文，其中只有第 69 条规定了监管主体的行政责任；《水污染防治法实施细则》和《生活饮用水卫生监督管理办法》中没有涉及监管主体承担行政责任的条文。有的法律、法规也只是原则性的规定，并不明确具体，欠缺有关行政责任内容的法条实难做到有效规范监管主体的行政工作。

5. 强化企业水质监测义务

根据前文所述，企业自检是水质监测的首要环节，因此，水务特许企业负有不可推卸的水质监测义务。《城市供水水质管理规定》第 11 条明确了此种义务，城市供水单位应当对供水设施定期巡查和维修保养、健全水质检测机构和检测制度、定期检测水质、按月向城市供水主管行政部门如实报告并向公众公布、接受公众查询。然而实践中供水企业的义务并未按照要求很好地履行，对企业的该义务应当设置监督机制和法律责任保障。

（二）科学制定水质标准

标准制定是适用于品质监管领域的非常有效的政府规制形式。水质标准的确定与技术水平有关，也与企业达到该标准需要支持的成本密切相关。不切实际地过高水质标准将会增加企业成本，可能会对企业达到该标准的激励有反作用，影响标准的实施效果。因此，标准水平的确定应当契合本书所确定的在公共利益优先的基础上同时兼顾经济利益的监管目标，在公众福祉的保护和产业利益的维护之间作出衡量。

1988年颁布的《标准化法》第8条规定制定标准“应当有利于保障安全和人民的身体健康，保护消费者的利益，保护环境”。第9条规定制定标准应当有利于“提高经济效益”“做到技术上先进，经济上合理”。可见，技术标准既要致力于确保公民福祉，又要对产业界的利益予以关切。因此，可以借鉴在标准制定过程中引进“成本收益分析”的做法。在水质标准制定过程中，必须考虑因此而带来的直接或间接成本以及可能影响到的利益，以及标准执行中的实际问题。让水务行业协会成为全行业进行自我规制的组织，并不断提高协会对信息的收集、甄别、整合和处理的能力。[1]

（三）完善信息披露制度

供水水质信息公开是今后中国城市供水行业发展的方向和趋势之一，[2]信息公开有利于政府和企业如期向公众公布饮用水安全的相关信息、督促政府恪守监管职责，还可以促进公众参与、强化社会监督。

首先，需要建立跨部门的信息共享平台，联合各种监测资源，水利、环保、卫生、地质矿产、市政公用、重要江河的水源保护机构，结合各自的职

---

[1] 宋华琳：《推动技术标准体系的制度变革——基于行政法学理路的初步探究》，载天津市社会科学界联合会编：《科学·创新·和谐：天津市社会科学界第二届学术年会优秀论文集》，天津人民出版社2006年版，第219～227页。

[2] 袁志彬：《中国城市供水水质指数与信息公开制度探讨》，载《中国公共卫生》2005年第2期。

责,协同处理水质信息,共享水质信息,达到水污染源、原水水质、出厂水质、二次供水水质、管网和用户水质的系统化管理。

其次,完善水质公告制度,除了借助各网络平台规定企业定期披露水质信息的义务,还应当明确水质事故时的及时通告义务。

最后,利用信息手段对水务特许企业的不良行为予以规制。2015 年《办法》第 56 条规定:"县级以上人民政府有关部门应当对特许经营者及其从业人员的不良行为建立信用记录,纳入全国统一的信用信息共享交换平台。对严重违法失信行为依法予以曝光,并会同有关部门实施联合惩戒。"违法信息公告有利于督促被监管者守法,但对该种行为的性质尚未形成定论,有人认为违法信息公告属于行政处罚中声誉罚的一种,有人认为是一种事实行为。暂不论其争议是对是错,对其进行程序上的规制是不可少的。

(四)规范日常检查制度

水质监管目标的实现不仅需要定期检查保证各检测化学成分、微生物成分达标,而且要求及时发现问题,从而要求各自来水公司根据公司内部存在的问题积极改善其现有的水质处理工艺,并积极采用新型的深度净水技术以保障水质的安全,遵循行政检查相关制度,对出现的水质问题要及时发现、及时汇报、及时处理,避免事故的发生。如发现问题,应及早采取有效措施,或将事故造成的危害降到最低点。

(五)健全应急管理机制

笔者在此简单介绍美国、英国和日本的相关应急机制。《美国安全饮用水法》的特点就是部门间组织协调的效率较高。一旦污染物可能进入到饮用水供水系统或者公共水源,可能对人体健康引起重大危害时,EPA(Environmental Protection Agency)、国土安全部、联邦紧急事务管理署及各州地方政府之间根据应急预案,按照文件规定自动执行、升级和处理各种危机,无须各级政府的签字,省去了复杂的公文程序、批准等过程,大大提高了应急处置的效率。[1]

英国紧急处理制度的特点是对饮用水供水公司的应急能力要求较

[1] Bell, Stuart, Ball & Bell on Environmental Law: The Law and Policy Relating to the Protection of the Environment, London: Blackstone, 2006, p. 232.

高,供水公司必须具备足够的应急准备保障对事件实施监测和采取安全措施应对各种突发事件。一旦供水公司应对不了突发的状况,政府机构(包括食品、环境和乡村事务部、交通部、环境署、地方政府)会立即确定可能导致紧急事故的危害因素,供水公司必须将这些因素纳入它们的应急准备计划当中,保证其能立刻提供替代方案以确保附近居民的用水安全。

日本的应急办法规定,如果所辖区域某个以公共用水区域的饮用水水质污染足以威胁周围的人们健康时,该都、道、府、某知事必须公布出来,并按照总理府命令的规定,命令上述情况的公共水域排放污水的相关责任人在限定时间内减少其排放量或采用其他措施降低风险。〔1〕

综观我国当前的实际情况,水质事故的应急处理必须从应急预案的完善、应急程序的高效、强化水务企业的应急能力、完善应急处理时的信息披露制度等方面进行。具体来说,应当明确应急职能部门及其职责,加强各个部门以及单位之间在应急处理时的协调配合。除此之外,由于水务特许企业能够最先查明事故原因并采取相应措施,因此,须在一定的范围内将其也归入责任主体,对其义务进行规定。同时,建立信息数据库实现信息资源共享,为管理决策提供准确、及时的饮用水源污染预报信息,也是提高应急效率的必需。〔2〕

五、服务监管

(一)供水中断行为的法律规制

供水中断是指在供用水合同履行过程中,由于出现法律、法规及合同约定的条件,供水人暂时停止对用水人供水的一种法律行为。由于消费者和供水企业之间的权利义务关系由供水合同予以确定,先行明确供水合同的性质,才能进一步分析供水中断行为的法律规制途径。

1. 供水中断行为与供水合同

以供水中断的原因为标准,可将供水中断行为分为:因供水人的原因而中断供水、因用水人的原因而中断供水、因不可抗力原因而中断供水。

---

〔1〕 姜亦华:《可借鉴的日本水资源管理》,载《江南论坛》2010 年第 5 期。

〔2〕 汪淑琪:《我国城市饮用水安全监管法律问题研究》,西南政法大学 2013 年硕士学位论文,第 19 页。

由于《合同法》中供水合同属于一方提供自来水服务另一方支付对价的民事合同，对于这三种行为的处理分别如下：[1]

(1)因供水人检修设施、依法限水需要中断供水的，供水人应当事先通知用水人，未事先通知造成用水人损失的，应当承担损害赔偿责任。

(2)因用水人违法用水需要中断供水的处理方法与前者相同，供水人负有事先通知义务和损害赔偿责任；因用水人不交付电费的而中断供水的，供水人需要催告用水人，仅在合理期限内仍不交付的，供水人可以按照国家规定的程序中止供水。而何为"国家规定的程序"，在目前的法律规范中无处可寻，这种情况实际上是合同违约的履行抗辩权。

(3)因不可抗力原因而中断用水的，《合同法》未做任何程序性规定，《供水条例》规定了在抢修同时的"尽快通知义务"；根据《合同法》，不可抗力影响合同履行的，供水人可部分或全部免责。

可见，目前对"供用电、水、气、热力合同"等公用事业合同主要由《合同法》第十章进行规定，将公民与供水企业之间的关系视为是民法上的权利义务关系，强化了供水合同的私法性质。

目前值得质疑的主要有：一是公用事业合同的性质，属于民事合同抑或行政合同，由于双方地位的严重不均衡，依据《合同法》的私法规范是否可以予以有效规制有待商榷；二是通知义务的时限、方式如何界定，仅有通知义务的程序性规定是否足够；三是损害赔偿责任是否仅限于违背通知义务时，其与公法上的损失补偿责任如何界分。

2. 供水中断行为的法律规制

(1)重新定位供水合同的性质

由于供水行业的自然垄断性，消费者实质上无法自主选择供应商，也无法参与拟定供水合同的具体条款，加之消费者与供水企业之间的信息不对称，更加剧了双方地位的落差。《合同法》的做法忽视了这种不平等性，不可避免地使国家对人民的生存照顾义务"避难至私法"，不能给支付能力有困难的公民提供充分且有效的保护，尤其在水务民营化的今天，这只会加剧公民获得公用事业基本服务上的不利状况。真正的答案应当

[1] 《合同法》第180条、第182条。

在于，如何防止国家通过民营化改革而将人民的生存照顾责任“避难至私法”。[1] 事实上，无论是在大陆法系德国，还是在极力推行私有化的英美法系英国，法院的判决均认为，企业实施供应中断的行为属于履行公共职能的公法行为，应当受制于司法审查。[2]

供水行为毋庸置疑是公共职能，源于国家的生存照顾义务，在公用事业国有国营时期，供水行为的公法性质绝无争议。显然，公用事业的民营化也并未改变供水行为的公共性。由于供水关乎公众生存之必需条件，与一般意思自治的民事合同相比，供水合同需要更强密度的政府规制。

(2)供水中断行为的程序性规制和责任承担

政府应当对断水、断电等行为进行规范，如规定企业的提前通知义务、合理审查中断供应理由义务，特别是对支付困难用户在中断供应前应穷尽其他合理的扶助手段等，防止中断供应权的滥用。[3]

在责任承担方面，《城市供水条例》第 33 条规定水务特许企业擅自停止供水或者未履行停水通知义务的，由城市供水行政主管部门责令改正，可以处以罚款；情节严重的，报经县级以上人民政府批准，可以责令停业整顿；对负有直接责任的主管人员和其他直接责任人员，其所在单位或者上级机关可以给予行政处分。

(二)普遍服务基金制度的完善

普遍服务即政府监管除了约束企业行为以外，还需要完善对低保户的补贴制度，我国某些城市已经将水电费用纳入了低保户的补贴，如湖南省物价局于 2002 年便规定低保户可享受一定限额的水电和煤气收费优惠。[4] 但如何更为科学地实现补贴配置，便需要进一步建立健全普遍服务基金制度。

普遍服务基金与其他普遍服务方式(如政府直接投资、政府优惠和补

---

[1] 詹镇荣:《民营化与管制革新》，台北元照出版有限公司 2011 年版，第 71 页。

[2] 参见德国汉堡电厂案与英国的 Sherlock & Morris 案，载骆梅英:《基于权利保障的公用事业规制》，浙江大学 2006 年博士学位论文，第 115 页。

[3] 高园、杨珂:《断水断电成物业“杀手锏”不合法但颇有效》，载《齐鲁晚报》2007 年 9 月 14 日。

[4] 具体规定为:凡城镇五保户和持有民政部门颁发的《城市居民最低生活保障金领取证》的低保户均可享受每户每月可免交 4 吨水费、4 立方米管道煤气费、6 千万时生活照明电费。

贴、企业内部交叉补贴）相比，具有公开、公平、透明、高效等优点，成为发达国家实现普遍服务的主要形式。美国早在1983年就建立了电信行业的普遍服务基金，欧盟在1998年对所有成员国作出了具有约束力的电信普遍服务规定，英国在1997年开始建立电信普遍服务基金。[1] 自来水行业的普遍服务基金制度，不仅可以弥补普遍服务资金缺口，还可以通过制度合理配置普遍服务基金，向高成本区域和低收入人群提供普遍服务，从而对企业产生较强的激励作用，提高自来水产业的普遍服务范围。供水普遍服务基金制度构建需要从以下三个方面入手。

1. 基金来源

世界各国对普遍服务基金的征收来源有多种做法：向企业收取、向用户收取、由政府提供等一种或多种兼有。根据美国电信普遍服务基金的成熟经验，美国联邦通信委员会确定征收基数和征收比例向电信公司收取普遍服务基金。[2] 从长期来看，随着我国水务特许经营的进一步普及，必将营造公开、公平、公正的竞争环境，所有水务特许企业都应发行普遍服务义务，按照一定比例缴纳普遍服务基金。这不仅能体现“谁使用多，谁交税多”的公平原则，还能增强水务特许企业的普遍服务意识，从而使水务特许企业成为普遍服务基金的主要来源。但在现阶段，由于水务行业的特许制度并未健全，增加普遍服务税种可能会增加企业负担，因此应当确立“以财政投资为主，其他投入方式为辅”[3] 的普遍服务基金来源，在一定时期内，政府财政还是垄断行业普遍服务基金的主要提供者。同时，可先在一个或少数几个水务特许企业试行，在积累经验的基础上，再在其他垄断行业全面实施。

2. 资助对象

对于发展中国家来说，考虑到国家财政收入有限性和供水基础设施薄弱性，普遍服务资助对象的范围不宜过大。目前首先要解决的是供水行业高成本地区（农村和边远地区）、高成本业务（污水处理）和低收入用

---

〔1〕 王俊豪：《深化中国垄断行业改革研究》，中国社会科学出版社2010年版，第234页。

〔2〕 王俊豪等：《美国联邦通信委员会及其运行机制》，经济管理出版社2003年版，第202～203页。

〔3〕 高伟娜：《中国自来水产业的普遍服务和管制政策》，载《东北财经大学学报》2008年第4期。

户的资助问题。

农村和边远地区的供水基础设施严重不足，普遍服务监管政策应鼓励供水企业为这些高成本地区提供自来水产品，满足居民自来水的需求。在高成本地区提供供水普遍服务的基本途径是发展自来水网管建设，为提供自来水普遍服务奠定物质基础，并以这些地区的消费者能够随的低价提供自来水服务。对于在短期内不适宜通过网络延伸解决的地区，可以采取其他有效的替代措施；对于一些特别偏僻、不适宜居住的无水地区，应当优先考虑异地搬迁扶贫规划等措施。

污水处理业务是自来水行业中保持水生系统可持续发展的关键环节，然而，由于其成本高、营利少，企业缺乏主动投资经营的积极性，加之污水处理设置日常运行成本较高，即使政府投资建设的污水处理设施也可能处于闲置状态。将污水处理业务作为普遍服务基金的资助对象，会弥补污水处理企业的成本，维护企业积极性和发展潜力。

对于低收入消费者，资助方式是以普遍服务基金进行直接补贴，基本程序是：(1)确定低收入消费者，主要是农村贫困人口和城市最低生活保障人口；(2)确定自来水最低消费量，超过部分不予补贴，该最低消费量应当根据经济发展水平和生活条件进行调整；(3)普遍服务基金的补贴可由管理机构委托社会保障机构结合最低生活保障金一起发放。

3. 运作管理

科学高效的运作管理是完善自来水普遍服务基金制度的重要环节。美国电信普遍服务基金管理为分联邦和州两个层次。美国联邦通信委员会负责制定全国范围的普遍服务政策，界定普遍服务的资助对象和服务项目，确定普遍服务基金的征收对象、征收基数与比例；联邦——州普遍服务联合委员会是普遍服务咨询机构，由美国联邦通信委员会成员、各州委员会成员和消费者代表组成，负责向联邦通信委员会提供政策建议；普遍服务管理公司是非营利性中介机构，负责具体执行普遍服务政策，包括日常管理、受理和审查资助申请；各州政府可以采取与联邦通信委员会不一致的管制政策以维护和促进本州的电信普遍服务。

在我国，普遍服务基金的管理应当从以下三个方面入手：首先，建立自来水普遍服务基金专用账户，将普遍服务基金纳入国家财政预算，实行收支两条线管理，专款专用。其次，明确自来水普遍服务基金的管理机构及其职责,在国家层面可交由住建部进行宏观的政策制定,具体的管理工作可交由各地水务部门统一管理,由水务部门组织普遍服务基金竞标、保证基金发放公平公正、监管基金的使用。最后,应当制定自来水普遍服务基金的管理办法,对普遍服务的基金来源、资助对象、运作管理作出明确规定。

六、退出监管

前文提出,在保护供水行业公共利益的同时保障企业特许经营权,良性的市场退出监管便显得尤为重要,这也契合了水务特许政府监管对维护公益和私益平衡的目标。

(一)明确市场退出条件和程序

1. 特许经营期限届满

如前所述,特许经营期限的设定不宜过长也不宜过短:首先,由于特许企业在特许经营期间享有排他性的经营权和收益权,如果特许经营期限过长,不仅容易滋生特许经营企业的垄断行为,与引入竞争的目标不符,还难以预测和适应可能发生的各种情境变化。其次,特许经营期限过短虽然可以激励特许企业改进效率,行为方式更为灵活,但如果特许经营期限过短,不但会有损公用事业的稳定性和连续性,而且由于多数公用事业的投资回收期较长,会使短期特许经营对企业缺乏吸引力。可见,合理设置特许经营年限,可以在公用事业稳定发展和有效竞争之间进行权衡。

在期限届满之际,申请延展的时限、程序以及延展次数限制的制度设计同样重要,更为细致的规定至少应当包括以下三点:(1)允许申请延展。在期限届满之前,特许经营企业可以申请延展,一般规定为期限届满的1年之前,以便双方有较为充裕的时间进行协商和准备。(2)申请延展的程序。由特许经营企业向主管部门提出,经主管部门组织评审同意并报城市人民政府批准,可以延长。(3)申请延展的时间和次数限制。为了避免通过延展变相设置潜在竞争者的进入壁垒,应当明确申请延展的次数和时间限制,如可延期1次,不超过4年。

2. 协商一致提前终止协议

需要提前终止特许协议的情况可由双方在协议中提前约定,一旦约定情形发生,任何一方可提出提前终止协议的要求,并开启协商过程。虽然特许合同的约定在此起到重要作用,但立法应在制度设计中明确一些最低限度的普遍规则：

一是不可抗力时。虽然2004年《办法》对此没有规定，但此时建设部发布的特许经营协议示范文本中对于不可抗力的内涵、外延、补救义务、处理程序等都有较为详细的说明，这无疑为特许经营实践提供了较为清晰的指引范本。[1] 具体来说：不可抗力之下双方协商提前终止协议需要注意以下三点：(1)发生不可抗力时双方均有积极补救义务，如通告义务、作出继续履行协议的合理努力、尽快采取行动纠正或补救、作出减轻或限制损害的合理努力。(2)双方可以协商一致继续履行协议义务，由主管部门对特许经营企业进行合理补偿。(3)如果自不可抗力发生后一定期限之内双方不能就继续履行达成一致意见，并且该不可抗力事件如果不能一致解决将会对项目的顺利进行造成实质性影响时，任何一方均可以单方解除协议。也就是说，不可抗力的应当达到"实质性影响"的程度时才能构成履约的免责事由。

二是对方严重违约、客观情况重大变化或导致企业无法运营的其他原因。2004年《办法》第17条规定了在此情形下企业的提前提出申请义务、主管部门的答复义务以及企业保证正常经营与服务的义务。除此之外，还应当明确：(1)主管部门应当组织专家对企业的运营、设备、管理等状况进行评估，确实无法继续运营的，应当批准终止特许经营权；(2)特许经营企业在主管部门批准之前保证公共产品的持续、正常供应，否则，应当承担违约责任和损害补偿责任；(3)主管部门应当在解除前尽快启动重新选择经营者的准入程序，以便与前任完成交接。

3. 监管机构撤回水务特许

为防止政府的撤回权被滥用而侵犯企业的经营权，应当对此进行约束。一是可以由立法列举撤回情形；二是政府的撤回应当对特许经营者予以补偿；三是可以进行程序上的约束，由于"公共利益"的抽象概念难

---

[1] 例如，在《城市污水处理特许经营协议(示范文本 GF-2006-2504)》第11条"不可抗力"中认为，"不可抗力是指在签订本协议时不能合理预见的、不能克服和不能避免的事件或情形。以满足上述条件为前提，不可抗力包括但不限于：(1)雷电、地震、火山爆发、滑坡、水灾、暴雨、海啸、台风、龙卷风或旱灾；(2)流行病、瘟疫暴发；(3)战争行为、入侵、武装冲突或外敌行为、封锁或军事力量的使用，暴乱或恐怖行为；(4)全国性、地区性、城市性或行业性罢工；(5)由于不能归因于甲乙方的原因引起的污水处理工程供电中断。"

以界定，由程序公正保障实体的公正便是可取的途径。因此，应当在撤回前进行充分的公众参与，通过听证程序由公众参与界定"公共利益"的概念。在这里，充分发挥公用事业公众监督委员会的作用可以有效地降低行政成本提高效率。

4. 监管机构撤销水务特许

政府撤销特许经营权一般是由于行政机关违法行为和特许企业的违法行为、违约行为或其他无法履行特许经营合同的行为：(1)违法行为，包括行政机关超越职权、违法法定程序水务特许企业以不正当手段获得特许经营权、擅自转让出租特许经营权、以特许经营权设定担保等行为。(2)违约行为。此类行为较为常见，包括未经授权或者超越特许经营协议约定范围从事相关特许经营、擅自调整价格或者收费标准、不履行特许协议约定义务等。(3)其他。例如，财务状况恶化导致无法履行特许经营合同、不服从政府统一指挥调度、因转让股权或者财产而出现不符合许可资格条件等。

对于监管机构行使撤销权应当明确以下两点：(1)行使撤销权的条件。从各地立法实践来看，完全列举企业的违法及违约行为是不可能的，因此，采取"概括 + 列举 + 兜底"的方式是比较适宜的。需要注意的是，各种行为能否达到撤销的标准也不是相同的，对于"以欺骗、贿赂等不正当手段获得特许经营权"或者"擅自出租、转让特许经营权"的，由于其直接关系到违反了特许经营权的授予规则，无论其是否造成严重后果，均应予以撤销；而对于违约行为，如"不履行维护、更新义务""擅自调整收费标准"等行为，仅有行为形式尚不足以达到予以撤销的程度，还须有"情节严重""严重危及公共利益"等情节或结果的限定，以及"责令改正拒不改正"等程序限定。(2)行使撤销权的程序。监管机构应当责令改正，经逾期不改的，监管机构应当撤销该水务特许。需要注意的是：对于违约行为，在此之前可进行协商；无论何种行为，监管机构的撤销决定均应经过听证环节的程序保障；在撤销的同时，为保证供水的不间断，应当进入临时接管程序。

5. 撤回或撤销特许经营权时的听证程序

听证应当公开进行，监管机构在听证之前应发布听证公告，在公告中载明特许经营者的名称、听证时间和地点以及强制退出水务市场的事由等;参加听证会的代表有政府主管部门、水务特许企业、相关用户代表等,听证中还应当充分吸收听证各方利害关系人的意见,并及时核实当事人提出的事实、理由和证据,并在必要时进行补充调查;监管机构应当根据听证中的各项记录及时在会后作出决定。

(二)完善临时接管制度

临时接管是指有权主体在特定情况下,为了维护社会公共利益,对特许经营项目进行强制性接收和管理行为。临时接管是公益和私益冲突的最为尖锐的体现,也是政府保障责任最直接的履行方式,如何保障特定情况下的公益同时不损害企业的特许经营权,有赖于完善的制度设计,涵盖临时接管性质、条件、主体、程序等各个方面。

1. 明确临时接管的性质及法律适用

笔者认为,临时接管应当属于一种行政强制措施,理由如下:

(1)目的方面——临时接管具有公益性。当企业无法提供供水服务进而损害居民利益时,监管机构为了防止类似有害于公共利益的行为继续扩散而采取临时接管措施,以维护公共服务的正常供应,其目的上的公益性与行政强制措施的目的相一致。

(2)条件方面——临时接管具有即时性。临时接管措施的实施一般以紧急情况的存在为前提,根据前文所述柔性监管原则,当时间尚且允许监管机构采取更小损害、更为柔和的监管方式时,不应滥用临时接管权。

(3)后果方面——临时接管具有强制性。临时接管的结果直接导致了对企业行为的强制性限制,在临时接管的过程中,企业的财产权、经营权均由监管机构代为行使。

(4)法律效果方面——临时接管具有临时性。临时接管所造成的法律效果并不具有终局性,而是处于一种临时状态,当威胁公共利益的紧急情况不复存在时,为尊重企业的自主经营权,临时接管应予解除,将特许经营权归还原特许经营权人。当原水务特许企业已无法继续经营时,临时接管在解除的同时还应通过竞争机制重新选择特许经营者。

因此,临时接管属于行政强制措施无疑,这在理论界基本被大多数学者认可。但在实践中仍对行政处罚与行政强制措施之间差异存在认识上的模糊。

综上,必须确定临时接管的行政强制措施特性,由此便可明确临时接管在设定和行使程序上应当受到《行政强制法》的约束。比如,根据《行政强制法》第9~11条规定,行政强制措施原则上由法律设定。尚未制定法律,且属于国务院行政管理职权事项的,行政法规可以设定除限制公民人身自由和冻结存款汇款以外的强制措施,尚未制定法律、行政法规,且属于地方性事务的,地方性法规可以设定查封和扣押的行政强制措施。法律、法规以外的其他规范性文件不得设定行政强制措施。而临时接管恰恰是由部门规章设定的,这与《行政强制法》的规定相悖。因此,再一次印证了水务特许经营立法位阶需进一步提升。

2. 临时接管的条件——比例原则的分析

根据前文所述很多情形均可导致水务特许企业特许经营权的终止,但何时才能启动临时接管?笔者认为,该部分可以引入"比例原则"作为分析工具。

权衡是人类的基本思维,所谓比例原则,就是在公权力行为目的与手段之间进行的衡量比较,也就是在所欲实现的目的与所造成的损害之间应当符合成本与收益的恰当比例,不能为了某个目的而付出过分的、不合比例的代价,从而保证实现利益的均衡和总体最大化。比例原则内部包含三个层次:一是目的正当性,对该公权力的行为目的进行考察;二是适当性原则与必要性原则,如果第一步考察结论公权力行使的目的是正当合理的,便要进一步考察该公权力行为能否实现此目的,在能够实现同样目的的众多手段中,此行为是最必要的、损害最小的手段;三是狭义比例原则,在通过适当性与必要性原则的审查之后,便要考虑所实现的利益大于因此而损害的利益。以此为据,可以对临时接管进行分析。

临时接管意在保障处在危险状态的供水等公共服务,其目的无疑是正当的,而临时接管水务企业的特许经营权能够达到上述目的,该手段符合适当性原则。而是否存在同样能够达到该目的的、损害更少的手段,笔者认为这是值得商榷的。有学者认为,临时接管的原因可能源于不可抗力、客观情况发生变化、法律依据被废止、企业的违法行为和违约行为。而这几类情况并非都具有紧急性,以企业的违约行为为例:(1)民事规则优先。只要还仍有足够时间留给双方进行协商,应优先进入协商程序,优先使用民事规则抗辩该违约行为。(2)柔性行政方式优先。运用行政约谈的方式建议企业停止违约行为。(3)其他行政命令优先。协商不成，还应允许监管机构通过责令改正、行政处罚等其他方式纠正企业的违约行为。其他情形亦是如此，能够以更为柔和的手段在更为尊重企业的自主经营权和合同的正常履行的基础上达到维护公共利益的目的的，应当尽量避免使用临时接管的手段，一味地诉诸简单却有效的临时接管措施，无疑是"懒政"的体现。

综上，笔者认为，临时接管权的行使应当限于非常严格的条件：一是公共安全、公共利益面临紧急危险，企业依靠自身力量无法有效应对或应对成本过高；二是在依次穷尽了民事规则、柔性行政方式和其他损益程度较小的行政之后。在同时满足这两个条件的情况下，临时接管权的行使才是适当的、必要的。由此也可以推导出，当导致紧急情况的原因消失，企业可以继续经营的，应当停止临时接管，恢复特许经营企业的经营。如此制度设计，符合前文所述的"公共利益优先，兼顾企业利益"的监管目标。

可见，当特许经营者退出水务市场时，并不一定必须使用临时接管权：特许经营期限届满属于正常的市场退出，监管机构可以提前计划是否批准延期或重新准备招标程序选择新的经营者；双方协商一致提前终止协议的，如果尚有时间重新选择新的经营者，原水务企业负有保障普遍服务不中断的义务，尽可能减少由政府直接经营的概率；因客观情况变化或所依据的法律、法规被修改废止需要撤回特许经营权的，同时需要判断是否存在企业自身是否无法运营，以及是否有时间启动新的招标程序来决定是否需要临时接管。一般而言，法律依据的修改、废止应当是可以预见的，是不会产生因情况紧急而临时接管的必要性；因违法行为和违约行为而行使单方撤销权的，亦是同样的判断思路。因此，有学者认为，可以将临时接管作为与"撤回""撤销"相关联的后续环节，无须再单独规定临时接管的情形，是对临时接管的误读，临时接管与特许经营权的终止没有必然的联系。

总之，临时接管程序直接关涉企业是否继续行使特许经营权，临时接管权的滥用极易损害企业的合法权益，作为一种非常态手段，其适用的谨慎性决定了适用条件的严格性，因此，这个"入口"也应当有限制。[1]

3. 临时接管主体

关于临时接管主体，现行立法大多规定公用事业特许经营的主管部门具体实施临时接管，但单凭公用事业主管部门很难完成临时接管任务，需要得到相关专业机构的协助。有学者认为，可以委托同行业运营良好的其他公用事业经营单位。如果确有困难，可组成临时接管小组协助接管，接管小组由除主管部门人员之外的专业人员组成，如律师、注册会计师、同行业专家或与其相关的其他行政机关人员。

4. 临时接管程序

临时接管的程序应当按照《行政强制法》的相关规定进行。根据《行政强制法》第18条的相关规定以及临时接管的特点，笔者认为至少应当按下列程序：由有权机关作出书面决定，由两名以上行政执法人员实施，出示执法身份证件，通知当事人到场，告知当事人采取临时接管的理由、依据以及当事人依法享有的权利、救济途径，听取当事人的陈述和申辩，制作现场笔录并由当事人和行政执法人员签名或者盖章，当事人拒绝的，在笔录中予以注明。

其中值得探讨的是，临时接管的决定是否需要举行听证会？理论界和实务界不少人认为临时接管由于关涉相对人利益较为重大，需要通过听证程序确保其公正性，他们将听证程序的法律依据归于2004年《办法》第25条第2款的规定，"对获得特许经营权的企业取消特许经营权并实施临时接管的，必须按照有关法律、法规的规定进行，并召开听证会"。但仔细推敲，可以发现临时接管与听证程序并不相融，且法条的本意并非要求临时接管时需要经过听证程序。

首先，通过前文分析，临时接管以危及公共利益的紧急状况为前提，既然是为了挽救处于危急状态的公共利益而不得已采用的临时性手段，如何容得耗时耗力、程序烦琐的听证程序？这与临时接管的紧急性相悖。

---

[1] 实践中有很多滥用接管权的行为，如2008年5月，陕西民营企业双龙集团在关闭高速公路服务区进行维修时被主管部门以擅自停业给公众利益造成损害为由进行了无偿接管。此类做法是否合适，值得商榷。参见章志远、李明超：《公用事业特许经营中的临时接管制度研究——从首例"政府临时接管特许经营权案"切入》，载《行政法学研究》2010年第1期。

实践中,也有临时接管时举行听证会的案例,只能说明在当时情况下或许并非紧急到必须要采取临时接管,或许即使进行了临时接管也可能只是“为了听证而听证”的“走形式”,实际上早就有了决定,而无法达到听证的真正目的。

其次,“对获得特许经营权的企业取消特许经营权并实施临时接管的,必须按照有关法律、法规的规定进行,并召开听证会”虽然是2004年《办法》的明确规定,但其从文字表述来看,“取消特许经营权”并“实施临时接管”两个条件同时满足时才需要召开听证会。依笔者之见,法条本身恐怕并不能直接推导出“临时接管必须召开听证会”,更进一步而言,该条规定实际上存在缺陷。法条的重点实际上在于“取消特许经营权”时的听证,而根据前文所述,为了尽量避免政府直接参与运营,“撤回”或“撤销”特许经营权并不必然随着临时接管,听证对于这种非正常地取消特许经营权应当是必需的,而不论是否临时接管。

5. 临时接管产生的补偿或赔偿责任

水务特许的市场退出监管是政府监管中较为激烈的监管手段,必须得到合理利用。一方面,已经获取特许经营权的供水企业如若没有市场退出监管制度的约束,特许经营就可能导致政府垄断变异为特许企业垄断,为保障公共利益,临时接管等强制措施是必要的;另一方面,企业的特许经营权理应受到保护,退出水务市场时需要符合法律规定的条件并遵循正当程序,如果没有健全的退出监管制度,可能导致监管机构的“暴力接管”侵害企业权益。企业权益受损如果是因为行政机关的违法接管,则需要获得相应赔偿。如果临时接管行为合法,但由于不可抗力、客观情况发生重大变化等不可归因于行政机关的理由而造成企业受损的,行政机关可以给予相应补偿。如果临时接管是基于企业的违法行为而导致的,不会由此产生需要保护的企业信赖利益,行政机关不必承担有相应的补偿责任。

(三)退出机制与普遍服务

在整个市场退出过程中,贯穿着一个非常重要的问题,就是在特许经营权发生变更或终止时,由于公用事业的生活必需性和不间断性,必须确保公共产品或服务供应的连续性和稳定性。《关于加快市政公用行业市场化进程的意见》规定“必须做好资产的处置和人员的安置工作,必须保证服务的连续性。”2004 年《办法》第 17 条、第 19 条也规定,“在主管部门同意解除协议前,获得特许经营权的企业必须保证正常的经营与服务”“特许经营权发生变更或者终止时,主管部门必须采取有效措施保证市政公用产品供应和服务的连续性与稳定性”。

城市供水的连续性和稳定性是普遍服务的基本要求,因此,在中途退出水务市场时,必须规定完备的交接程序,避免退出机制给普遍服务可能带来的损害。

(四)退出监管相关判决评析

1.【中环保公司诉温州市住建委案】——撤回特许经营权的情形及程序

笔者在此选择 2014 年《行政诉讼法》修改以后发生的撤回水务特许经营权的一个判决进行分析:[1]

【案情】原告中环保公司(中外合资企业)与第三人温州市公用事业公司于 2006 年 10 月 8 日投资成立第三人温州中环正源公司,温州中环正源公司的注册类型为有限责任公司(中外合资企业)。同日,温州市人民政府授权温州市政园林局代表其与温州中环正源公司签订《特许经营权合同》,授予温州中环正源公司对温州市中心片污水处理厂 TOT + BOT 特许权项目自该合同生效日开始起至转让日再加 26 年的独占性的特许经营权。其后,温州中环正源公司依约对中心片污水处理厂进行投资建设、运营、维护。该污水处理厂处理城市污水的设计处理能力为每日 20 万平方米,出水水质执行的是国家二级排放标准。2015 年 4 月 8 日,被告温州市住建委向温州中环正源公司发送《关于中心片污水处理厂迁建有关事项的函》,称根据市政府会议纪要精神,决定迁建中心片污水处理厂,且迁建工程必须通过公开招投标选定项目投资人,随着迁建项目的建成投运,原中心片污水处理厂须要停用拆除,带来温州中环正源公司 TOT 项目合同的提前终止。

原告不服,提起本案诉讼。

原告认为,涉案迁建工程虽涉及公共利益,但新建的污水处理厂主要是日处理城市污水能力及出水水质的提升,而温州中环正源公司完全有

---

〔1〕 参见浙江省温州市鹿城区人民法院 2015 年温鹿行初字第 149 号行政判决书。

能力承接新污水处理厂的建设,并按新厂的要求进行运营,且新污水处理厂厂址与现污水处理厂厂址部分重叠,故涉案迁建工程并非完全属于新建项目,无须通过公开招投标以确定投资人,因此,被告无权作出被诉招投标决定,且被告在作出被诉招投标决定前未与原告进行任何协商,不符合正当程序原则。

被告温州市住建委辩称,被诉招投标决定合法。现中心片污水处理厂处理城市污水的设计处理能力为每日 20 万平方米,出水水质执行的是国家二级排放标准,其现有的污水处理能力已经不能满足城市发展的需要,也无法完成《关于全面实施“河长制”进一步加强水环境治理工作的意见》的要求,基于公共利益的需要,决定启动涉案迁建工程,拟建设污水处理能力提高至每日 40 万平方米,出水水质执行国家一级 A 标准,采用半地下全封闭式的污水处理厂,该新工厂占地更少,但更先进。为此,被告根据《行政许可法》第 8 条第 2 款、《市政公用事业特许经营管理办法》第 8 条第 1 款第 1 项的规定,报温州市人民政府批准,决定撤回已经生效的行政许可,即解除《特许经营权合同》。根据《政府采购法》、《市政公用事业特许经营管理办法》的有关规定,涉案迁建工程应当采取公开在投标的方式进行。在发布招投标公告前,包括被告在内的多个政府部门已经就启动涉案迁建工程有关事宜告知温州中环正源公司,并就拟提前解除《特许经营权合同》的赔偿事宜与其进行了多次协商。综上所述,请求驳回原告的起诉。

法院认为,被告温州市住建委为进一步加强我省水环境治理、全面改善水环境,同时提高城镇污水处理效率和负荷水平,以满足城市发展的需要,决定启动涉案迁建工程,拟建设污水处理能力从现有每日 20 万平方米提高至每日 40 万平方米,出水水质从现执行国家二级排放标准提高到执行国家一级 A 标准,采用半地下全封闭式的污水处理厂,属于准予行政许可所依据的客观情况发生重大变化,为了公共利益的需要,可以依法撤回已经生效的行政许可的情形。且涉案迁建工程属新建市政公用事业项目,根据《市政公用事业特许经营管理办法》第 4 条第 3 款、第 5 条、第 8 条第 1 项的规定,被告经报温州市人民政府批准,决定公开招投标,并告知原告,并无不当。由此给原告造成的财产损失,应当依法给予补偿,但原告主张被告在作出被诉招投标决定前必须与其协商,否则构成程序违法，缺乏法律依据，法院不予支持。综上所述，被诉招投标决定证据确凿，适用法律、法规正确，符合法定程序。

［评析］首先，"客观情况发生重大变化"是否属于撤回特许经营权？本案中，温州市住建委认为"现有的污水处理能力已经不能满足城市发展的需要，基于公共利益的需要，拟建设污水处理能力提高至每日 40 万平方米，出水水质执行国家一级 A 标准"，笔者认为，这属于"客观情况发生重大变化"。根据《行政许可法》第 8 条的规定，准予行政许可所依据的客观情况发生重大变化的，为了公共利益的需要，行政机关可以依法变更或者撤回已经生效的行政许可。

其次，撤回特许经营权是否需要与水务特许企业协商？《行政许可法》、2004 年《办法》、2015 年《办法》均未明确要求有权机关在撤回特许前与水务特许企业进行协商。但从前文的分析来看，除非遇有紧急情况没有充分时间进行协商的情况下，行政机关可以径行行使单方解除变更权；否则，无论从善政、合理行政的角度出发，还是考虑对合同履行的尊重，都应当与企业先行协商，视企业能否改进技术条件以适应客观情况的变化再考虑是否需要重新选择新的经营者。

再次，如果水务特许企业能够通过改善经营以应对"客观情况重大变化"，是否不必要撤回特许经营权？笔者认为，无论是撤回还是撤销，情势变更、法律修废、企业违法违约等均只是可能情形，其判断的根本要件在于以上情形可能导致"企业无法正常运营"，因此，如果水务特许企业能够通过改进技术、改善运营、纠正违法而继续运营的，首选方式应当是继续履行合同。

最后，因"客观情况发生重大变化"而撤回特许经营权的，特许企业能否获得补偿？根据《行政许可法》第 8 条规定，撤回行政许可的，行政机关应当依法给予补偿。而我国目前有关补偿的法律、法规并不健全，对补偿的标准和程序均未有明确。为保障行政相对人的利益，应当尽快完善相关法律制度。

2.【三原污水处理有限公司诉咸阳市政府、三原县政府案】——临时接管的条件及程序

【案情】2013 年 5 月 7 日，原告玉龙公司与被告三原县政府签订了《陕西省三原县污水处理 BOT 项目特许经营协议》，约定由原告玉龙公

司融资、设计、建设、运营和维护项目工程,提供污水处理服务,将处理达标的污水排入清河,并在特许经营期满后将项目设施无偿、完好地移交给三原县人民政府或其指定的机构,并保证正常运行。在该协议中就特许经营期内双方关于三原县污水处理项目中各自全部的权利和义务进行了明确的约定,且双方在一段时间内也各自实际履行着协议内容。但在尚处于特许经营期内原告玉龙公司因被告三原县政府长期拖欠污水处理费1300余万元而导致项目无法继续运行,故在多次通过书面报告形式向主管部门申报停业情况并说明了理由而未获批复的情况下,于2015年2月5日17:00至2月11日16:30,擅自停止污水处理设施的运行,致使大量污水直接排入清河,造成下游河段及水库水质发生污染。被告三原县政府环保部门经调查于2015年2月17日向原告玉龙公司作出《行政处罚决定书》。2015年2月16日,被告三原县政府作出《三原县人民政府关于临时接管项目设施通知》决定临时接管项目设施。同日,原告玉龙公司向三原县人民政府申请听证,2015年3月2日,被告三原县政府向原告玉龙公司作出《听证通知书》,于2015年3月3日送达原告玉龙公司。2015年3月8日,被告三原县政府召开了听证会,原告玉龙公司和调查人员充分陈述了各自的意见。2015年4月21日,被告三原县政府作出三政发〔2015〕9号《关于临时接管三原玉龙污水处理有限公司项目设施的决定》,决定临时接管原告玉龙公司项目设施,并告知原告玉龙公司可依法提起复议或诉讼。原告玉龙公司不服该决定,向被告咸阳市政府提起行政复议,咸阳市政府维持了三原县政府作出的决定。玉龙污水处理公司不服该行政复议决定遂提起行政诉讼。法院判决认为三原县政府作出临时接管决定认定事实清楚,程序合法。

[评析] 首先,对临时接管性质的界定。例如,在该案中,原告诉称:三原县政府作出行政决定在先,组织听证在后,严重违反了法定程序。法官认为"因法律并未将临时接管决定列为行政处罚的种类,原告玉龙公司主张被告三原县政府在行政处罚中存在'处罚在先,听证在后,程序违法'的理由不能成立。"笔者认为,法官虽然歪打正着地认定临时接管不属于行政处罚是正确的,但并未明确临时接管属于行政强制措施,更何况其仅以"法律并未将临时接管决定列为行政处罚的种类"的理由是无法

成立的。[1]

其次,该案中的情形是否满足临时接管所需的“紧急性”？根据案情,原告玉龙公司于2015年2月5日17:00至2月11日16:30擅自停业,置公共利益于不顾,致使每天直排3万吨污水进入清河,导致了严重的环境污染。然而,2月11日16:30之后,该行为已经停止,且该违法行为已于2月17日被环境部门罚款68万元,且主要负责人被行政拘留。根据过罚相当原则,其污染环境的行为已经受到了相应的行政处罚,且违法行为已然停止,已不具备企业无法运营的紧急情况,此时再临时接管已无必要,实属权力的滥用,不符合比例原则的要求。

最后,本案未经听证程序是否违法？根据前文所述,临时接管仅在伴随着“取消特许经营权”时才有举行听证的必要,而三原县政府并未撤销该特许经营权,因此无须听证。即便需要听证,该听证也是毫无意义的。因为,三原县政府于2015年2月16日作出“关于临时接管项目设施的通知”,已经决定“临时接管项目设施”,已经是对玉龙公司权利造成实质影响的行政决定,在先入为的情况下再如何利用“听证”进行程序上的弥补,都只能是掩人耳目。

七、本章小结

我国水务特许政府监管的法治化首先需要立法体系的完善,公用事业特许经营法已经被列入立法规划,这将为我国水务特许政府监管提供法律层面的规范。除此之外,由于水务行业的特殊性,应当同时制定或修订水务法律体系,包括《水业监管法》《城市供水条例》《城市供水价格管理条例》等,从而为水务行业的监管提供完备的法律制度保障。

在准入监管方面,水务特许权的授予应当以公开招标为市场准入的首选方式。借鉴台湾地区公共建设公开招标程序,应当聘请专业顾问机构、注重可行性研究、保证有效竞争、分阶段评审程序、设定合理的评审标准、设立评审委员会。水价监管方面应当明确价格公平和合理经营的监管原则、健全成本监审机制、完善水价听证。在水质监管方面,应当健全

---

〔1〕因为《行政处罚法》第8条第7项兜底条款还有“法律、行政法规规定的其他行政处罚”,可见行政处罚的种类并不限于《行政处罚法》的列举,判决书中的理由并不成立。参见陕西省西安市中级人民法院(2016)陕01行初85号行政判决书。

水质监测网络、科学制定水质标准、完善信息披露制度。在服务监管方面,以供水中断行为为例,应当对其进行实体和程序上的法律规制,从资金来源、资助对象、运作管理等各方面完善普遍服务基金制度。在退出监管方面,应当明确市场退出条件和程序,包括特许经营期限届满、协商一致提前终止协议、政府撤回特许经营权、政府撤销特许经营权,还须完善临时接管制度,防止政府特权的滥用。

第六章　我国水务特许政府监管中的纠纷解决机制

由于城市自来水的直接给付义务由政府转向了水务特许企业，传统的“公共部门——给付相对人”的法律关系转向了更为复杂的“监管机构（主管部门）——被监管企业（主要是私营部门）——用户”新型结构，三方主体之间的法律关系和纠纷样态也呈现出多样性、复合性，这无疑增加了认识和判断的难度，更为权利救济方式的完善带来了极大的挑战。

一、水务特许政府监管中的纠纷类型

纠纷来源于法律关系背后所代表的多方利益，于每种法律关系中的权利义务一旦失衡，都可能产生纠纷。以第一章所述四种基本的法律关系为基础，在水务特许政府监管过程中可能产生的纠纷主要有以下几种：

（一）监管机构与参与准入竞争其他企业的行政许可纠纷

当多个企业参与水务行业准入竞争而未获特许经营权时，根据《行政复议法》和《行政诉讼法》第 13 条第 1 项的规定，公民、法人或其他组织认为具体行政行为涉及其公平竞争权的，可以提起行政复议和行政诉讼。

（二）监管机构与水务特许企业之间的特许合同纠纷

在水务特许中，监管机构的监管通常通过订立特许合同展开，清晰、明确、合理的特许经营合同是公用事业特许经营成功的关键因素。通过合同条款约定双方之间的权利义务关系，就要求合同的完备性与周详性，这便对监管机构的监管能力提出了更高的要求。当前，由于立法的不完善，加之地方政府在市场监管方面的意识、手段和力度均有欠缺，因而导致合同的签订存在不同程度的缺漏与隐患，特许合同纠纷自然会频频发生。

随之而来的问题是，此类特许合同纠纷属于民事纠纷还是行政纠纷？目前对于此类特许合同的性质仍有争议，对此主要有两种观点，即行政合同说与民事合同说。支持行政合同说的学者通常从缔约主体、内容、目的和主管部门的行政优益权来论证其行政性。[1] 而支持民事合同说的学者则认为作为缔约一方的主管部门是以私法主体的身份进行缔约的、该合同的内容属于民事法律关系、[2]合同的订立取决于双方自愿和协商一致。[3]

2014 年修正的《行政诉讼法》的颁布实施在一定程度上为此类争议画上了句号，"政府特许经营协议"被确定为是一类"行政协议"[4]而纳入行政诉讼受案范围。在随后 2015 年 4 月出台的《适用解释》中，将行政协议定义为"行政机关为实现公共利益或者行政管理目标，在法定职责范围内，与公民、法人或者其他组织协商订立的具有行政法上权利义务内容的协议"。依此分析，公用事业特许经营合同属于行政合同无疑。

笔者也认为，公用事业特许经营合同最为突出的特征在于其行政性。首先，特许经营权的授予符合行政许可的行为特征，合同只是该行为的外部实现方式，因此该合同实质上具有公权力性质，是公权力行使的方式之一。其次，根据现在立法，政府具有撤回、撤销、临时接管等行政优益权，其目的是保障公共利益的实现。最后，该类合同体现了行政契约、行政民主、公私协力等新兴理念，不能以传统的公私行为划分方式对其进行简单判断，如果将其划为民事合同而不适用公法规则，可能陷入"公法遁入私法"的危险，从而使此类行为无法被置于公法规制之下。日本学者米丸恒治对于"设立特许的方式"的论述也佐证了这一观点，他反驳了"通过私法合同作出特许"的观点，认为，"可以设定、变更、消灭公法上的法律关系的合同都成为公法合同，所以根据私法合同作出特许在法律理论上不能成立"。[5]

---

〔1〕 邢鸿飞：《政府特许经营协议的行政性》，载《中国法学》2004 年第 6 期；梁天宁：《关于我国外资 BOT 特许权协议的几点法律思考》，载《湖南经济管理干部学院学报》2004 年第 10 期。

〔2〕 王智斌：《行政特许的私法分析》，西南政法大学 2007 年硕士学位论文，第 89 页。

〔3〕 龙翼飞、何尧德：《我国 BOT 特许协议若干法律问题研究》，载《河南省政法管理干部学院学报》2007 年第 4 期。

〔4〕 《行政诉讼法》(2014 年修订)中所表述"行政协议"，等同于是本书所谓行政合同、行政契约。

〔5〕 [日]米丸恒治：《私人行政——法的统制的比较研究》，洪英、王丹红、凌维慈译，田思源、王贵松校，中国人民大学出版社 2010 年版，第 44 页。

因此，水务特许合同纠纷应当被认为是行政纠纷。而事实上，前文提到的2003年“长春汇津污水处理特许经营案”以及2003年“益民公司诉河南省周口市政府等行政行为违法案”[1]均由法院行政庭予以判决。

（三）水务特许企业与用户之间的供应合同纠纷

从目前已发生的案例来看，水务特许企业与用户之间的纠纷主要集中于费用缴纳争议、服务质量和中断供应等引发的权利义务纠纷。前文第四章已经提到，我国《合同法》将此类纠纷定位于合同纠纷而作为民事案件予以受理。而事实上，由于该类格式合同中特许企业占主导性地位，用户根本没有选择的余地，一旦停供，用户的基本权利便无以通过公法予以保障。

1. 国外相关判例和理论

全世界民营化浪潮导致各国均在公用事业企业的主体性质上产生过诸多困惑。有学者在对国外案例的考察过程中提到了较早开展民营化的英国的案例，1995年的Norweb v. Dixon案中，法院提出了供应合同与民事合同的差别；在Griffin v. South West Water案中，法院认定供水是一种公共职能，水务公司不能通过合同条款限制这一公共职能的履行；1996年的Sherlock & Morris案，法院再次强调公用事业的供应作为公共职能，其属性不因供应主体产权性质的变化而受影响。[2]

在法国，该类供应合同可以被认为是“私人作为公法人的代理人与其他私人所签订的合同”“根据代理人的效力及于本人原则，这种私人之间的合同应当是行政机关与另一私人之间的合同，从而可以成为行政合同。在行政机关没有明确授权的情况下，如果根据情况可以认为私人是作为行政代理人而和另一私人签订合同时，这种私人之间的合同也可能认为是行政合同”，[3]这便是法国行政合同制度中的“透明人规则”，即水务特许企业虽然与用户签订了供应合同，但实际上可将其视为“透明人”，而直接认定该供应合同与公权力之关系。

[1] 参见最高人民法院行政判决书(2004)行终字第6号，载《中国人民共和国最高人民法院公报》2005年第8期。

[2] 骆梅英：《民营化后公用事业企业的性质之辨——基于案例的比较观察》，载《法治研究》2015年第1期。

[3] 王名扬：《法国行政法》，北京大学出版社2007年版，第147页。

因此,应当将企业中断供应等这类关涉用户基本权利看做履行公共职能的公法行为,对于水务特许企业因行使此类公共性特权而涉及用户的基本公用事业服务权所引发的纠纷,应当明确其行政性。

2. 我国零星的实践

目前法院的个别判决也透露出对此种合同的公益性和行政性的认可。例如,2013 年判决的"肖某庆等诉上海市自来水市北有限公司供水合同纠纷案(2013)虹民一(民)初字第 2353 号",[1]法院判决认为"该供水合同法律关系有其特殊性,即被告供水的义务具有公益性和行政性",且法院直接判决被告履行安全供水的义务。在 2007 年江西新钢机械制造有限责任公司与新余市赣西燃气有限公司供气合同纠纷上诉案中,法院指出"正是因为水、电或者燃气用户交纳开户费取得的是水、电或者燃气供用系统及各项设施的长期使用权,所以,只要水、电或者燃气用户有用水、电或者燃气的需求,水、电或者燃气的供方就有供给的义务"。[2]判决暗含供应企业提供服务的基本义务,而这是契约自由无法单纯体现的。虽然该案依然由民事诉讼规则予以解决,但法院的认识与态度表明,普遍服务义务的法定性与强制性,使供水合同应当受到更高程度的法律控制,这是民事诉讼规则所无法发挥的功用。

3. 解决之道:树立"公共职能标准"

从上述国内外的实践和理论来看,供水合同与普通民事合同的确存在本质差别。

首先,基于供水行业的自然垄断性,作为消费者的用户对于供水单位和供水价格等条款并无丝毫选择余地。

其次,作为提供供水服务的合同另一方,水务特许企业由于其所提供的服务具有公益性,虽然不属于传统意义上的"行政主体",但不可否认其所承担的是公共职能。

最后,国家对于水费缴纳的惩戒权印证了供水合同履行中国家强制力的保障作用,《城市供水价格管理办法》第 30 条对于用户没有按期缴

---

[1] 参见"北大法宝"司法案例数据库,载 http://www.pkulaw.cn/cluster_call_form.aspx?menu_item=case,最后访问日期:2012 年 12 月 18 日。

[2] 参见江西省新余市中级人民法院(2007)余民二终字第 02 号民事判决书。

纳水费的，规定了"没有正当理由或特殊原因连续两个月不交水费的，供水企业可按照《城市供水条例》规定暂停供水。"[1]而根据《城市供水条例》第35条的规定，未按规定缴纳水费的，由城市供水行政主管部门或者其授权的单位责令限期改正，可以处以罚款；情节严重的，经县级以上人民政府批准，还可以在一定时间内停止供水。根据这两条，城市供水行政主管部门可以对未按供水合同缴纳水费的行为要求责令限期改正、予以罚款甚至停止供水服务，由此公权力的强制作用作为后续保障，是任何民事合同都不曾享有的"特权"。除了城市供水行政主管部门本身，由其授权的单位（供水企业）也可以根据该条对违反供水合同的行为进行惩戒，也隐含着公权力机关与水务特许企业之间"授权与被授权"的关系。

综上，既然供水合同与普通民事合同的差异客观地存在并实际地影响着"应摈弃单纯以"行政主体"为标准来确定行政诉讼被告的做法，对公共职能标准予以创造性地吸纳，将特许经营权人的某些行为置于司法监督之下。"[2]笔者建议，即使在目前的法律框架之下无法完全吸纳，但至少应判断其中公民基本权利的分量以及公法要素的大小来建立不同于单纯民事合同的审判规则，使其接受公法上的监控，当然，其中的复杂性仍须具体情境和个案的考察。

（四）监管机构与用户之间的履职纠纷

虽然直接给付义务由政府转移到了私营部门，但监管机构与用户之间仍然存在普遍服务的保障与被保障的关系。那么，如果用户对于水务特许企业提供的供水服务不满意，是否可以监管机构为被告而追究其法律责任？对此，英国权利救济机制有两套可供选择的方案：用户可将该监管机构作为被告提起司法审查；或者直接将履行公共职能的私营部门置于公法原则之下，由其接受司法审查。[3]

---

[1] 在《城市供水价格管理办法》修改之前，还规定了"5‰滞纳金"的执行罚。

[2] 高俊杰：《特许经营项目运行中的行政纠纷与救济——一种框架性分析》，载《当代法学》2016年第2期。

[3] See Cf. A. C. L. Davies, *Accountability: A Public Law Analysis of Government by Contract*, Oxford University Press, 2001, p. 24. 转引自李嘉娜：《市政公用事业监管的行政法研究》，中国政法出版社2012年版，第276页。

在我国,“温顺建诉荣县水务局不履行城市供水管理职责案”则选择了将水务局直接作为被告提起行政不作为诉讼。

【案情】2003 年 6 月 30 日,四川省荣县双石镇正强自来水公司未经批准,便对原告温顺建等用户以拒绝缴纳管网维护费为由而停止供水,原告书面申请荣县水务局对该公司的违法停水行为进行查处。2003 年 7 月 1 日,原告书面申请后 24 小时仍未恢复供水,以荣县水务局不履行供水管理职责为由提起行政诉讼,请求法院判决被告履行法定职责。

被告荣县水务局辩称,荣县双石镇正强自来水公司于改制后卖给了私人,因此,作为被告的荣县水务局无权管理,不属于其职责管理范围。

法院认为,该案涉及人民生产、生活用水的切身利益,且根据《城市供水条例》的立法宗旨和适用范围,荣县水务局应当履行其保障供水的法定职责。《城市供水条例》第 7 条第 3 款明确规定城市供水行政主管部门的职责,第 33 条规定城市供水行政主管部门对自来水供水企业擅自停止供水或者未履行停水通知义务的行为,可以进行行政处罚。荣县水务局于 2003 年 7 月 2 日责令上述自来水公司恢复供水,原告撤诉。

虽然该案最终以撤诉结案,但从裁定书中便可以看出法院的态度。虽然被告荣县水务局认为荣县双石镇正强自来水公司是改制后“卖给了私人”,但水务部门并非因此全身而退,作为监管机构仍负有保障供水的法定义务。可见,监管机构与用户之间的履职纠纷可以纳入行政诉讼的范围。

二、多元纠纷解决机制

水务特许经营之后的政府监管呈现出我们不曾预见到复杂局面。从权利保障的角度来看,在监管机构与水务特许企业之间,监管机构需要履行其保障责任和监管职责,但同时企业的经济权利需要得到救济;在水务特许企业与用户之间,用户的基本公用事业服务权需要获得救济,但特许企业的基本经济利益同样需要得以尊重和维护;在监管机构与用户之间,监管机构作为公共利益的代表,需要履行对用户的普遍服务保障义务。多元的利益诉求使纠纷解决的方式也应当多元化。

多元化纠纷解决机制是指一个社会中多样的纠纷解决方式以其特定的功能相互协调、共同存在,所构成的一种满足社会主体多种需求的程序和动态调整系统。[1] 除了传统的纠纷解决方式外，多元化纠纷解决机制多采取调解、和解、协商等非诉讼程序，其中优点就在于快捷简便地解决纠纷、发挥当事人的自主性，具有对审判制度补偏救弊、分担压力和补充代替的作用。

（一）非诉讼纠纷解决方式

非诉讼纠纷解决方式主要包括由行政调解、行政裁决、行政复议及仲裁。2004 年《办法》第 10 条第 4 项规定"受理公众对获得特许经营权的企业的投诉"是监管部门的职责之一，监管部门在处理此类纠纷时，可以采取调解、裁决的方式。当涉及监管机构与市政公用企业之间就特许经营合同条款的变更或终止事项所引发的纠纷时，可以借鉴英国竞争委员会的设置，诉诸行政仲裁机制。

1. 行政调解

作为多元化纠纷解决机制的重要一环，行政调解是指由行政机关主持或主导的，对特定纠纷进行调解的活动。由监管机构通过调解的方式解决水务企业与用户之间的纠纷，有其特定优势：首先，行政机关拥有相关专业知识。专门水务行政管理的行政机关具有经验和技术上的优势，能够更快捷、更准确地在当事人的争议中找出症结所在，对当事人提出更有针对性的调解意见，利于当事人接受并达成协议。正如棚濑孝雄所言，"因为这些机关（指行政机关）往往拥有自己的或有关部门的调查机构，而且有精通特定专业领域知识的人员负责处理纠纷，所以在信息的收集及判断上具有优势，使更为符合实际的解决成为可能。"[2] 其次，行政调解程序简便、成本低廉。与诉讼程序的严格性相比，行政调解程序通常以效率快捷为原则，由行政机关灵活地掌握程序的进行，无论是达成协议还是达不成协议转入诉讼程序，都具有很高的效率。最后，行政调解具有更强的认同性。正如博登海默所言，为了使行为规则有效地起作用，行为规则的执行就需要在这些规则得以有效的社会中得到一定的程度的使用与支持。纠纷解决的理想状态应当是当事人以其内心认同为基础的自愿执

---

〔1〕 范愉：《纠纷解决的理论与实践》，清华大学出版社 2007 年版，第 221 页。

〔2〕 [日]棚濑孝雄：《纠纷的解决与审判制度》，王亚新译，中国政法大学出版社 1994 年版，第 75～76 页。

行解决方案。相比司法判决执行难而言,行政调解具有更强的认同性,这不仅有利于建立良好的人际关系,也能减少执法的成本。这是由于行政调解协议是双方当事人基于平等地位经过协商而达成的合意,是既合法又被当事人和政府所共同认可的解决方案,有利于维系良好的人际关系。另外,从我国历史习惯来看,以政府为主导的行政体制中,行政权被认同的程度较高,民众对行政机关处理民事纠纷的现实能够接纳,行政调解具有更强的群众基础和社会现实性。由监管机构调解水务特许企业与用户之间纠纷的程序如下:

第一,对于案情简单、责任清楚的纠纷,一般由行政管理人员当场调解,对程序的要求并不严格。

第二,对于重大、复杂的纠纷,应当适用正式程序。主要包括以下环节:(1)启动。可由水务特许企业或用户的任意一方提出申请,也可以由监管机构依职权主动进行调解,但依职权进行调解也应当经双方当事人的同意。(2)确定调解人员。行政机关受理调解申请后,考虑其复杂程度或影响利益的大小程度不同,选择不同的调解组织和人员。(3)调查。"为确保调解取得良好效果,调解前应当及时依法做深入细致的调查取证工作,以查明事实、收集证据、分清责任。"[1](4)实施调解。在双方当事人陈述事实、提出自己的要求和意见后,调解人员通过说服、教育、劝导的方式,尽可能地引导当事人就争议的事实、证据等达成共识,进而形成和解、达成解决争议的协议。(5)行政调解的终结。行政调解程序启动后,在下列情况下应终止调解活动:一是一方或多方反对调解继续进行的;二是一方或多方无正当理由在规定的时间不出席调解活动的,视为反对调解继续进行。(6)行政调解的次数、期限。规定调解的时限,有助于保障调解的效率。逾期不能达成调解的,行政调解机构可以终结调解。

2. 行政裁决

行政裁决在此是指水务监管机构对水务特许企业和用户之间因供水缴费、服务质量、中断行为而导致的纠纷进行调查,并作出裁决的具体行政行为。

目前,我国相关立法中并未明确规定水务监管机构的行政裁决机制,

[1] 2006 年公安部《公安机关执行〈中华人民共和国治安管理处罚法〉有关问题的解释》。

仅有的纠纷投诉机制均是一些过于原则、缺乏可操作性的规定。在英国,监管机构建立了消费者投诉举报制度,明确消费者投诉的具体法定条件、受理机构、受理期限、答复程序、信息公开、裁决程序、处罚措施、对裁决不服可以诉诸的救济方式等若干方面的规定。[1]

我国应当在现有的纠纷投诉程序的基础上建立正式的行政裁决机制,重点包括以下内容:(1)裁决组织与权限。鉴于行政裁决与行政调解均是针对水务特许企业和用户之间的纠纷,而且行政调解大多是在行政裁决作出之前的必经程序,因此,可以考虑在监管机构内部设置专门受理此类纠纷的委员会,由其负责纠纷的调解、裁决。其中,工作人员应当经专门培训,具备较高的法律素养和业务水平。另外,需要对其任职进行制度保障,确保其独立性和公正性。该委员会在处理纠纷时有相应的申请受理权、信息调查权、调解和裁决权。在受理裁决申请后,该组织可以依法展开信息调查,听取双方当事人对纠纷事实和处理的意见和理由,可以强制要求水务特许企业披露相关信息,可以在信息调查结束后作出裁决。(2)构建公众监督委员会参与裁决的机制。由于未经组织化的用户个人由于资源和信息的局限性,很难对决策产生有效的影响力。公众监督委员会作为消费者利益代表机构,可以通过调查和获取相关信息,向监管机构提供建议和传达意见、向用户提供充分的信息,从而扩大对政府决策的影响力和制约力。(3)纠纷解决方式的衔接。若调解不成的,可以进入裁决程序;对裁决结果不满意的,可以进入复议和诉讼程序。

3. 行政复议

水务特许企业和用户如果认为监管机构作出的具体行政行为(如行政裁决、对水务企业的行政处罚等)侵犯了其合法权益,可以依法向法定的行政复议机关提出复议申请,行政复议机关依法对监管机构的具体行政行为进行合法性、适当性审查并作出复议决定。

根据2004年《办法》的规定,特许经营权的授予主体是城市政府,监管机构只是被授权与水务特许企业签订合同并负责具体实施,监管机构的政策与决定难免受到地方政府政策的影响。因此,有学者认为,原有的政企同盟的阴霾并未完全消散,试图寄希望于单纯通过同级人民政府的

[1] 吴伟达:《中国公用企业价格垄断行为的规制》,载《人文杂志》2005年第3期。

行政复议来解决纠纷的思路恐怕难以真正奏效。[1] 可见,对于监管机构与水务特许企业之间因特许经营权产生的纠纷,目前交由政府复议可能是没有意义。因而借鉴发达国家的做法,交由促进和保护公平竞争的竞争委员会予以仲裁,是更为有效的纠纷解决途径。

4. 仲裁

前文已经介绍了英文水务监管体制中的竞争委员会(CC),作为一个独立的公共组织,其存在的目的是以有利于消费者和经济为宗旨确保公司间的健康竞争。水务公司对水务办公室(OFWAT)的决定不满,可向CC进行申诉,该委员会在水务公司和OFWAT之间扮演了"地区法院"的仲裁角色。CC主要审理经济监管方面的纠纷,包括水务公司兼并、供水和排水方面有争议的决定、取水和排水许可证照的修改、供水和售水许可证照的修改。[2] 2000年《公用事业法》进一步规定,特许经营合同的修改、变更以及异议条款的裁决,可提交竞争委员会处理。[3] 可见,竞争委员会担负起了仲裁特许经营合同纠纷的职责。

在我国,设置水务行业的纠纷仲裁机制,可以考虑以下三种思路:一是结合第四章对监管体制的探讨,水务行业的政策制定职能统一交由国家水务(水利)局,可以考虑在其下设仲裁委员会,但这种行政隶属型的仲裁委员会其独立性仍不够彻底。二是不设置单行业的纠纷仲裁,而是统一设置公用事业的纠纷仲裁机制,在各省设置公用事业仲裁委员会,统一担负仲裁公用事业领域纠纷的职责。三是考虑到我国业已确定的制度设计,国务院反垄断委员会可以担负特许合同纠纷的裁决权,但从法律适用上看,《反垄断法》将反垄断委员会的职权范围限于竞争性商业领域的垄断行为,并未明确水务行业这类自然垄断性行业。因此,具体的制度设计还须考虑此类立法障碍。

(二)诉讼纠纷解决方式

在公用事业民营化所涉纠纷的司法审查方面,有学者概括了法院对监管决定采取的"尊重模式"及其理由:监管议题的专业技术性和高度政

---

〔1〕 李嘉娜:《市政公用事业监管的行政法研究》,中国政法出版社2012年版,第293页。

〔2〕 Water Industry Act 1991 s12、s14、s17k.

〔3〕 骆梅英:《通过合同的治理——论公用事业特许契约中的普遍服务条款》,载《浙江学刊》2010年第2期。

策性使法官对各类市场信息的处理能力非常弱；监管议题的“多面性”和广泛的利害冲突使司法审查不一定是解决其中所含的产业和政策问题的最佳方法；专业性监管机构的职能、运作机制和程序都使其能够在一个相对封闭的权力体制内运作，而避免法院的不必要干预；法院较强程度的干预可能会对监管体制的有效运行产生阻滞效应；监管机构对法院判决的执行仍有裁量空间和选择机制，使判决缺少足够的资源和权威落到实处。对这种“尊重模式”的批评意见主要包括：一是该模式牺牲了起诉人和利害第三方的公平听审权，无法对滥用权力的行为实施有效控制；二是该模式过分高估了监管机构在处理专门技术问题上的专业性和权威性；三是法治原则要求建立一个有效的司法审查而非有限的司法审查。[1]

笔者认为，法院不应当过分介入行政的实体领域，这是现代分权原则的必然结论，但这并不意味着退让，司法作为社会公平正义的最后一道屏障，应当在权利的保障方面积极发挥作用。专业知识的缺乏可以借助“法庭之友”等专家咨询制度实现；而鉴于我国并未健全独立监管机构制度，更应当对其施加更强的司法审查。

前文已经论证了在前述三种纠纷类型中，监管机构与水务特许企业之间的纠纷因特许合同的行政性纳入行政合同诉讼；水务特许企业与用户之间的部分纠纷由于企业所承担的公共职能也可以纳入行政诉讼；监管机构与用户之间的纠纷由于监管机构的保障职责也被纳入行政诉讼。但这都是理论上的结论，还需考虑现行法律框架中能否纳入以及如何纳入。

1. 我国目前行政协议诉讼的相关规则

虽然我国现行的1989年《行政诉讼法》并没有明确行政合同纠纷，但随着公用事业特许经营合同纠纷的大量出现，以及对其行政合同性质的研究深入，2014年修改《行政诉讼法》时已明确将“认为行政机关不依法履行、未按照约定履行或者违法变更、解除政府特许经营协议、土地房屋征收补偿协议等协议的”[2]纳入行政诉讼受案范围，并在随后颁布的《适

[1] 骆梅英：《基于权利保障的公用事业规制》，浙江大学2006年博士学位论文，第106页。
[2] 《行政诉讼法》(2014年修正)第12条第1款第1项。

用解释》中确立了审理规则:[1]

第一,明确行政协议的含义并列举“政府特许经营协议”为行政诉讼受案范围。“行政机关为实现公共利益或者行政管理目标,在法定职责范围内,与公民、法人或者其他组织协商订立的具有行政法上权利义务内容的协议,属于行政诉讼法第十二条第一款第十一项规定的行政协议。”“公民、法人或者其他组织就下列行政协议提起行政诉讼的,人民法院应当依法受理:(一)政府特许经营协议;……”

第二,区分不同情形确定诉讼费用交纳标准,以及诉讼时效或起诉期限的适用。“对行政机关不依法履行、未按照约定履行协议提起诉讼的,参照民事法律规范关于诉讼时效的规定;对行政机关单方变更、解除协议等行为提起诉讼的,适用行政诉讼法及其司法解释关于起诉期限的规定。”[2]将有关履行协议的“不依法履行、未按照约定履行协议”与有关行使行政优益权的“行政机关单方变更、解除协议等行为”区分开来,分别适用民事诉讼法诉讼时效和行政诉讼法起诉期限的规定、分别适用民事案件和行政案件的诉讼费用缴纳标准。有人认为,这是“民事的归民事、行政的归行政”,但实际上这个说法并不准确。理由在于,立案时并不区分民事案件和行政案件,而是统一明确为由行政庭审理的行政案件,只是在适用不同规则时加以区分。

第三,如何确定管辖。“对行政协议提起诉讼的案件,适用行政诉讼法及其司法解释的规定确定管辖法院。”虽然民事案件与行政案件的地域管辖、级别管辖均有不同,但既然明确为行政案件,在管辖的问题上仍然适用行政诉讼法来确定管辖法院,而不区分是因履行引起纠纷还是对行政优益权行使存有异议。

第四,适用何种规则。“人民法院审查行政机关是否依法履行、按照

---

〔1〕 参见 2015 年《适用解释》第 11 条至第 16 条。

〔2〕 关于诉讼时效与起诉期限的区别,一般认为,二者性质不同、立法目的不同、起算时间不同、期间有无变化不同。更重要的是,人民法院对二者超过法定期间的处理方式不同:起诉期限作为《行政诉讼法》规定的起诉条件之一,人民法院可以依职权审查起诉期限。相对人超过起诉期限则丧失了起诉权,人民法院将裁定不予受理,受理后发现超过起诉期限的,裁定驳回起诉。而通常情况下,起诉时效不是民事诉讼起诉的法定条件,超过诉讼时效起诉的,当事人丧失的是胜诉权,即人民法院不主动审查诉讼时效问题,受理后经人民法院审理超过诉讼时效的,判决驳回原告诉讼请求。

约定履行协议或者单方变更、解除协议是否合法，在适用行政法律规范的同时，可以适用不违反行政法和行政诉讼法强制性规定的民事法律规范。”从该条表述可见，行政法律规范优先于民事法律规范，民事法律规范的适用以不违反行政法和行政诉讼法强制性规定为前提。

第五，如何进行裁判。“原告主张被告不依法履行、未按照约定履行协议或者单方变更、解除协议违法，理由成立的，人民法院可以根据原告的诉讼请求判决确认协议有效、判决被告继续履行协议，并明确继续履行的具体内容；被告无法继续履行或者继续履行已无实际意义的，判决被告采取相应的补救措施；给原告造成损失的，判决被告予以赔偿。”“原告请求解除协议或者确认协议无效，理由成立的，判决解除协议或者确认协议无效，并根据合同法等相关法律规定作出处理。”“被告因公共利益需要或者其他法定理由单方变更、解除协议，给原告造成损失的，判决被告予以补偿。”该条确定了确认判决、履行判决、赔偿判决、补偿判决的判决形式及其适用情形。

2.《行政诉讼法》修正后的司法实践及需要解决的问题

自修正后的《行政诉讼法》自 2015 年 5 月实施以来，公用事业特许经营合同的司法审判较以往更加规范。笔者通过在“中国裁判文书网”上的检索，截至 2017 年 12 月 10 日，共有 24 件关于公用事业特许经营协议的判决，主要涉及公共交通、供热、天然气、水务等领域。水务领域的三个案例涉及供水及污水处理领域的撤回、临时接管和补偿问题。

虽然新《行政诉讼法》及《适用解释》对长期以来的部分争议问题给予了明确的答案，但在具体审判中，仍有大量需要解决的问题，笔者在此列举如下。

（1）行政机关能否作为原告，诉讼过程中能否反诉

这两个问题均涉及作为合同一方的行政机关能否提起诉讼的问题。《行政诉讼法》第 12 条第 1 款第 11 项只规定了行政机关一方不履行行政协议，相对人可以提起行政诉讼，却没有规定相对人不履行协议时的，行政机关是否享有起诉资格。

就目前的理解来看，基本认为实践中行政机关不可作为原告提起行政诉讼，亦不可反诉。根据全国人大常委会法制工作委员会的解释，这样规定的理由在于：一是这类争议往往是由行政机关一方不履行或未按照

约定履行协议引起的；二是行政机关可以通过其他途径加以解决，如行使撤销权；三是行政机关作原告与行政诉讼的性质不符。[1]

在实践中，对于相对人不履约的，有人认为，行政机关可以通过民事诉讼途径解决，也有人认为应当通过非诉行政执行程序予以救济。笔者认为，理想的模式是增设官告民的制度加以解决，在目前此种制度尚付之阙如的情况下，可由行政主体向法院申请执行。可借鉴《行政强制法》的规定，由法院在审查过程中举行听证，对合法性、有效性及双方履约情况进行审查。[2]

（2）举证责任如何分配

一般而言，特许经营合同既包括有关监管的权力性事项也包含经营管理的非权力性事项。对于因权力性事项引起的行政争议案件，通常涉及监管机构监管权行使的合法性问题，因而与具体行政行为的司法审查一样，应贯彻“严格的被告举证责任和必要的原告举证责任”这一举证责任的分配规则。而对于非权力性事项引起的违约争议案件，则一般采用“谁主张，谁举证”的原则，举证责任在当事人之间转换，体现双方主体地位的平等性。

（3）作为原告的特许企业是否享有同时履行抗辩权

在“三原污水处理有限公司诉咸阳市政府、三原县政府案”中，原告与被告三原县政府签订了《陕西省三原县污水处理 BOT 项目特许经营协议》。但在尚处于特许经营期内的 2015 年 2 月 5 日 17：00 至 2 月 11 日 16：30，原告玉龙公司擅自停止污水处理设施的运行，致使大量污水直接排入清河，造成下游河段及水库水质发生污染。原告因此被行政处罚其项目设施并被临时接管，原告诉称，“停业原因系被告三原县政府长期拖欠原告污水处理费导致项目已经无法继续运行。同时，在政府违约不支付污水处理费无力继续运行期间，原告多次通过书面报告形式向主管部门申报停业情况并说明了理由，而主管部门一直不予批复，原告依法认为主管部门已经默示同意。”据了解，被告三原县政府拖欠原告的污水处理

[1] 全国人大常委会法制工作委员会行政法室编著：《中华人民共和国行政诉讼法解读》，中国法制出版社 2014 年版，第 44～45 页。

[2] 江必新、梁凤云：《行政诉讼法理论与实务》，法律出版社 2016 年版，第 346～348 页。

费约为1300万元。[1] 从本案中可以看出，原告停业的原因在于政府违约在先，这不禁让人联想到合同法中的“同时履行抗辩权”。根据《合同法》第66条的规定：“一方在对方履行债务不符合约定时，有权拒绝其相应的履行要求。”此条款规定了同时履行抗辩权与一方违约的关系，即一方违约之后，另一方享有同时履行抗辩权。2015年《适用解释》第14条规定，人民法院审查行政机关是否依法履行、按照约定履行协议或者单方变更、解除协议是否合法，在适用行政法律规范的同时，可以适用不违反行政法和行政诉讼法强制性规定的民事法律规范。那么，《合同法》条款能否适用于本案，三原污水处理公司能否以三原县政府未支付污水处理费而由擅自停业？

笔者认为，不能一概而论行政合同中的双方能否主张同时履行抗辩权，而应以“公共利益”为标准，区分该权利所涉及的用以抗辩的、不予履行的义务是否关涉公共利益。作为提供水务服务的水务特许企业，不能动辄以对方违约为由停止公共服务、损害公共利益，这正体现了民事合同与行政合同的关键区别，也是前文所述“公共利益优先，兼顾企业利益”原则的反映。但在本案中，政府违约在先，又用行政处罚、临时接管的强制性手段，对于企业来说无疑是太不公平的。因此，基于对双方履行合同的要求，如果该企业以其他不关涉公共利益的义务作为抗辩理由，应当是允许的。而且企业还可以通过提起诉讼来获取救济，而无论如何也不能允许以污染环境、损害公益为抗辩筹码。

（4）如何确定监管权的审查原则

行政合同的有效性以合同合法为前提。因此，行政合同诉讼不同于其他单方行政行为的诉讼，法院必须先行依据相关立法判断行政合同的订立、履行、变更、解除等行为是否合法，这里主要涉及审查监管机构行使监管权的合法性问题，因此仍然适用合法性审查原则，对于是否违约的事项可采取合约性审查的原则。[2]

---

〔1〕 张波：《三原：污水处理公司停工每天3万吨污水排入渭河支流》，载《华商报》2015年2月11日。

〔2〕 吕忠梅：《行政合同司法审查若干问题思考》，载 http://review.jcrb.com/zyw/n4/ca128938.htm，最后访问日期：2013年11月1日。

(5)诉讼过程中能否调解、和解

目前,双方当事人在行政诉讼过程中达成调解或和解协议并撤诉的案例不乏其数,最近的如"2013 年惠州市威龙伊高水务有限公司与惠州市住房和城乡规划建设局行政许可纠纷上诉案"。在该案二审审理过程中,双方当事人达成初步和解意向并签署了《惠州市威龙伊高水务有限公司与惠州市仲恺高新区管委会关于第七污水处理厂首期 BOT 建设项目争议问题协调会议纪要》。法院认为,惠州市威龙伊高水务有限公司与惠州市有关部门就涉案的相关纠纷自愿达成和解,其申请撤诉是真实意思表示,并不损害国家利益、公共利益或者他人的合法权益,亦不违反有关法律法规规定,因此准予撤诉。[1] 这其中需要注意的问题是,虽然准许适用调解与和解原则,但调解与和解应当建立在尊重法律的基础上,不应当达成违背法定义务的条款,这就要求赋予法院审查合同内容合法性和撤诉意思表示真实性的义务。

(6)如果审理中发现需要对水务特许企业的受损利益进行补偿的,法院能否直接确定补偿数额

对此问题,笔者以"无为县西郊自来水厂与无为县人民政府行政补偿案"为例作出阐述。

【案情】 原告无为县西郊自来水厂成立于 1998 年 3 月 20 日,类型为非公司私营企业,经营范围为生产、供应自来水。2015 年 1 月 16 日,无为县人民政府实行并网整合,改由县自来水公司提供该区域的供水。2016 年 3 月 20 日,无城镇人民政府与无为县西郊自来水厂达成协议,对无为县西郊自来水厂进行资产收购,但无为县西郊自来水厂不能接受无城镇人民政府提出的补偿,决定采取诉讼方式解决。2016 年 6 月 21 日,无为县西郊自来水厂以无为县人民政府为被告,要求县政府补偿企业被征收的补偿款人民币 15,283,297 元。

法院认为,被告应当由行政机关依法履行的行政补偿职能约定通过诉讼解决,未能全面履行被告"会议纪要"设定的签订补偿协议的行政义务,侵害了原告应得到行政补偿的权利,其法律后果应由被告无为县人民

---

[1] 参见"北大法宝"司法案例数据库,载 http://www. pkulaw. cn/cluster_call_form. aspx?menu_item = case,最后访问日期:2013 年 12 月 18 日。

政府承担。但“因行政补偿系行政机关的行政职能，在行政机关未能履行职能的情况下不能由审判权代为行使行政权，故原告请求法院直接判决补偿的数额，于法无据，但原告请求行政补偿属要求被告履行法定职责，符合法律规定”，判决被告无为县人民政府履行行政补偿的法定职责，但未确定补偿的具体数额。

根据《国家赔偿法》第36条所确定的赔偿标准，因政府的违法行为对水务特许企业的财产权造成其他损害的，按照直接损失给予赔偿。但在补偿方面，因为没有相关法律明确补偿范围、标准、程序以及法院判决的方式，行政补偿诉讼中，大多数法官认为基于行政权与司法权之间的界限，法院作出补偿判决的同时，一般不宜直接确定行政补偿的具体数额，正如以上判决所言，“因行政补偿系行政机关的行政职能，在行政机关未能履行职能的情况下不能由审判权代为行使行政权，故原告请求法院直接判决补偿的数额，于法无据”。笔者认为，行政权与司法权的界限固然重要，但绝对地不予判决可能导致纠纷无法彻底地得以解决，可以确定特殊情况下司法权的深度判决。在这方面，笔者认为，可借鉴重庆市高级人民法院制定的《关于审理行政许可诉讼案件若干问题的意见》，“不同意调解或经调解达不成协议，行政机关作出的不予补偿决定错误或者行政补偿决定所确定的补偿数额明显偏低的，人民法院可以直接判决补偿数额”，如此有利于案结事了，节约司法资源的同时体现便民原则和效率原则。

需要注意的是：首先，直接判决补偿数额的情形限于“行政机关作出的不予补偿决定错误或者行政补偿决定所确定的补偿数额明显偏低的”，由于在此种情况下，若判决行政机关重新作出补偿决定，其作出合理补偿的可能性较低，由法院直接确定补偿数额更为便捷。其次，此种深度判决以补偿标准的明文规定为前提；否则，法官的自由裁量权过大可能使其更加无所适从。因此，在重庆市高级人民法院的上述意见中，同时确定了补偿范围和标准，“应当包括直接财产损失范围以及为防止损失的扩大所支出的费用；确有必要的，也可以对行政许可期限届满前预期利益的损失酌情予以补偿”，其中“直接财产损失”包括“（一）停产停业期间的经常性费用开支；（二）财产价值的减损；（三）参加招标、投标等程序的先期投入；（四）与个人生存技能有关的许可证被吊销或扣押期间的收入；（五）因行政许可行为造成的其他直接损失”。

3. 重构行政诉讼被告资格标准

对于水务特许企业与用户之间基于供水合同产生的纠纷目前被看做民事纠纷，但其中的“公益性和行政性”已经法院判决承认。[1] 对此，有学者指出，“如果完全由私方以民事责任的形式来承担责任，则无异于是国家完全推卸责任而遁入私法”，[2] 因此，应“将这种行政活动中引起的争议全部纳入行政诉讼，以防止行政遁入私法而失去监督”，[3] 但就目前的行政主体资格来看，行政诉讼法确定为“行政机关”，并未对此留有适用的空间。

如果单纯地以目前的“行政机关”形式作为判断被告是否适格的标准，则无法将水务特许企业履行公共职能、影响公共事业服务权的行为纳入行政诉讼。虽然 2014 年《行政诉讼法》第 2 条明确了“前款所称行政行为，包括法律、法规、规章授权的组织作出的行政行为”，但这仍无法概括水务特许企业等因特许合同而被赋予公共职能的私营部门。

在德国“汉堡电厂案”中，法院通过“作用法”论证模式，确定了以法人所从事的任务作为核心判断标准。当企业履行公法上“生存照顾义务”的公共职能时，须受到公法的约束，由此，行政诉讼的受案标准由传统的“主体”标准改变为“行政性质”标准，即“公共职能行为”的判断标准。[4]

美国也逐渐吸纳了“公共职能”标准，当政府从事某一行为，或者向私人提供主要资金，或授权合同承包人为其利益行事，如果私人的行为属于政府传统“公共职能”的范畴，则此种行为可归为国家行为。[5]

由此可见，在我国行政诉讼法中明确“公共职能”的标准有助于从职

---

[1] “北大法宝”司法案例数据库，载 http://www.pkulaw.cn/cluster_call_form.aspx? menu_item=case，最后访问日期：2013 年 12 月 18 日。

[2] 刘飞：《试论民营化对中国行政法制之挑战——民营化浪潮下的行政法思考》，载《中国法学》2009 年第 2 期。

[3] 章剑生：《现代行政法面临的挑战及其回应》，载 http://www.civillaw.com.cn/article/default.asp? id=29846，最后访问日期：2013 年 12 月 20 日。

[4] 詹镇荣：《民营化与管制革新》，台北元照出版有限公司 2011 年版，第 73 页。

[5] 杨欣：《变革与回应：民营化的行政法研究》，中国政法大学 2006 年博士学位论文，第 173 页。

能的本质和权力行使的后果两个方面来判断私营部门行为的性质，从而将那些水务特许企业可能危及用户的基本权利的公共性特权行为纳入行政诉讼，从而加强对此类行为的规制。

4. 完善行政公益诉讼

(1)引例——“兰州市民诉兰州威立雅水务有限责任公司侵权责任纠纷”

【案情】2014 年 4 月 11 日，兰州市自来水爆出苯超标，备受关注。官方事后调查披露，这是一起供水安全责任事件，负有相关责任的兰州威立雅水务公司等单位，以及兰州市副市长等 20 人受到处理。2014 年 4 月 14 日，徐子琦、刘庆元、王玮等 5 位兰州市民对供水单位兰州威立雅水务集团有限责任公司提起侵权诉讼，要求威立雅对苯污染事件造成的经济损失和精神损害进行赔偿。

【审理】

立案：当事人将起诉材料递交到兰州中院后，法院以“不符合民事诉讼法第 55 条”为由拒收起诉材料。5 人又将材料交到城关区人民法院，亦遭拒收。后向甘肃高院投诉后，城关区人民法院收下了材料。但在此后的 9 个月里，当事人未收到立案通知，也未收到不予立案的裁定。2015 年 2 月 17 日，此案在城关区人民法院立案。

一审：事发 19 个月后，该案于 11 月 17 日在兰州市城关区人民法院开庭审理，此时距离兰州自来水苯超标事件已 19 个月。城关法院认为，“4·11”事件确已对全市居民的正常生活造成了不当影响，威立雅公司对事件的发生存在疏于管理方面的过错，对此应当承担相应的责任。威立雅公司在事件发生后，主动向政府报告，积极查找、确定事件原因，排除妨害。通过新闻媒体向广大市民公开赔礼道歉，在其网站上公布每日的水质检测数据，以减退相应水量、水费的方式对停用自来水期间给用户造成的损失予以补偿。威立雅公司在市政府主导下，制定并实施相应的补救、补偿措施，其补偿方案体现了赔偿标准的相对统一性和普遍适用性，各原告要求威立雅公司就其个体利益单独赔偿，既缺乏必要性，亦不符合公共危机事件背景下因公共利益和个体利益平衡而应当考量的合理性。威立雅公司在事件的发现、处置、应对以及事后补救、补偿等方面尽到了相应责任，故各原告对威立雅公司的诉讼请求法院不予支持。[1]

二审：兰州市中级人民法院审理认为，“损害后果是侵权责任构成要件之一，这种损害后果是能够被法律评价的具体、现实存在的损害，有损害才有法律救济。兰州‘4·11’局部自来水苯超标事件，作为一起社会公共突发事件，不仅涉及了居民作为社会成员的个体利益，也涉及了城市公共利益。在‘4·11’事件中，受影响的不仅仅为有限的个人，而是全市居民，个人利益受侵害的现象具有普遍性，个人利益已转化为整体的公共利益，针对社会公共利益受损所采取的补偿方式、补救措施是否能够适当填补个人利益受损的状况应当是主要考量的因素。‘4·11’事件发生后，政府立即启动应急预案，积极采取各种应对措施，公开事件进程，对涉事人员进行处理，修复治理周边污染区域，威立雅公司采取减退水量、公开赔礼道歉、公布水质检测数据等措施，即体现了城市供水企业具有的社会公共服务职能，又兼顾了社会公众因‘4·11’事件产生的合理损失，确保了供水企业与公众之间的利益衡平，符合普遍公平的价值要求。因此，上诉人再次请求赔偿损失、赔礼道歉、公开水质数据的上诉理由不能成立。”[2]

再审：甘肃省高级人民法院驳回了再审申请，“在一个具体的侵权损害赔偿诉讼案件中，当事人主张的人身损害或者财产损害事实，应当具有充分必要的证据证明，这种证明是建立在现代文明与科学认知基础之上的，成为一种应当获得补偿、救济的法律事实，并且由主张者初步证明成立。本案原审认定威立雅公司在事后补救、补偿等方面尽到了相应责任有据，而申请人的主张与请求，缺乏法律事实依据，要求‘公开2014年1月以来各主要采样点的水质监测数据（常规与非常规监测项目）’诉讼请求，与损害赔偿缺乏直接关联性。综上，本案生效判决并无不妥，申请人所提再审理由事实依据和法律依据不足”。[3]

---

〔1〕《兰州市民诉威立雅自来水苯超标案败诉》，载 http://news.sohu.com/20151127/n428532508.shtml；《兰州市民诉威立雅案一审宣判 法院驳回原告全部诉求》，载 http://news.xinhuanet.com/local/2015-11/28/c_1117288847.htm，最后访问日期：2016年2月18日。

〔2〕参见甘肃省兰州市中级人民法院（2016）甘01民终139号民事判决书。

〔3〕参见甘肃省高级人民法院（2016）甘民申1479号民事裁定书。

从上述案情可见,法院一审判决认为,威立雅公司为"公益性企业",称"如果责令企业承担超出合理限度的赔偿责任,会减低企业再生产能力",[1]且"威立雅公司在市政府主导下,制定并实施相应的补救、补偿措施,其补偿方案体现了赔偿标准的相对统一性和普遍适用性,各原告要求威立雅公司就其个体利益单独赔偿,既缺乏必要性,亦不符合公共危机事件背景下因公共利益和个体利益平衡而应当考量的合理性。"二审判决也认为,"个体利益已经转化为整体的公共利益",因此,不对起诉的个体予以补偿。暂且不论法院判决的理由是否成立,该案无疑揭示了目前公益诉讼的缺失,包括原告资格、审理程序、判决理由等各个方面。

当水务特许企业违反供水合同,其供应水质不符标准、随意中断供水而给居民带来损害时,如何通过诉讼的方式实现利益救济?除了前文所述通过树立被告资格的"公共职能标准"而通过行政诉讼予以救济以外,[2]通过健全行政公益诉讼而明确水务特许企业的赔偿责任,也是健全相关法律制度的重要途径之一。

(2)行政公益诉讼的关键

原告资格问题则是构建行政公益诉讼制度首要解决的问题。原告作为诉讼程序的发动者,在整个诉讼过程中具有举足轻重的作用,行政公益诉讼的公益价值属性决定了行政公益诉讼的原告资格不同于一般的行政诉讼。传统的行政诉讼理论认为,起诉者必须与被诉具体行政行为有直接的利害关系才能向法院提起诉讼,而行政公益诉讼采取公共利益原则,即只要被诉行政行为侵犯了公共利益,原告就可以向法院提起行政公益诉讼,而不要求该行为与自身具有直接的利害关系。基于行政公益诉讼的公益性特征,应对传统的"利害关系人"理论进行必要的扩张,放宽对原告资格的限制,保障起诉人的起诉权,更好地维护公共利益。

司法实践中,近年来发生许多行政公益诉讼案件,如"金晓松诉东台市农业委员会、江苏省新曹农场案"(以下简称"金晓松案")、"蚌埠市淮

---

[1] 参见《兰州市民诉威立雅自来水苯超标案上诉:公益企业也不能免责》,载 http://news.163.com/15/1208/15/BAATDP7S00014AED.html,最后访问日期:2016 年 2 月 18 日。

[2] 该案虽立案为民事案件,但在一审和二审判决中均承认"城市供水企业具有社会公共服务职能",是"公益企业",由此可见,其与一般民事案件的特殊之处,也印证了笔者前述应当将其纳入行政诉讼的观点。

上区人民检察院诉蚌埠市国土资源局不履行法定职责案”(以下简称“蚌埠市国土资源局案”)、“阿拉善右旗人民检察院诉阿拉善右旗国土资源局未依法履行职责案”、“环县人民检察院诉环县水务局怠于履行法定职责案(2016)甘1091行初47号”、“广宁县人民检察院诉广宁县林业局不履行法定职责案”等。[1] 对于上述案件,“金晓松案”法院以其“与被诉行政行为无利害关系,不具备原告主体资格,案件不符合人民法院行政案件受理条件”为由不予立案;“蚌埠市国土资源局案”由于被诉行政机关纠正违法行为,法院准许原告撤诉;其他案件法院均判决确认被诉行政行为违法,要求被告机关纠正违法行政行为。

可见,我国的司法实践中对于检察院提起的行政公益诉讼一般都立案审理,而不承认公民个人的原告资格,对于社会团体提起的行政公益诉讼(如“中华环保联合会诉贵州省贵阳市修文县环境保护局信息公开案”)虽然立案审理,[2]但对此颇有争议。

当下,行政公益诉讼原告资格的制度构建在理论界还存在很大分歧,绝大多数学者主张检察机关是行政公益诉讼的适格原告,但对于特定的社会团体和公民个人的诉讼资格则有不同意见。实践中,学界争议和立法缺失使行政公益诉讼案件裁判操作混乱。参考域外行政公益诉讼理论和实践,笔者认为,现阶段,我国行政公益诉讼制度处于起步阶段,应构建二元制的行政公益诉讼原告资格,即由人民检察院和特定社会组织提起行政公益诉讼。为防止滥诉和全民诉讼、节约司法资源,现阶段不宜吸纳公民为原告。同时,设置诉前督促制度,在提起诉讼前申请主管机关纠正违法行为,主管机关在规定时间未纠正违法行为或者申请人对主管机关纠正结果不满意时,依法提起诉讼。设置诉前督促制度,有助于促使行政机关主动纠正违法行政行为,以尽量避免司法程序不必要和不合时宜地干预行政程序,防止滥诉,节约司法资源。

5. 发挥指导性案例的作用

随着政府特许经营合同的大量运用,司法实践也将越来越丰富,将来

---

[1] 案例源自中国裁判文书网:http://wenshu.court.gov.cn/Index,最后访问日期:2017年3月11日。

[2] 案例源自最高人民法院公报:http://gongbao.court.gov.cn/Details/57925ce0192ecff479a35c047e7491.html,最后访问日期:2017年3月25日。

可能面临的问题无法预料。现实中,发生的行政合同诉讼和公益诉讼案件数量呈现扩张趋势,由于没有一部统一的中央立法作为裁判依据,相同性质的案件可能会出现大相径庭的裁判结果。对此,应充分发挥最高人民法院指导性案例的作用,通过发布指导性案例,明确原告资格、审理程序、审理期限、裁判标准等问题,确立一个统一、明确的裁判依据,供各级人民法院在审理类似案件时参照。

三、本章小结

由于水务特许引起自来水供给主体的改变,从而也形成了更为复杂的法律关系和纠纷样态:监管机构与水务特许企业之间是特许合同的签订双方,同时也是监管与被监管的关系;水务特许企业与用户之间基于供水合同形成水产品的服务供应关系;监管机构与用户之间基于国家生存照顾义务而形成普遍服务的保障与被保障关系。在监管机构与水务特许企业之间的特许合同纠纷中,应当明确特许合同的行政合同性质而将其纳入行政诉讼范围;在水务特许企业与用户的供应合同纠纷中,应当明确该类合同的公益性和行政性,将水务特许企业履行公共职能的行为纳入司法审查;在监管机构与用户之间的履职纠纷中,用户可将该监管机构作为被告提起司法审查。

利益诉求和纠纷的多样化必然要求多元的纠纷解决机制,包括行政调解、行政裁决、行政复议、仲裁等非诉讼的纠纷解决方式。司法作为社会公平正义的最后一道屏障,自然不可缺席,虽然我国现行行政诉讼制度已经将政府特许经营协议纳入受案范围,但司法实践中仍存在空白和难题,亟须进一步完善行政合同诉讼。另外,还需重构被告资格标准、完善行政公益诉讼、发挥指导性案例的作用,从而畅通司法救济渠道。

结　　语

在放松监管与实施再监管的历程中，探索走向以竞争机制为基础，以法制为主导，以权利保障、多元利益平衡为核心的良好政府监管，已经成为市政公用事业监管改革的新动向。对于公益性和自然垄断性最为强烈的水务行业，政府监管的探讨更显得意义重大。

本书对水务行业的监管立法、监管体制、监管内容、救济机制进行了浅显的分析，试图对研究之初提出的问题作出回应。然而，其中所涉的问题纷繁复杂，诚如学者所云，“对我们来说，近代的课题还没有完成，现代的课题就扑面而来，后现代的问题也不断涌现”，[1]本书交杂着效率与公正的争议、公法与私法的讨论、现实与理想的交锋、监管与放松监管的疑惑。

法治化、制度化的政府监管对于水务特许经营的顺利进行有着不可忽视的作用。对政府监管的探讨，行政法不可缺位，无论是体制、手段还是救济，归根结底要解决行政组织法、行政行为法和行政救济法在面临公私协力时所暴露出软弱无力。

法治化的水务特许政府监管要求在行政组织法上有合理的机构设置和权限分配，在行政行为法上涵盖准入监管、水价监管、水质监管、服务监管、退出监管，在行政救济法上涵盖多元救济方式。

诚然，囿于自身视野和能力的局限以及实证资料的匮乏，本书在上述方面的探讨无论在研究方法还是研究成果上均存在诸多不足与尚待完善之处。作为结语，延续本书之前的讨论思路，笔者在此尝试提出诸多未完成的实体课题，有待后续的思考研究。首先，水务行业的探讨是否适用于其他公用事业领域，它们之间的共性与个性使具体制度有多少普遍性和

---

〔1〕 汪丁丁、林来梵、叶航：《效率与正义：一个经济学和法学的对话》，载《学术月刊》2006 年第 3 期。

差异性？其次，国外监管机构的设置各有不同，但法律作为地方性知识，我国在这方面有多少可借鉴之处，能否建立起集立法、司法、行政职能于一体的独立监管机构？除此之外，诸多问题仍是无解，监管制度的革新对传统行政法学理论带来了冲击，行政法学如何应对新兴的现实问题，需要坚持不懈的持续思考。

参考文献

一、中文论文

[1]步兵:《论行政主体对行政契约的单方变更权》,载《南京大学学报》(哲学、人文科学、社会科学版)2008 年第 6 期。

[2]程明修:《经济行政法中“公私协力”行为形式的发展》,载《月旦法学》2000 年第 5 期。

[3]陈清秀:《特许合约与公权力之行使》,载《月旦法学杂志》1998 年 3 月。

[4]陈蓁蓁:《市政公用事业特许经营制度的主要内容》,载《城市燃气》2004 年第 6 期。

[5]陈惜、孙正基、马宝玲:《水务公用行业 PPP 现状综述及名词廓清》,载《天津科技》2012 年第 1 期。

[6]陈慧:《国际城市水务管理的特点与经验借鉴——城市水务管理问题研究之一》,载《生产力研究》2014 年第 7 期。

[7]陈无风:《司法审查图景中行政协议主体的适格》,载《中国法学》2018 年第 4 期。

[8]曹炳洲:《美国公用事业价格管制与借鉴》,载《中国物价》1999 年第 4 期。

[9]曹海青、苏丽亚:《公共服务购买与政府监督职责落实》,载《人民论坛》2016 年第 1 期。

[10]曹阳:《中国 PPP 模式风险的法律规制研究》,载《广西师范大学学报》(哲学社会科学版)2017 年第 3 期。

[11]邓可祝:《公私合作背景下行政特许经营协议的强制终止》,载《天津法学》2017 年第 9 期。

[12]丁兴业:《论市场失灵的类型、原因及对策》,载《武汉科技学院学报》2006 年第 8 期。

[13]董炯:《政府管制研究——美国行政法学发展新趋势评介》,载《行政法学研究》1998 年第 4 期。

[14]邓敏贞:《公用事业特许经营中公众参与的反思——以若干垃圾焚烧发电厂公众维权事件为实证分析对象》,载《湖北社会科学》2016 年第 11 期。

[15]但承龙:《城市公用事业特许经营的政府监管分析》,载《湖南社会科学》2016 年

第 11 期。
[16]傅涛:《汇津与长春市人民政府的法律纠纷引起的思考》,载《水业投资资讯》2004 年 1 月 15 日,总第 37 期。
[17]郭林雄:《特许经营协议中的消费者权益保护分析——以公用事业领域为视角》,载《沈阳大学学报》(社会科学版)2018 年第 8 期。
[18]郭巍青:《公民充权与民主的政策科学:后现代主义的视角》,载白钢、史卫民主编:《中国公共政策分析》(2006 年卷),中国社会科学出版社 2006 年版。
[19]高俊杰:《特许经营项目运行中的行政纠纷与救济——一种框架性分析》,载《当代法学》2016 年第 2 期。
[20]高俊杰:《新行政诉讼法下的行政合同诉讼》,载《财经法学》2016 年第 2 期。
[21]高俊杰:《公用事业临时接管的行政法规制》,载《行政法学》2014 年第 1 期。
[22]高伟娜:《中国自来水产业的普遍服务与管制政策》,载《东北财经大学学报》2008 年第 4 期。
[23]胡敏洁:《特许、行政法与规制》,载《国家行政学院学报》2006 年第 5 期。
[24]何炜:《西文政府职能理论的源流分析》,载《南京社会科学》1999 年第 7 期。
[25]胡锦光:《论行政规划的法律控制》,载《郑州大学学报》(哲学社会科学版)2006 年第 1 期。
[26]郝成斌:《水业资产高额溢价的成因和弊端》,载济邦咨询公司:《基础设施与公用事业民营化的中国实践》,学林出版社 2007 年版。
[27]黄学贤、陈峰:《试论实现行政给付任务的公私协力行为》,载《南京大学法律评论》(2008 年春秋合卷)。
[28]贺亚萍、苏时鹏:《水务 PPP 中的公众参与机制分析》,载《福建农林大学学报》(哲学社会科学版)2015 年第 6 期。
[29]何文盛、杨亚琼、王艳:《西方公用事业民营化改革研究回顾及对我国的启示》,载《中国行政管理》2016 年第 12 期。
[30]黄学贤、吴志红:《对公用企业公、私法人法律身份的思考》,载《江海学刊》2013 年第 2 期。
[31]黄娟:《政府和社会资本合作立法三论》,载《福建行政学院学报》2016 年第 6 期。
[32]黄锦堂:《行政任务民营化之研究——德国法的观察与我国的省思》,载《公法学与政治理论——吴庚大法官荣退论文集》,台北元照出版有限公司 2004 年版。
[33]姜雪梅:《PPP 特许经营协议的性质及其法律规制》,载《广西政法管理干部学院学报》2016 年第 11 期。
[34]姜亦华:《可借鉴的日本水资源管理》,载《江南论坛》2010 年第 5 期。

[35]金海、孙笑春:《英国水行业私有化案例研究》,载《中国水利》2003 年第 7 期。
[36]柯常达:《城市公用事业特许投标中的问题及对策研究》,载《城市观察》2016 年第 6 期。
[37]骆梅英:《通过合同的治理——论公用事业特许契约中的普遍服务条款》,载《浙江学刊》2010 年第 2 期。
[38]骆梅英:《行政法学的新脸谱——写在读叶俊荣〈行政法案例分析与研究方法〉之后》,载罗豪才主编:《行政法论丛》(第 9 卷),法律出版社 2006 年版。
[39]龙翼飞、何尧德:《我国 BOT 特许协议若干法律问题研究》,载《河南省政法管理干部学院学报》2007 年第 4 期。
[40]李可可、邵自平:《美国西部水权管理制度及启示》,载《中国水利》2004 年第 6 期。
[41]李明超:《政府公用事业特许行为的合法要件研究》,载《河南财经政法大学学报》2016 年第 3 期。
[42]李晶淼:《政府特许经营权转让的反思与走向——特许经营权转让事件为实证分析对象》,载《郑州大学学报》2018 年第 11 期。
[43]芦轲:《BOT 模式中的政府行为如何监督》,载《人民论坛》2016 年第 9 期。
[44]梁天宁:《关于我国外资 BOT 特许权协议的几点法律思考》,载《湖南经济管理干部学院学报》2004 年第 10 期。
[45]刘飞:《试论民营化对中国行政法制之挑战——民营化浪潮下的行政法思考》,载《中国法学》2009 年第 2 期。
[46]马怀德、喻文光:《基于公共利益保护的公用事业规制研究》,载《中德规制法学术研讨会论文集》(未刊)2013 年 9 月。
[47]孟星宇:《公用事业特许经营视角下的国家赔偿责任及其嬗变》,载《法学论坛》2018 年第 3 期。
[48]孟祥锋:《更好发挥法治的引领和规范作用》,载《求是》2014 年第 23 期。
[49]莫于川:《有限政府 · 有效政府 · 亲民政府 · 透明政府——从行政法治视角看我国行政管理体制改革的基本目标》,载《政治与法律》2006 年第 3 期。
[50]莫于川:《行政法治视野中的社会管理创新》,载《法学论坛》2010 年第 6 期。
[51]莫于川:《公众参与潮流和参与式行政法制模式——从中国行政法民主化发展趋势的视角分析》,载《国家检察官学院学报》2011 年第 4 期。
[52]莫于川、康枫翔:《我国行政调解制度现实困境与制度化、规范化路向》,载文正邦主编:《宪法与行政法论坛》(第 5 辑),法律出版社 2012 年版。
[53]马乃毅、姚顺波:《美国水务行业监管实践及其对中国的启示》,载《亚太经济》

2010 年第 6 期。
[54]戚建刚、李学尧:《行政合同的权力与法律控制》,载《法商研究》1998 年第 2 期。
[55]仇保兴:《市政公用事业改革的理论和实践进展综述》,载《城市发展研究》2007 第 1 期。
[56]任海青:《民营化——政府规制与行政特许》,载《扬州大学学报》(人文社会科学版)2016 年第 3 期。
[57]宋华琳:《公用事业特许与政府规制——中国水务民营化实践的初步观察》,载《政法论坛》2006 年第 1 期。
[58]宋华琳:《推动技术标准体系的制度变革——基于行政法学理路的初步探究》,载天津市社会科学界联合会编:《科学·创新·和谐:天津市社会科学界第二届学术年会优秀论文集》,天津人民出版社 2006 年版。
[59]宋宗宇、刘睛:《政府特许经营合同性质初探》,载《行政与法》2006 年第 6 期。
[60]孙笑侠:《契约下的行政——从行政合同本质到现代行政法功能的再解释》,载《比较法研究》1997 年第 3 期。
[61]孙学致:《PPP 合同的法律属性——一个解释论的立场》,载《山东社会科学》2018 年第 7 期。
[62]武俊山:《论行政合同权力的法律控制》,载《理论探索》2004 年第 2 期。
[63]王俊豪:《特许投标理论及其应用》,载《数量经济技术经济研究》2003 年第 1 期。
[64]王文宇:《公用事业规制与竞争理念之变革》,载《台大法学论丛》第 29 卷第 4 期。
[65]王芳:《BOT 中特许协议的法律性质及争议解决初探》,载《重庆邮电学院学报》2005 年第 2 期。
[66]王海峰:《BOT 投融资模式的风险与政府特许授权法律文件》,载《南京社会科学》1999 年第 3 期。
[67]王红卫:《发达国家公用事业的价格规制》,载《经济论坛》2003 年第 10 期。
[68]汪丁丁、林来梵、叶航:《效率与正义:一个经济学和法学的对话》,载《学术月刊》2006 年第 3 期
[69]吴伟达:《中国公用企业价格垄断行为的规制》,载《人文杂志》2005 年第 3 期。
[70]伍艳、王权典:《BOT 特许协议的争议解决机制》,载《法治论丛》2007 年第 2 期。
[71]魏艳:《特许经营抑或政府采购:破解 PPP 模式的立法困局》,载《东方法学》2018 年第 3 期。
[72]薛刚凌、王霁霞:《BOT 项目中特许经营人的风险防范及利益保护研究》,载《浙江学刊》2005 年第 5 期。

[73]邢鸿飞:《政府特许经营协议的行政性》,载《中国法学》2004 年第 6 期。

[74]邢鸿飞:《论政府特许经营协议的契约性》,载《南京社会科学》2005 年第 9 期。

[75]肖兴志:《公用事业的民营化改革:理论与中国实证》,载黄继忠主编:《自然垄断与规制:理论与经验》,经济科学出版社 2004 年版。

[76]肖成志:《对我国与英国 PPP 发展路径的比较分析》,载《西南金融》2016 年第 12 期。

[77]肖泽晟:《公共资源特许利益的限制与保护——以燃气公用事业特许经营权为例》,载《行政法学研究》2018 年第 3 期。

[78]徐宗威:《法国城市公用事业特许经营制度及启示》,载《城市发展研究》2001 年第 4 期。

[79]许宗力:《论行政任务民营化》,载翁岳生教授祝寿论文编辑委员会编:《当代公法新论》(中),台北元照出版有限公司 2002 年版。

[80]殷志诚:《行政契约中行政主体“权力”的再认识》,载《行政法学研究》2003 年第 2 期。

[81]袁志彬:《中国城市供水水质指数与信息公开制度探讨》,载《中国公共卫生》2005 年第 2 期。

[82]杨彬权:《〈基础设施和公用事业特许经营管理办法〉析论——以国家担保责任理论为视角》,载《河南科技大学学报》(社会科学版)2016 年第 1 期。

[83]杨兴云:《长沙公交民营化乱象》,载《运输经理世界》2008 年第 5 期。

[84]杨海坤、郭朋:《公用事业民营化管制与公共利益保护》,载《当代法学》2006 年第 5 期。

[85]喻文光:《德国水务私有化及其监管》,载《行政法学研究》2005 年第 3 期

[86]姚勤华、朱雯霞、戴轶尘:《法国、英国的水务管理模式》,载《城市问题》2006 年第 8 期。

[87]袁志彬:《中国城市供水水质指数与信息公开制度探讨》,载《中国公共卫生》2005 年第 2 期。

[88]闫海、宝丽:《市政公用事业特许经营的行政接管》,载《城市问题》2011 年第 6 期。

[89]尹少成:《PPP 模式下公用事业政府监管的挑战及应对》,载《行政法学研究》2017 年第 6 期。

[90]周汉华:《基础设施产业政府监管权的配置》,载《国家行政学院学报》2002 年第 2 期。

[91]周志宏:《教育事务民营化志法律问题——以国民中小学公办民营为中心》,载

《月旦法学杂志》2003 年 11 月。
[92]周继秀:《民营企业的"未来水世界"》,载《财经界》2003 年第 11 期。
[93]周耀东、余晖:《政府承诺缺失下的城市水务特许经营》,载《管理月刊》2005 年第 8 期。
[94]周佑勇、王青斌:《论行政规划》,载《中南民族大学学报》(人文社会科学版)2005 年第 1 期。
[95]章志远:《价格听证困境的解决之道》,载《法商研究》2005 年第 2 期。
[96]章志远:《民营化:消防管理体制改革的一种路径》,载《行政法学研究》2006 年第 4 期。
[97]章志远:《公用事业特许经营及其政府规制——兼论公私合作背景下行政法学研究之转变》,载《法商研究》2007 年第 2 期。
[98]章志远:《民营化、规制改革与新行政法的兴起——从公交民营化的受挫切入》,载《中国法学》2009 年第 2 期。
[99]章志远、李明超:《公用事业特许经营中的临时接管制度研究——从"首例政府临时接管特许经营权案"切入》,载《行政法学研究》2010 年第 1 期。
[100]章志远、黄娟:《公用事业特许经营市场准入法律制度研究》,载《法治研究》2011 年第 3 期。
[101]章志远、朱志杰:《我国公用事业特许经营制度运作之评估与展望——基于 40 起典型事例的考察》,载《行政法学研究》2011 年第 2 期。
[102]钟明霞:《公用事业特许经营风险研究》,载《现代法学》2003 年第 3 期。
[103]朱芒:《日本的行政许可——基本理论和制度》,载《中外法学》1999 年第 3 期。
[104]湛中乐、刘书燃:《PPP 协议中的法律问题辨析》,载《法学》2007 年第 3 期。
[105]张燎:《水务特许经营项目准入竞争方式选择与区别应用》,载《中国环保产业》2006 年第 5 期。
[106]张燎:《水务项目市场化运作的十种模式》,载《中国水利水电市场》2008 年第 4 期。
[107]詹镇荣:《民营化后国家影响与管制义务之理论与实践——以组织私法化与任务私人化之基本行为中心》,载《东吴大学学报》第 15 卷第 1 期。
[108]赵超霖:《英法 PPP 调研:以特许经营为主的法国模式更值得中国借鉴》,载《中国战略新兴产业》2015 年第 24 期。
[109]张成福、李丹婷:《公共利益与公共治理》,载《中国人民大学学报》2012 年第 2 期。
[110]张鲁萍:《PPP 背景下基础设施和公用事业特许经营行为性质之辨析》,载《四

川行政学院学报》2016 年第 5 期。

[111]张馨元:《特许经营亟需立法》,载《中国招标》2016 年第 15 期。

[112]张治峰:《中国基础设施和公用事业特许经营立法的主要考虑》,载《中国政府采购》2016 年第 4 期。

[113]朱冰:《PPP 特许经营协议的法律属性与违约救济》,载《大连理工大学学报》(社会科学版)2018 年第 5 期。

[114]包锐:《兰州水价 9 年 5 次上调,水企亏损遭质疑》,载《中国经济周刊》2009 年 8 月 17 日。

[115]陈娟、张秀冰:《福州 20 条公交新线路特许经营招标》,载《福州晚报》2009 年 12 月 15 日。

[116]丁补之:《十堰公交民营化改制,多赢变多输》、《十堰:一场突发的公交车停运风波》,载《南方周末》2008 年 2 月 28 日。

[117]发改委新闻发布会:《解读基础设施和公用事业特许经营管理办法》,载每经网:http://www.nbd.com.cn/articles/2015-05-05/913575.html。

[118]傅涛:《水业资产溢价的背后》,载中国水网:http://paper.h2o-china.com/7287_1.shtml。

[119]傅涛:《特许经营改革与城市水业监管》,载中国水利部网:http://www.mwr.gov.cn/ztpd/2007ztbd/zgslxh2007nxsnh/tybg/200710/t20071030_9153.html。

[120]傅涛:《如何在供水的自然垄断中引入竞争机制》,载中国水网:http://news.h2o-china.com/html/policyandmarket/specialcomment/823321249628154_1.shtml。

[121]傅涛:《水价上涨的五个基本原因》,载中国水网:http://news.h2o-china.com/html/policyandmarket/specialcomment/823291249627670_1.shtml。

[122]傅涛:《理性看待水价》,载中国水网:http://news.h2o-china.com/html/2013/04/115763_1.shtml。

[123]高家伟、喻文光:《水务民营化中的政府角色》,载《法制日报》2004 年 10 月 27 日。

[124]高园、杨珂:《断水断电成物业"杀手锏" 不合法但颇有效》,载《齐鲁晚报》2007 年 9 月 14 日。

[125]高学军:《失控的公交车合肥反省公交民营化》,http://www.cs.com.cn/cqzk/05/200705/t20070524_1108961.htm。

[126]宫靖:《中国城市水质悖论:几乎没有水厂自测水质不合格》,载新浪网:http://green.sina.com.cn/news/roll/2012-06-08/152424559912.shtml。

[127]顾巍钟:《公交改制遇难题南京酝酿政府补贴推动公交优先》,http://www.

longhoo. net/gb/longhoo/news/nanjing/chengjian/userobject1ai895217. html。

[128]郭毅:《供热企业纠纷危及近4万人取暖当地政府临时接管供热——首例政府临时接管特许经营权案背后深意》,载《法制日报》2009年8月4日。

[129]华威:《市政公用行业市场化 谁来监管水价气价上涨?》,载《经济观察报》2004年11月24日。

[130]侯明:《完善公用事业价格监管方式》,载《光明日报》2006年7月28日

[131]柳剑能:《中央政府清理洋水务的背后》,载《南方周末》2004年7月29日。

[132] 赵志国:《水价"涨声"背后　政府、企业、民众三方博弈》,载《中华建筑报》2009年12月5日。

[133]兰燕飞:《重庆民营公交谢幕,公交民营化路在何方》,载《中国周刊》2009年5月21日。

[134]林凡:《泰晤士水务遭遇"政策门"上海"触礁"》,载《经济观察报》2004年6月14日。

[135]李松涛:《内蒙古赤峰水污染事件折射公用事业改革困境》,载《中国青年报》2009年8月3日。

[136]零点研究咨询集团:《定价方式决定公共服务口碑》,载《经济观察时报》2008年12月4日。

[137]李晓佳:《涨声四起 全国性水价调整期悄然而至》,载中国水网:http://news. h2o - china. com/html/2013/08/120156_1. shtml。

[138]李松涛:《内蒙古赤峰水污染事件折射公用事业改革困境》,载《中国青年报》2009年8月3日。

[139]卢雁:《拷问盐城水危机:洋水务失足中国》,载《时代周报》2007年2月26日。

[140]林海峰:《福建公交生存状况调查报告剖析深层次问》,载福建商城网:http://www. 66163. com/Fujian_w/bdxw/20070430/fj156190. html。

[141]林治波:《人民日报记者论甘肃发展之二十三:如何根本解决兰州自来水问题?》,载人民网:http://gs. people. com. cn/n/2014/0414/c361903 - 20984771 - 2. html。

[142]刘春燕:《公交承运商闹矛盾湖北黄冈40万市民无车可乘》,载《长江商报》2006年11月12日。

[143]刘文先:《一纸合同的得与失,遵义市出让两水厂经营权的经济账》,载《贵州日报》2004年4月26日。

[144]刘世昕:《7年水务改革:越改越涨,没有明白账》,载《中国青年报》2009年11月20日。

[145]吕忠梅:《行政合同司法审查若干问题思考》,载 http://review. jcrb. com/zyw/n4/ca128938. html。

[146]吕宗恕:《水价:一边迷局一边涨声》,载《南方周末》2009 年 12 月 24 日。

[147]梁彩恒:《威立雅"暗算"兰州水价?》,载 http://www. 022net. com/2009/10 - 25/483018353161470. html。

[148]马李灵珊:《番禺的力量》,载《南方周末》2010 年 1 月 7 日。

[149]普崇秀:《云南大理州祥云公交特许经营权之争——我省首例公交公司特许经营权纠纷案昨日开庭》,载《云南法制报》2008 年 8 月 1 日。

[150]乔晓阳:《全国人大法律委员会关于〈中华人民共和国行政许可法(草案)〉审议结果的报告》,载 http://www. law - lib. com/fzdt/newshtml/20/20050822232539. htm。

[151]孙晓胜:《多个城市水价上涨,地方政府被指退出公用事业》,载 http://www. chinacitywater. org/zwdt/swyw/71771. shtml。

[152]汤嘉琛:《兰州"自来水危机"有另一种"异味"》,载《新京报》2014 年 3 月 12 日。

[153]童刚:《自来水合格率仅 50%?》,载《都市快报》2012 年 5 月 8 日。

[154]王衡:《市民起诉兰州威立雅案一审宣判,原告诉讼请求被驳回》,载 http://news. xinhuanet. com/local/2015 - 11/27/c_1117288313. htm。

[155]王俊豪:《英国城市公用事业民营化改革评析:起因、形式与绩效》,载 http://www. chinapublaw. com/zfgz/2004328225801. htm。

[156]薛刚凌:《民营化:公告行政改革的重要路径》,载 http://www. sqjw. gov. cn/Article_Show. asp? ArticleID = 3166。

[157]笑蜀:《我来揭垃圾发电项目的道德画皮》,载《南方周末》2009 年 11 月 11 日。

[158]由姗姗:《公用事业改革:深圳的探索与争议》,载《南方周末》2005 年 7 月 22 日。

[159]禹志明:《长沙 9 家公交公司竟成交通违法大户》,载《经济参考报》2008 年 6 月 18 日。

[160]杨兴云:《长沙公交民营化乱象》,载《运输经理世界》2008 年第 5 期。

[161]杨继斌:《陕西民企被无偿接管,董事长称因举报厅长遭陷害》,载《新京报》2008 年 10 月 7 日。

[162]郑燕峰:《湖北南漳浊水事件凸显供水改革中政府责任缺位》,载 http://news. xinhuanet. com/politics/2009 - 06/09/content_11510608. htm。

[163]郑燕峰:《湖北南漳"5·28"浊水事件调查》,载《中国青年报》2009 年 9 月5 日。

[164]左志英:《湖北南漳“泥水门”供水公司私有化惹的祸?》,载《南方都市报》2009年6月8日。
[165]章草:《中法水务廉江触礁》,载 http://www. ccppp. org/shownews. asp? newsid =221。
[166]朱永红等:《兰溪公交回归国有》,载《浙江日报》2007年1月31日。
[167]支玲琳:《如何看待外资进入公用事业》,载《解放日报》2009年10月4日。
[168]袁野:《我国出现公用事业涨价潮,专家建议政府干预》,载《济南日报》2009年8月20日。
[169]张敬伟:《公用事业涨价潮中的利欲冲动与权力出手》,载《东方早报》2009年8月21日。
[170]张波:《三原:污水处理公司停工每天3万吨污水排入渭河支流》,载《华商报》2015年2月11日。
[171]张燎:《水务特许经营项目准入竞争方式选择与区别应用》,载《中国环保产业》2006年第5期。
[172]章剑生:《现代行政法面临的挑战及其回应》,载 http://www. civillaw. com. cn/article/default. asp? id =29846。
[173]周敏:《深圳特许经营授权,公用事业改革变企业垄断?》,载《羊城晚报》2005年6月27日。
[174]赵志锋:《兰州市民诉自来水苯超标侵权请求被驳回权威专家解读》,载《法制日报》2015年11月28日。
[175]崔君玮:《我国公共建设BOT计画主办机关之法律地位——以乌日垃圾焚化厂之兴建营运为例》,东海大学法律学研究所2002年硕士学位论文。
[176]胡诗敏:《探讨民间参与公共建设撤销甄审决定之后续处理流程》,“国立”中央大学2006年硕士学位论文。
[177]郭朋:《民营化背景下公用事业规制研究》,苏州大学2006年博士学位论文。
[178]韩鸿蕊:《公用企业民营化的法律规制研究》,东北财经大学2017年硕士学位论文。
[179]简后吟:《民间参与公共建设采取BOT模式——由事前规划至兴建阶段之基本法制研究》,中国文化大学法律学系研究所2008年硕士学位论文。
[180]刘燕:《公用事业公私合作中公共部门行为研究》,复旦大学2010年博士学位论文。
[181]刘大伟:《公用事业价格听证中消费者参与研究》,辽宁大学2010年博士学位论文。

[182]鲁庆成:《公私合伙(PPP)模式与我国城市公用事业的发展研究》,华中科技大学2008年博士学位论文。

[183]林美良:《公用事业停止供给之研究》,"国立""中央"大学2009年硕士学位论文。

[184]骆梅英:《基于权利保障的公用事业规制》,浙江大学2008年博士学位论文。

[185]李亢:《基础设施特许经营法律规制研究》,中国人民大学2010年博士学位论文。

[186]宋昭贤:《公共建设民间投资契约性质之比较分析——从公私协立观点看司法判决》,"国立"交通大学2009年硕士学位论文。

[187]汪淑琪:《我国城市饮用水安全监管法律问题研究》,西南政法大学2013年硕士学位论文。

[188]杨欣:《变革与回应:民营化的行政法研究》,中国政法大学2006年博士学位论文。

[189]郁秋艳:《我国城市公用事业监管体系改革研究》,吉林大学2016年博士学位论文。

[190]周林军:《美国公用事业管理法律制度改革及对我国的启迪》,西南政法大学2003年博士学位论文。

[191]臧作勇:《我国公用事业政府定价行为的法律规制研究》,湖南大学2006年硕士学位论文。

二、专著

[1]敖双红:《公共行政民营化法律问题研究》,法律出版社2007年版。

[2]大岳咨询有限公司:《公用事业特许经营与产业化运作》,机械工业出版社2004年版。

[3]范愉:《纠纷解决的理论与实践》,清华大学出版社2007年版。

[4]傅涛等:《中国城市水业改革实践与案例》,中国建筑工业出版社2006年版。

[5]黄继忠:《自然垄断与规制:理论与经验》,北京经济科学出版社2004年版。

[6]胡锦光、韩大元:《中国宪法》(第2版),法律出版社2007年版。

[7]敬正书:《2005中国水利发展报告》,中国水利水电出版社2005年版。

[8]姜明安:《行政法与行政诉讼法》,北京大学出版社、高等教育出版社2006年版。

[9]江必新、梁凤云:《行政诉讼法理论与实务》(第3版),法律出版社2016年版。

[10]刘忆如、王文宇、黄玉霖:《BOT三赢策略》,商鼎文化1999年版。

[11]廖义男:《公共建设与行政法理》,台北三民书局1995年版。

[12]李嘉娜:《市政公用事业监管的行政法研究》,中国政法出版社 2012 年版。
[13]刘戒骄:《公用事业:竞争、民营与监管》,经济管理出版社 2007 年版。
[14]茅铭晨:《政府管制法基本问题研究》,上海财经大学出版社 2008 年版。
[15]莫于川:《行政指导论纲》,重庆大学出版社 1999 年版。
[16]莫于川:《法治视野中的行政指导行为》,中国人民大学出版社 2005 年版。
[17]莫于川:《柔性行政方式法治化研究——从建设法治政府、服务型政府的视角》,厦门大学出版社 2011 年版。
[18]莫于川主编:《行政法与行政诉讼法》,中国人民大学出版社 2012 年版。
[19]马英娟:《政府监管机构研究》,北京大学出版社 2007 年版。
[20]王克稳:《政府合同研究》,苏州大学出版社 2007 年版。
[21]王名扬:《法国行政法》,北京大学出版社 2007 年版。
[22]王俊豪、周小梅:《中国自然垄断产业民营化改革与政府管制政策》,经济管理出版社 2004 年版。
[23]王俊豪:《深化中国垄断行业改革研究》,中国社会科学出版社 2010 年版。
[24]王俊豪等:《美国联邦通信委员会及其运行机制》,经济管理出版社 2003 年版。
[25]王健:《中国政府规制理论与政策》,经济科学出版社 2008 年版。
[26]席恒:《公与私:公共事业运行机制研究》,商务印书馆 2003 年版。
[27]叶俊荣:《行政法案例分析与研究方法》,台北三民书局 1999 年版。
[28]于安:《外商投资特许权项目协议(BOT 与行政合同法)》,法律出版社 1998 年版。
[29]余晖、秦虹:《公私合作制的中国试验》,世纪出版集团、上海人民出版社 2005 年版。
[30]余凌云:《行政契约论》,中国人民大学出版社 2000 年版。
[31]余凌云:《全球时代下的行政契约》,清华大学出版社 2010 年版。
[32]余凌云:《行政法讲义》,清华大学出版社 2010 年版。
[33]袁杰主编,全国人大常委会法制工作委员会行政法室编著:《中华人民共和国行政诉讼法解读》,中国法制出版社 2014 年版。
[34]杨欣:《民营化的行政法研究》,知识产权出版社 2008 年版。
[35]张兴祥:《中国行政许可法的理论与实务》,北京大学出版社 2003 年版。
[36]张红凤:《西方规制经济学的变迁》,经济科学出版社 2005 年版。
[37]周耀东:《中国公用事业管制改革分析》,上海人民出版社 2005 年版。
[38]周林军:《公用事业管制要论》,人民出版社 2004 年版。
[39]詹镇荣:《民营化法与管制革新》,台北元照出版有限公司 2005 年版。

[40]朱仁显:《公共事业管理概论》,中国人民大学出版社 2009 年版。
[41]章剑生:《现代行政法专题》,清华大学出版社 2014 年版。
[42]中华人民共和国国家统计局:《中国统计年鉴(1995 ~ 2011)》,中国统计年鉴出版社 2012 年版。
[43]中国华禹水务产业投资基金筹备工作组:《英国水务改革与发展研究报告》,中国环境科学出版社 2007 年版。
[44]郭剑鸣、康莉莹等:《中国城市公用事业政府监管监督体系研究》,中国社会科学出版社 2015 年版。
[45]王俊豪等:《中国城市公用事业政府监管体系创新研究》,中国社会科学出版社 2016 年版。

三、译著

[1][英]安东・奥格斯:《规制:法律形式与经济学理论》,骆梅英译,中国人民大学出版社 2008 年版。
[2][英]安东尼・B. 阿特金森、[美]约瑟夫・E. 斯蒂格里茨:《公共经济学》,蔡江南等译,上海三联书店 1992 年版。
[3][英]保罗・ L. 乔斯科:《发展中国家基础设施部门改革的监管重点》,载吴敬琏、江平主编:《洪范评论》(第 2 卷第 3 辑),中国政法大学出版社 2006 年版。
[4][日]成田赖明:《行政私法》,周宗宪译,载《法律评论》第 60 卷第 1、2 期合刊。
[5][英]戴维・M. 纽伯里:《网络型产业的重组与规制》,何玉梅译,人民邮电出版社 2004 年版。
[6] [美]戴维・E. 麦克纳博:《公用事业管理:面对 21 世纪的挑战》,常健等译,中国人民大学出版社 2010 年版。
[7][美]E. S. 萨瓦斯:《民营化与公私部门的伙伴关系》,周志忍等译,中国人民大学出版社 2002 年版。
[8][美]J. 格里高利・高达克、丹尼尔・F. 史普博:《美国公用事业的竞争转型:放松管制与管制契约》,宋华琳、李鸻等译,世纪出版集团、上海人民出版社 2012 年版。
[9][美]卡罗尔・哈洛、理查德・罗林斯:《法律与行政》,杨伟东、李凌波等译,商务印书馆 2004 年版。
[10][美]莱恩:《新公共管理》,赵成根等译,中国青年出版社 2004 年版。
[11][英]马克・阿姆斯特朗、[美]戴维・萨平顿:《监管、竞争与自由化》,载吴敬琏主编:《比较》(第 27 辑),中信出版社 2006 年版,第 131 页。
[12][日]米丸恒治:《私人行政——法的统制的比较研究》,洪英、王丹红、凌维慈译,

田思源、王贵松校，中国人民大学出版社 2010 年版。
[13][美]尼古拉斯·施普尔伯，《国家职能的变迁：在工业化经济体和过渡性经济体中的私有化和福利改革》，杨俊峰等译，辽宁教育出版社 2004 年版。
[14][日]《纠纷的解决与审判制度》，棚濑孝雄、王亚新译，中国政法大学出版社 1994 年版。
[15][美]史蒂芬·布雷耶：《规制及其改革》，李洪雷等译，北京大学出版社 2008 年版。
[16][美]W. 吉帕·维斯库斯、约翰·M. 弗农、小约瑟夫·E. 哈林顿：《反垄断与管制经济学》，陈甬军译，机械工业出版社 2004 年版。
[17][德]魏伯乐、[美]奥兰·扬、[瑞士]马塞厄斯·芬格：《私有化的局限》，王小卫、周缨译，刘昶审订，三联书店、上海人民出版社 2006 年版。
[18][美]约瑟夫·E. 斯蒂格利茨等：《政府为什么干预经济》，郑秉义译，中国物资出版社 1998 年版。
[19][美]约翰·罗尔斯：《正义论》，何怀宏、何包钢、廖申白译，中国社会科学出版社 1988 年版。
[20][日]植草益：《微观经济规制学》，朱绍文等译，中国发展出版社 1992 年版。
[21][美]约翰·克莱顿·托马斯：《公共决策中的公民参与》，孙柏瑛译，中国人民大学出版社 2005 年版。
[22][英]达霖·格里姆塞、[澳]莫文·K. 刘易斯：《公私合作伙伴关系：基础设施供给和项目融资的全球革命》，济邦咨询公司译，中国人民大学出版社 2008 年版。
[23] [美]丹尼尔·F. 史普博：《管制与市场》，余晖等译，三联书店上海人民出版社 1999 年版。
[24][日]大沼保昭：《人权、国家与文明》，王志安译，生活·读书·新知三联书店 2003 年版，第 220 页。

四、外文文献

[1]Bell Stuart, "Environmental Law: the Law and Policy Relating to the Protection of the Environment", *Australian Quarterly* 63(1), 2003.
[2]C. D. Foster, *Privatization, Public Ownership, and the Regulation of Natural Monopoly*, Blackwell Publisher, 1992.
[3]Charles S. Collier, "Franchise Contracts and Utility Regulation", *George Washington Law Review*(1923 - 1933), 1933.
[4]Dick Larson, "Cities Move to Shed Water", *Utility Business* 2(5), May 1999.

[5]Dominique Custos,"The Rule making Power of Independent Regulatory Agencies", *The American Journal of Comparative Law*,2006.

[6]Ernest Gellhorn,"Limitations on Contract Termination Rights: Franchise Cancellations", *Duke Law Journal*, Vol. 1967,No. 3,1967.

[7]Ford P. Hall,*The Concept of A Business Affected With A Public Interest*, Bloomington: The Principia Press. 1940.

[8]George Stiger,"The Theory of Economic Regulation",*The Bell Journal of Economic and Management Science*,1971,pp. 3 - 21.

[9]Geoffrey F. Segal and Adrian T. Moore,*Frequently Asked Questions About Water/Wastewater Privatization*,Reason Public Policy Institute,2003.

[10]Gordon J. Fielding and Daniel B. Klein,"How To Franchise Highways",*Journal of Transport Economics and Policy* 27(2),1993.

[11]Harold Demsetz,"Why Regulate Utilities?",*Journal of Law and Ecnomics*,Vol. 11, No. 1,1968.

[12]José Esteban Castro,"Poverty and citizenship: Sociological perspectives on water services and public - private participation",*Geoforum* 38(5),2007.

[13]Jody Freeman,"Private parties, Public functions and the new administrative law", *Administrative Law Review* 52,2000,p. 822.

[14]Jody Freeman,"Private parties,Public functions and the new administrative law", *Administrative Law Review* 52,2000.

[15]John Holusha,"In Latest Cost - cutting Trend, Cities Turn to Private Sector for Wastewater Treatment",*New York Times*,May 5,1996.

[16]Judith A. Rees,"Regulation and private participation in the water and sanitation sector",*Natural Resources Forum* 22(2),2010,pp. 95 - 105.

[17]Marc Allen Eisner,Jeff Worshanm,Evan J. Ringquist,*Contemporary Regulatory Policy*, Lynne Rienner Publisher,2000.

[18]Mark Thateher,"Delegation to Independent Regulatory agencies: press,Functions and Contextual Mediation",*West European Politic*,2002.

[19]Martin Loeb and Wesley A. Magat,"A Decentralized Method for Utility Regulation",*Journal of Law and Economics* 22,1979.

[20]Neal Blewett,"The Franchise in the United Kingdom 1885 - 1918",*Past & Present* 32,1965.

[21]Oliver E. Williamson, "Franchise Bidding for Natural Monopolies – in General and

with Respect to CATV" ,*The Bell Journal of Economics*,Vol. 7,No. 1 ,1976.

[22] Richard Stillman, *Public Administration: Concepts and Cases*, 7th ed. , Houghton Mifflin Company,2004.

[23] Richard B. Stewart,"Regulation in a Liberal State:The Role of Non – Community Values",*Yale Law Journal* 92(8),1983.

[24] Stephen CLittlechild,"Competitive Bidding for a Long – Term Electricity Distribution Contract ", *Review of Network Economics*,Vol. 1,Issue 1,2002.

[25] Shelley Ross Saxer, Government Power Unleashed, "Using Eminent Domain to Acquire A Public Utility or Other Ongoing Enterprise", *Indiana Law Review* 38, 2009.

后　记

民营化的研究不算是新的话题，然而在深入民营化的过程中，各地均体现出不同程度的对民营化的误解以及操作失范。选择以此为题，正是基于这样的现实观察。作为规范行政权力的部门法，行政法的视角可能为我们从复杂的民营化中剥丝抽茧般理顺行政法律关系提供更清晰的思路。

本书是在我的博士学位论文的基础上进一步修改完善而成。作为博士生涯的最终见证。本书虽说不上是我呕心沥血之作，但其中的辛苦自不言待。借此机会，我对曾给予我关心和帮助的每一个人，深深地表示感谢。

感谢勤奋、严谨、亲切、幽默的莫于川老师，莫老师对我有知遇之恩和栽培之情。在读博士学位的生涯里，我时常感觉到亦父亦师的莫老师对学生的关怀。在莫老师的悉心指导下，我学会了课题研究、文献阅读、论文写作等方面的基本方法，同时，无论学习、工作中的失误，还是生活中的困惑，莫老师都会予以悉心周到的教导和开解。

感谢中国人民大学宪法与行政法学教研室的各位老师。韩大元教授、胡锦光教授、杨建顺教授、李元起副教授、张翔教授、王贵松教授、王旭教授、喻文光助理教授等老师在我博士求学四年间对我的课程教授和指导使我受益匪浅。

感谢我的家人，由于读书工作，使我的家人替我承担了大量的家庭责任。感谢父母一直以来无条件的支持和关心，养儿方知父母恩，对于他们来说，怎么感谢都不为过；感谢我的弟弟让我学会了面对困境时仍不放弃梦想的坚强；感谢我的老公让我不为衣食所忧完成学业，感觉他的包容理解；感谢我的一双女儿，使我收获家庭的幸福和快乐，他们天真无邪的笑容是我在写作过程中的动力。

感谢我的同窗曹海青、董妍、柴华、雷振、禹竹蕊等同学已经记不清多少次的讨论与交流，书稿的完成也得到了他们提出的诸多意见。感谢甘肃政法学院法学院的各位同事，入职以来，在教学科研上，受到他们的指导和帮助。感谢曾经认真听课、参与课堂讨论的各位同学，是你们青春的阳光、灵动的思维常常使我感觉自己“归来仍是少年”。

感谢所有帮助过我的人！言语有限但感恩无限。带着诸多感恩，行政法视角的公用事业特许经营研究仍会继续。

康枫翔

2017 年 12 月 30 日于甘肃兰州

图书在版编目(CIP)数据

水务特许政府监管法治论 / 康枫翔著. -- 北京 :
法律出版社, 2019
(文瀚法学文丛)
ISBN 978 - 7 - 5197 - 3683 - 5

Ⅰ. ①水… Ⅱ. ①康… Ⅲ. ①水资源管理 - 公用事业 - 特许经营 - 监管制度 - 法治 - 研究 - 中国 Ⅳ. ①D922.664

中国版本图书馆 CIP 数据核字(2019)第 149532 号

水务特许政府监管法治论
SHUIWU TEXU ZHENGFU JIANGUAN FAZHILUN

康枫翔 著

策划编辑 周丽君
责任编辑 周丽君
装帧设计 汪奇峰

出版 法律出版社
总发行 中国法律图书有限公司
经销 新华书店
印刷 北京虎彩文化传播有限公司
责任校对 王晓萍
责任印制 张建伟

编辑统筹 独立项目策划部
开本 710 毫米 × 1000 毫米 1/16
印张 15
字数 210 千
版本 2019 年 9 月第 1 版
印次 2019 年 9 月第 1 次印刷

法律出版社/北京市丰台区莲花池西里 7 号(100073)
网址/www. lawpress. com. cn
投稿邮箱/info@ lawpress. com. cn
举报维权邮箱/jbwq@ lawpress. com. cn
销售热线/400 - 660 - 8393
咨询电话/010 - 63939796

中国法律图书有限公司/北京市丰台区莲花池西里 7 号(100073)
全国各地中法图分、子公司销售电话:
统一销售客服/400 - 660 - 8393/6393
第一法律书店/010 - 83938432/8433 西安分公司/029 - 85330678 重庆分公司/023 - 67453036
上海分公司/021 - 62071639/1636 深圳分公司/0755 - 83072995

书号:ISBN 978 - 7 - 5197 - 3683 - 5 **定价**:65.00 元
(如有缺页或倒装,中国法律图书有限公司负责退换)